法商实务系列
企业法律顾问

BUSINESS & LAW

给股东
讲公司法

张扬 汤嘉丽 ◎著

中国法治出版社
CHINA LEGAL PUBLISHING HOUSE

自　序

当您翻开这本《给股东讲公司法》时，我们相信您正面临着与公司治理相关的实际问题。作为一本致力于向股东普及公司法律知识的书籍，能够与您分享我们的理解和见解，我们深感荣幸。

公司法作为现代市场经济法律体系中的重要组成部分，对于规范公司行为、保护股东权益、促进经济健康发展具有重要意义。然而，由于法律条文的复杂性和专业性，许多股东在实际操作中感到困惑和迷茫。2024年7月1日，修订后的《公司法》正式施行，相比过往，新法对股东出资和股东责任作出了更多规定，基于此，我们撰写了这本书，希望能够为股东们提供一个清晰、易懂的公司法知识框架。

在撰写本书的过程中，我们力求做到以下几点：

首先，注重实用性。本书不仅详细阐述了公司法的基本理论和制度，还结合了大量实际案例，对股东在公司运营过程中可能遇到的问题进行了深入浅出的分析，旨在帮助股东更好地理解和应用公司法。

其次，注重系统性。本书从公司的注册与设立、股东身份确认及股权质押、转让、股权架构与股权激励、股东的权责利等方面进行了全面系统的介绍，旨在帮助股东建立起完整的公司法知识体系。

最后，注重前瞻性。随着市场经济的发展和法律制度的不断完善，公司法也在不断地变化和完善。本书在阐述现有法律制度的同时，也关注了一些前沿问题和趋势，旨在为股东提供更为全面和前瞻性的指导。

给股东讲公司法

　　我们多年以来一直致力于为企业提供法律顾问服务，在有幸为众多知名企业工作过程中积累了宝贵的经验。本书是我们在总结股东日常经营企业中的常见法律问题基础上结合实务工作经验并不断学习、反思的经验成果，希望本书能够为您和您企业的健康发展贡献力量。

　　感谢中国法治出版社的王佩琳、朱自文编辑，当我们的书稿交出后，是他们的辛勤工作，才能让这本书得以面世。感谢我们团队里每一位同事，大家并肩作战，服务企业、办理案件、汇集案例总结经验、研讨应对方案，才有了今天的这份成果。我们深知自己的学识和能力有限，书中难免存在疏漏之处，读者在阅读本书的过程中，如有相关建议或批评意见，敬请不吝指正。

张扬　汤嘉丽
二〇二四年金秋　于广州

目 录

第一章 公司的注册与设立 ……………………………………… 001

第一节 公司注册、类型与特点 / 003

一、公司注册地的法律意义及重要性 / 003

二、公司筹备阶段所产生的债务如何承担 / 006

三、分公司与子公司的区别 / 010

四、合伙企业及合伙人的法律责任 / 012

五、个人独资企业与投资人的法律责任 / 016

六、只有一个股东的公司 / 018

第二节 股东出资 / 021

一、注册资本认缴制并不等于无须缴纳注册资本 / 021

二、股东可以通过非货币财产评估作价的方式进行出资 / 024

三、五年期限认缴制下，一方以非货币方式缴纳出资的法律风险 / 029

四、公司设立过程中发起人或投资人能否要求退回投资 / 031

五、抽逃出资的股东对债权人应承担法律责任 / 034

六、股东不当减资的法律责任 / 038

七、股东迟延出资的法律责任 / 042

八、公司能否通过股东会决议的方式要求股东提前出资 / 047

九、公司的债权人可否主张股东出资期限加速到期 / 050

十、代缴出资的股东如何保护自己的债权 / 056

十一、作为出资的知识产权贬值时应如何处理 / 058

第二章　股东身份确认及股权质押、转让 ………………… 061

第一节　股东身份（资格）确认 / 063

一、出资并不代表自己已成为公司的股东 / 063

二、隐名股东身份的确认 / 066

三、一股二卖，如何确定股东资格 / 071

四、股权的继承 / 074

第二节　股权质押 / 079

一、隐名股东可通过股权质押保障自己的权益 / 079

二、股权质押合同签订后需确保质权生效 / 082

三、股权质押后债务无法清偿，质权人是否可以直接取得股权 / 086

第三节　股权转让 / 093

一、公司章程可对股权转让作出限制性规定 / 093

二、有限责任公司股东之间的股权转让 / 095

三、股权对外转让中股东优先购买权的行使 / 097

四、股东请求公司回购股权的条件及回购价格的约定 / 101

五、新股东加入公司，是否要承担公司原来的债务 / 104

六、隐名股东可以在受让方知情的情况下转让股权 / 107

七、股权转让协议应明确约定履行期限和迟延履行合同的违约赔偿责任 / 110

八、瑕疵股权转让后，原股东仍需承担股东责任 / 113

九、股权转让需注意税务风险 / 116

第三章　股权架构与股权激励 ………………………………… 123

第一节　股权结构设置 / 125

目　录

　　一、股东如何设置股权比例更合理 / 125

　　二、金字塔结构控股模式对公司控制权及降低企业
　　　　经营风险的作用 / 129

　　三、"同钱"不同股——出资比例和股份占有并不必然成正比 / 133

　　四、中小企业如何通过股权架构设计达到税务优化目的 / 136

第二节　股权激励 / 139

　　一、干股的赠与 / 139

　　二、用于激励员工的虚拟股份制 / 142

　　三、有限合伙企业是对外融资和股权激励的有力工具 / 144

　　四、通过期股与期权激励员工 / 147

　　五、股权激励操作不当的法律风险 / 150

第四章　股东的权责利 …………………………………… 155

第一节　股东利益保护 / 157

　　一、股东的知情权是否受入股时间的限制 / 157

　　二、股东行使知情权中的查账权与公司应对方案 / 160

　　三、股东会未作出分红决议，股东能否直接起诉公
　　　　司要求分红 / 166

　　四、公司增资扩股，原股东股权"被迫"稀释应如何应对 / 170

　　五、公司权利受到损害，股东能否代表公司起诉 / 172

　　六、关联交易损害股东利益的处理方式 / 177

第二节　股东义务及对公司的影响 / 180

　　一、"对赌协议"中的股东赔偿责任 / 180

　　二、股东为公司融资提供担保的法律风险 / 185

　　三、股东离婚对公司经营决策的影响 / 188

　　四、股东死亡对公司及家族的影响 / 191

　　五、"夫妻档公司"的股东连带责任 / 195

第五章　公司董事、监事、高级管理人员及法定代表人的
　　　　　资格与权限义务 …………………………………… 199

第一节　法定代表人的辞任及董事职务的解除 / 201

一、法定代表人在公司不配合的情况下如何解除自
己的职务 / 201

二、董事遭解雇可以向公司追讨补偿 / 203

第二节 董事、监事、高级管理人员及法定代表人的权限与义务 / 206

一、董事具有向未按约定履行出资的股东进行催缴
的义务 / 206

二、董事、监事、高级管理人员的忠实与勤勉义务 / 210

三、法定代表人在一般情况下可以代表公司签订合同 / 214

四、公司涉诉被执行,法定代表人是否要承担责任 / 218

第六章 公司治理机构与开会表决机制 ………………… 225

第一节 股东会、董事会、监事会的基本职权与设置 / 227

一、股东会的职权 / 227

二、董事会的职权 / 229

三、监事的作用及其代表公司诉讼的职权 / 232

四、临时股东会的作用 / 237

第二节 股东会与董事会的议事及表决 / 240

一、股东会与董事会议事规则的优化建议 / 240

二、股东会和董事会开会的程序出现瑕疵会导致决议无效 / 242

三、股东会的表决机制 / 250

四、董事会的"一票否决权"表决机制能否保证公司稳定
发展 / 254

五、股东认缴的出资未届履行期限,未缴纳部分的
出资是否享有表决权 / 257

第三节 公司内部的冲突及解决 / 262

一、章程——公司的"宪法" / 262

二、股东协议与章程之间存在冲突时如何适用 / 268

三、公司的公章该由谁持有 / 275

第七章　公司的解散和退出 ……………………………… 279

第一节　公司解散的情形与要求 / 281

　　一、对公司陷入僵局有过错的股东能否诉请解散公司 / 281

　　二、公司解散纠纷中，法院如何认定公司是否陷入僵局 / 284

第二节　公司清算 / 288

　　一、公司宣告破产，股东是否还需要承担出资义务 / 288

　　二、清算主体未履行通知义务应对债权人承担赔偿责任 / 291

　　三、公司破产股东拒不交出印章、账簿的法律责任 / 294

第一章
公司的注册与设立

导语

　　在创业的浪潮中，公司的注册与设立是每一位企业家踏上征程的第一步。这一过程不仅关乎企业的法律地位，更直接影响公司的运营、管理以及未来的发展路径。本章将为读者详细解析公司注册地的法律意义、公司筹备阶段的债务承担、分公司与子公司的区别、合伙企业及个人独资企业的法律责任等核心问题。通过本章的内容，读者将深入了解公司注册过程中可能遇到的各种法律风险及其应对策略，为企业的稳健起步奠定坚实的基础。

　　首先，本章将深入探讨公司注册地的法律意义及重要性，揭示其在诉讼管辖、合同履行地确定以及行政管辖区域划分中的关键作用。同时，通过案例分析，揭示注册地与实际经营地不一致可能带来的法律风险，并提供实用的法律建议。

　　其次，本章将关注公司筹备阶段所产生的债务承担问题，解析在不同情况下，公司债务应由谁承担的法律规则。通过具体案例，读者将了解到股东在设立公司过程中的出资义务及潜在的债务风险，并学习如何有效规避这些风险。

　　再次，本章还将对比分公司与子公司的区别，分析两者在法律责任承担上的不同，帮助企业家根据自身经营特点选择合适的组织形式。同时，通过合伙企业及个人独资企业的案例，揭示其独特的法律特性及潜在的债务风险，为创业者提供有益的法律指引。

　　最后，本章将详细阐述股东出资的相关法律问题，包括注册资本认缴制下的出资义务、非货币财产出资的评估作价、股东抽逃出资及不当减资的法律责任等。通过深入浅出的讲解和丰富的案例分析，读者将全面掌握股东出资过程中的法律风险及应对策略。

第一节　公司注册、类型与特点

一、公司注册地的法律意义及重要性

>股东必知

公司成立时，需将自己的主要办事机构的地址进行登记，作为公司的注册地。《公司法》① 第8条规定，公司以其主要办事机构所在地为住所。因此，公司的注册地，也称为公司的住所。住所在法律上主要有三点意义：(1) 确认诉讼中的管辖。我国《民事诉讼法》规定的一般诉讼管辖原则是"原告就被告"，当被告为公司的时候，被告的所在地即为公司的住所地。法院的诉讼文书都会送达登记机关登记的公司住所处。例如，在公司设立、确认股东资格、分配利润、解散等诉讼中，《民事诉讼法》规定了由公司住所地的法院管辖。(2) 确定合同的债务履行地。《民法典》第511条第3项规定，在合同约定的履行地点不明确且没有补充协议的约定，以及不能按照合同有关条款或者交易习惯确定的情况下，给付货币的，在接受货币一方所在地履行；交付不动产的在不动产所在地履行；其他标的，在履行义务一方所在地履行。因此，公司若为接受货币一方或者非货币及不动产标的履行义务的一方，其住所就是法律义务的履行地。(3) 公司的住所决定了公司所属的行政管辖区域。公司受到当地政府的管理，同时也有可能享受当地行政区域的优惠政策。例如，公司的住所在当地的经济技术开发区，则有可能享有开发区税收减免、专利技术补贴等专项优惠政策，公司也需要向所属行政区政府缴纳税费及接受管理。

---

① 本书中提到的《公司法》未作特别说明的，均指2023年修订的现行有效版本。

公司的注册地与实际经营地不同，会面临怎样的法律处罚？《市场主体登记管理条例》第46条规定："市场主体未依照本条例办理变更登记的，由登记机关责令改正；拒不改正的，处1万元以上10万元以下的罚款；情节严重的，吊销营业执照。"

以案说法

公司注册地无人办公，在法院送达文书时容易发生法律风险[①]

司法机关向公司送达法律文书的地址一概以公司注册地为准。A公司自2017年成立，出于避税等原因，公司的注册地在广州的从化区，而实际办公地在广州市中心的CBD商务区。2019年某月，A公司与B公司发生货款纠纷，B公司向法院提起诉讼，法院将传票送到A公司在从化区的办公地址，随后法院在A公司不到庭参加诉讼的情况下作出了缺席判决。

【律师评析】

在一审判决败诉后，A公司负责人希望委托笔者作为诉讼代理人向法院提起上诉。该公司负责人询问，公司能否以"注册地无人办公，公司不清楚开庭时间"为由提起上诉？

A公司的这个上诉理由是完全得不到二审法院支持的。法院寄送传票，一定会以公司的注册地址作为传票和诉讼文书的送达地址，即使法院知道公司的实际办公地与注册地不一致，也不会将实际办公地作为送达地址。除非A公司有诉讼代理人，在诉讼过程中与法院签署了相关的送达地址确认书，法院才会在日后按照确认书的地址寄送材料。

律师支招

1. 目前公司注册地与实际经营地不一致的情况较为普遍，虽然《市场主体登记管理条例》第46条规定的处罚措施力度并不大，但如果有当事

[①] 本书的案例除另有说明外，均为笔者根据有关案例资料改编。

人投诉举报并经过查实，市场监管部门仍然会作出处罚，公司难免受到不良影响。

2. 尽量避免出现公司注册地与经营地不一致的情况，实在无法避免的，建议公司注册地安排人员驻守或者不定期地到公司注册地查收邮件。否则公司注册地人去楼空，容易发生上述案例中的诉讼风险以及行政处罚风险。笔者遇到过有公司在郊区登记设立，租用一间小型办公室放几台电脑，实际上的办公地在市区的某高档写字楼。有一次某公司收到其客户发来的律师函，笔者第一时间告知公司负责人，近期一定要常留意注册地，看是否有法院发来的传票，以防成了被告自己还不知情。

3. 成本与风险这两者之间的权重，需要管理者根据自己公司的实际情况分析考虑。

法条索引

《中华人民共和国公司法》

第八条　公司以其主要办事机构所在地为住所。

《中华人民共和国民事诉讼法》

第二十二条第二款　对法人或者其他组织提起的民事诉讼，由被告住所地人民法院管辖。

第二十七条　因公司设立、确认股东资格、分配利润、解散等纠纷提起的诉讼，由公司住所地人民法院管辖。

《中华人民共和国民法典》

第五百一十一条　当事人就有关合同内容约定不明确，依据前条规定仍不能确定的，适用下列规定：

……

（三）履行地点不明确，给付货币的，在接受货币一方所在地履行；交付不动产的，在不动产所在地履行；其他标的，在履行义务一方所在地履行。

……

《中华人民共和国市场主体登记管理条例》

第四十六条 市场主体未依照本条例办理变更登记的，由登记机关责令改正；拒不改正的，处 1 万元以上 10 万元以下的罚款；情节严重的，吊销营业执照。

《最高人民法院关于适用〈中华人民共和国公司法〉若干问题的规定（二）》

第二十四条 解散公司诉讼案件和公司清算案件由公司住所地人民法院管辖。公司住所地是指公司主要办事机构所在地。公司办事机构所在地不明确的，由其注册地人民法院管辖。

基层人民法院管辖县、县级市或者区的公司登记机关核准登记公司的解散诉讼案件和公司清算案件；中级人民法院管辖地区、地级市以上的公司登记机关核准登记公司的解散诉讼案件和公司清算案件。

二、公司筹备阶段所产生的债务如何承担

股东必知

公司在设立时期，就需要处理许多合同上的交易，如办理注册登记之前，股东需要租赁办公场所，购买或租赁办公家具，与合作方签订公司成立后的合作合同，支付前期工作人员工资等。这些费用在公司尚未成立时就已产生，由股东以自然人的身份对这些费用进行缴纳。对于这类情况，法律后果的承担有两种方式：（1）因为新公司尚未领取营业执照不能进行经营，股东以自己的名义支付费用的，在公司成立后，债务将转由公司承担，股东已支付的费用计入公司费用之中；（2）如果公司日后没有成立，则债务由发起设立的股东分摊，部分股东已支付的费用，由其他发起股东根据约定的占股比例分摊费用。

上述是对外债务的承担问题，除此之外，还有公司未能成立时，公司

股东内部债务的承担问题。在公司未能成立的情况下，股东之间所约定的成立公司的协议便归于无效，《民法典》第157条规定："民事法律行为无效、被撤销或者确定不发生效力后，行为人因该行为取得的财产，应当予以返还；不能返还或者没有必要返还的，应当折价补偿。有过错的一方应当赔偿对方由此所受到的损失；各方都有过错的，应当各自承担相应的责任。法律另有规定的，依照其规定。"因此，主要发起人向股东收取的投资款便需要足额返还，同时还有可能需要支付一定的利息。实践中常见的纠纷是主要发起人在收取其他股东的资金后，与部分股东将资金用于筹备公司期间的投资事项，后公司未能成立，他们没有相应的钱款向股东们返还，造成了股东们的损失。对此法院一般判决交付给主要发起人的投资款需返还，且其他存在过错的股东需要承担连带清偿责任。

以案说法

1. 公司未成立，发起股东对已产生的费用按出资比例分摊费用

2020年5月，李某与投资公司签订合作协议，约定双方各出资占股50%，成立商务酒店经营公司，对某地块的旧楼进行改造并经营连锁式酒店。在商务酒店经营公司进行登记注册之前，李某与建筑公司签订了建筑安装工程合同，约定由建筑公司负责完成即将合作经营的商务酒店的建筑安装工程，同时约定工程款1000万元由日后的商务酒店经营公司支付。2020年10月，建筑公司按照约定完成了旧楼的建筑安装改造，商务酒店经营公司却因为李某与投资公司之间出现矛盾而无法成立，李某也因此拖欠工程款。建筑公司于是向法院提起诉讼，要求李某与投资公司对工程款承担连带清偿责任。

【律师评析】

李某在自己与投资公司合作成立的商务酒店经营公司尚未登记注册成立、未领取营业执照的时候，以自己的名义与建筑公司签订了建筑安装合同。该合同是为了日后商务酒店经营公司的利益所签订的，所发生的费用

是基于股东共同利益的追求，若商务酒店经营公司能够顺利成立，这笔债务实际上就应该由商务酒店经营公司来承担。但本案中商务酒店经营公司最终并未成立，因此，这笔债务需要由李某和投资公司两位股东来承担。李某与投资公司并非如建筑公司的诉求那样承担连带责任，而是按照双方投资比例来分摊费用，因双方各投资占股50%，所以应由李某和投资公司各向建筑公司承担500万元的债务。

2. 发起协议需全体股东签名，若公司设立失败，发起人及股东侵犯其他股东的利益需承担连带责任

周某、李某、陈某、林某四人在2021年7月经过商定签订了一份发起人协议，约定共同发起成立商务管理公司，由周某担任主要发起人。但陈某没有在发起人协议上签名，公司的设立最终宣告失败。林某要求周某返还自己缴纳的投资款，后得知周某和李某将自己的投资款用于其他投资事项，于是诉至法院。

【律师评析】

陈某作为发起人之一没有在协议中签名，因此四人的协议并不产生法律效力，公司最终未能成立，这也是导致发起协议无效的原因之一。基于协议无效、公司不成立这些原因，主要发起人应当将收取的股东投资款返还给股东。

在本案中，林某缴纳的投资款是为了用于公司的设立，在未征得林某同意的情况下，主要发起人周某和股东李某将投资款用于其他投资事项，侵犯了林某的利益，存在过错。对此，除了周某要承担返还林某投资款的责任外，李某也应当承担连带责任。

律师支招

1. 若非因商业利益等急迫性的需要，在公司成立之前，应尽量避免以股东个人的名义签订与日后公司有关的合同或产生费用（签订办公室的租赁合同除外，因为办理注册登记的前提是必须有已承租的办公场地），若日后公司无法顺利登记成立，债务则摊派在各股东的头上，对于股东来说这显然是很大的损失。此时股东分摊债务，互相之间也容易出现矛盾产生纠纷，导致讼累。

2. 对合同另一方来说，在与他人签订这些"用于日后成立的公司"的合同前，一定要谨慎地分析风险。在签订合同时应当尽量要求全部发起股东在合同中签名。为了在日后公司无法成立时能够更好地保护自己的权利，可以要求各发起股东之间承诺承担连带清偿责任。否则，日后公司一旦无法成立，债务则需要根据各发起股东的出资比例分摊，有可能会出现有的股东因没钱而无法清偿债务的情形。从上述案例1来进行分析，如果投资公司已倒闭或者李某已无可供执行的财产，建筑公司就难以足额获取应得的建筑款。

3. 设立公司时所收取的投资款不应挪作他用。若公司最终设立失败，收取的投资款需要返还给股东，实践中往往由主要发起人收取投资款，因此主要发起人就应当承担返还义务。另外，对挪用投资款存在过错的股东，也需要承担连带责任。

法条索引

《中华人民共和国民法典》

第一百五十七条　民事法律行为无效、被撤销或者确定不发生效力后，行为人因该行为取得的财产，应当予以返还；不能返还或者没有必要返还的，应当折价补偿。有过错的一方应当赔偿对方由此所受到的损失；各方都有过错的，应当各自承担相应的责任。法律另有规定的，依照其规定。

三、分公司与子公司的区别

> 股东必知

公司在经营过程中扩大规模，需要成立下属企业或分支机构，一般有成立分公司或设立子公司两种方式。分公司是总公司设立的分支机构。而子公司是独立的公司，一般是母公司通过控股或通过协议进行控制，或者由母公司独资另行设立。根据法律规定，分公司不具有法人资格，而子公司具有法人资格。两者在财务制度上或许有一些区别，公司经营者往往对财务上的区分较为熟悉，却忽视了两者在法律责任承担上的不同，在此，笔者特针对分公司与子公司法律责任的区分进行说明。

分公司属于公司下属的分支机构，与总公司的关系就像大脑与肢体一样，是一体的，所以分公司的一切法律责任都由总公司承担，总公司如果出现了法律纠纷需承担责任，或者是被行政机关吊销、处罚等，都会影响分公司的运作。

子公司则不同，子公司与母公司的关系则顾名思义，虽然两者之间有"血缘"关系，但是母与子是不同的两个人，所以两者各自独立承担法律责任。

在母公司与子公司的关系中，如果母公司过度控制子公司，导致母公司与子公司混为一体，则涉及公司的混同。实际经营中常见子公司对外签订的合同，由母公司全部或部分履行合同义务、享有合同权利，这会导致两家公司承担连带责任。

> 以案说法

1. 分公司引发的民事责任由总公司承担

某外贸公司总部设在广州，专门进口和生产食品，因为业务扩张，于2018年在深圳设立深圳分公司，专门处理港澳地区以及国外食品的进口事务。2019 年 3 月，因分公司自身的过错，导致一批进口食品涉及有毒、有害物质，因此发生了重大的食品安全责任事故，外贸公司被消费者起诉并面临市场监管部门的处罚。

【律师评析】

本案中，即使是分公司自身过错，相关的民事责任也应由总公司承担。因为分公司没有独立的法人资格，相关的权利义务都归属于总公司。在本案中，如果深圳的公司是外贸公司出资另行成立或者是控股的公司，那么深圳的公司因过错使得进口的食品致人损害，广州的外贸公司就无须承担民事责任。

2. 子公司与总公司财产分明没有混同的，双方不承担连带责任

某贸易集团总公司以独资的方式，设立了具有独立法人资格的外贸经营公司，外贸经营公司有独立的银行账户，财务制度也独立于贸易集团总公司。但在经营上，外贸经营公司一直使用贸易集团总公司所拥有的房屋作为经营场地；在财务上，外贸经营公司将应缴税款交给贸易集团总公司，由其代缴。2019 年 2 月，贸易集团总公司因逾期拖欠货款，遭债权人起诉，债权人认为外贸经营公司虽然是子公司，但是与贸易集团总公司混同，应承担连带责任。

【律师评析】

子公司财务独立核算，具有独立的法人资格，因此，应对自己的行为承担法律责任，总公司引发的法律责任，如果与子公司无关，子公司就不需要与总公司一起承担。但是，如果子公司在财务和经营上与总公司混同，就有可能承担连带责任。

本案中，虽然外贸经营公司使用贸易集团总公司的办公场地进行经营，但两家公司并没有不分你我，在财务和经营完全独立的情况下，并不产生混同的后果。外贸经营公司的税款由贸易集团总公司代缴，这只是总公司控制子公司的一种管理方法，若总公司过度控制，也仅有可能产生子公司的财务由总公司来承担连带责任的结果。本案中，是总公司欠下了债

给股东讲公司法

务,因此子公司不需要和总公司承担连带责任。

> 律师支招

1. 公司无论是设立分公司还是子公司,都需要根据自己的经营特点进行考量,充分了解两种方式的利弊。一些较大型的产销一体的企业会将自己公司的行政、销售等文职业务部门通过设立分公司的方式进行管理,总公司则专事生产。笔者认为,抛开财务制度不谈,这样的企业更应该设立多家独立的公司通过控股来进行管理,如总公司负责控股和投资,行政人员与总公司建立劳动关系,而销售业务另行设立销售经营公司进行管理,生产则另行设立生产公司进行管理,这样可以将经营、生产独立于总公司,以避免因经营、生产等任何一个环节出现问题而影响总公司的运作。

2. 分支机构、分公司在经营的过程中注销、停业的,因为分支机构、分公司本身不具有独立的法人资格,民事责任由总公司承担,所以分公司注销、停业,总公司仍然要为其产生的民事责任买单。

> 法条索引

《中华人民共和国公司法》

第十三条　公司可以设立子公司。子公司具有法人资格,依法独立承担民事责任。

公司可以设立分公司。分公司不具有法人资格,其民事责任由公司承担。

四、合伙企业及合伙人的法律责任

> 股东必知

笔者与朋友聊天时经常能听到"我与×××合伙做生意""与朋友合伙开个公司"等类似的话。在法律中,"合伙"是一个专有法律名词,其组织形式与一般的有限责任公司和股份有限公司有一定的区别。根据法律的规定，已成立的有限责任公司与股份有限公司在法律上被称为"法人"。法人具有民事权利能力和民事行为能力，独立享有民事权利和承担民事义务，我们可以把公司看作一个虚拟的人。而合伙则是指两个以上的公民或法人按照订立的协议，各自提供资金、实物、技术等，共同经营、共同劳动、共担风险的组织形式。法律并没有赋予合伙组织"人"的特性，因此，合伙组织的债权及债务均由合伙人共有、共担。在行政机关所发放的营业证明中，法人企业所持有的是企业营业执照，而合伙企业所持有的是合伙企业营业执照。

有限责任公司以法人的财产对外承担有限责任，而合伙企业出现债务时，法律规定合伙人要对债务承担连带责任。在向债权人承担完责任后，合伙人之间如何分配债务，则需要按照合伙人之间的协议或利润分配的比例来分摊。

《合伙企业法》规定了合伙人可以以劳务出资，因此，实践中常出现究竟是劳动者还是合伙人的认定纠纷，若认定为合伙人，则该人需要承担连带责任。对此，法院一般主要看协议如何约定，如果该人签订的是一份劳动合同，那么他就是劳动者的身份；如果签订的是投资入股性质的协议，并约定了其占有合伙企业的一定股份比例，那么此人就属于合伙人。

以案说法

1. 合伙企业的合伙人需要为企业欠下的债务承担连带责任

A、B两人为好友，两人按约定各出资1万元，成立了一家合伙企业，经营玉石加工销售生意。合伙不到一年，两人就因为经营不善，导致合伙企业严重亏损，欠债100万元。A因为其他投资项目失败而没有任何财产，而B尚有存款300多万元。债主要求B全额偿还所欠债务。

【律师评析】

合伙人即使是多年的好友、至交，成立合伙企业也不一定能一帆风顺，一旦出现债务上的纠纷，反目成仇是常有的事。合伙企业不是法人，不能独立承担民事义务，因此，合伙企业所欠债务需要由合伙人共同承担，且合伙人要对债务承担连带责任。也就是说，100万元的债务不能因为合伙企业的"资不抵债"而免除，A、B必须清偿所欠债务。由于A、B承担连带责任，债权人有权要求A或B任何一个人清偿，如A无力清偿债务，B就必须全额偿还。至于B多清偿的债务，只能在日后另行向A追偿。

2. 合伙人之间债务的分摊，需根据合伙协议的约定或利润分配来决定

高某和许某合伙成立了一家食品店，高某出资20万元，许某出资5万元。双方在投资入股协议中约定：合伙经营期间，两人按照5∶5的比例分配利润和承担责任。2019年1月，因为食品店拖欠债权人货款达80万元，高某和许某被债权人起诉，法院判决两人承担连带责任。高某和许某归还了债务后，对债务的分配产生了争议。

【律师评析】

合伙人要对合伙企业对外的债务承担连带责任。对外承担后，内部如何分摊已承担的债务，是合伙人之间的又一常见纠纷。如何分配利润、内部如何分摊责任、如何进行合伙管理和工作分工，都需要合伙人之间签订协议具体约定。本案中，虽然许某的出资只有5万元，但是他与高某的协议中约定了按照5∶5的比例分担债务，因此，高某和许某需要对80万元的债务各自分摊40万元。

3. 用劳务出资占有股份的，属于合伙关系而非劳动关系

蔺某三兄弟为合伙人，成立了一家合伙企业性质的电镀厂。2018年5月，蔺某大哥的妻弟王某加入工厂，各合伙人签订协议，约定王某用劳务出资，占5%的股份并分取利润。2019年3月，工厂出现200万元债务，需要清偿欠款，合伙人之间承担连带责任，而王某认为自己是在工厂打工，与工厂属于劳动关系，自己不是合伙人，无须承担债务。

【律师评析】

王某没有与工厂签订劳动合同,而是与蔺某三兄弟签订了合伙协议,以劳务入股,占有5%的股份并分取利润,因此,王某是合伙人而非劳动者。所以,王某需要对工厂的债务负责,与蔺某三兄弟一起承担连带责任。

律师支招

1. 法律对合伙企业债务的承担方式规定得比一般法人企业更为严格,合伙人需要对债务承担连带责任。建议在有条件成立企业法人的情况下尽量成立企业法人。

2. 若成立合伙企业,在成立之前所有合伙人都应该提供一定份额的财产作为担保,以确保日后出现债务的时候,合伙人之间可以顺利地进行追偿。合伙协议应该对管理分工、利润分配、责任分摊等情况明确约定,若日后在分配利润和分担责任上出现纠纷,可以凭借协议中的约定厘清责任。

3. 合伙经营可以用劳务入股,合伙人应避免将劳动关系和合伙关系混淆。以劳务入股的合伙人,需要签订合伙协议,而不应签订劳动合同。而在合伙企业中提供劳务的人,也需要注意自己在合伙企业里的角色,避免出现自己在法律上已是合伙人却自以为只是一个劳动者的情况。

法条索引

《中华人民共和国民法典》

第九百七十二条 合伙的利润分配和亏损分担,按照合伙合同的约定办理;合伙合同没有约定或者约定不明确的,由合伙人协商决定;协商不成的,由合伙人按照实缴出资比例分配、分担;无法确定出资比例的,由合伙人平均分配、分担。

第九百七十三条 合伙人对合伙债务承担连带责任。清偿合伙债务超过自己应当承担份额的合伙人，有权向其他合伙人追偿。

《中华人民共和国合伙企业法》

第二条第二款 普通合伙企业由普通合伙人组成，合伙人对合伙企业债务承担无限连带责任。本法对普通合伙人承担责任的形式有特别规定的，从其规定。

第十六条第一款 合伙人可以用货币、实物、知识产权、土地使用权或者其他财产权利出资，也可以用劳务出资。

五、个人独资企业与投资人的法律责任

股东必知

2005年修订前的《公司法》，规定有限责任公司的股东最少为两人。那时一些投资人想个人开设公司却不希望再拉其他股东加入，就会根据《个人独资企业法》开设个人独资企业。

与一般的有限责任公司股东承担有限责任不同，个人独资企业投资人需要为企业的债务承担连带责任，而不是承担有限责任。

以案说法

投资人需对个人独资企业的债务承担连带责任

刘某在2015年时打算开设一家模具加工厂，因为不想再找其他合作伙伴，就申请设立了个人独资企业，自己投资10万元，进行模具的生产和销售。自2019年开始，因经济环境不甚理想，模具加工厂的营业额下滑厉害，开始频繁拖欠材料供应商货款，直至2020年年底，模具加工厂共欠货款超过100万元。

2021年年初，多位债权人向法院起诉要求模具加工厂归还欠款，并要求刘某承担连带责任。

【律师评析】

根据《个人独资企业法》第31条的规定，个人独资企业的投资人要对企业的债务承担连带责任。本案中，模具加工厂是以个人独资企业的形式设立的，如果不能清偿所欠的100多万元货款，刘某作为投资人就需要承担连带责任。另外，如果刘某在进行注册登记的时候，注明模具加工厂由家庭共有财产出资，那么刘某的配偶也要对模具加工厂的债务承担连带责任。

律师支招

1. 相对于有限责任公司而言，个人独资企业的投资人所承担的责任非常大，只要是个人独资企业所拖欠的债务，投资人都要承担连带责任，在个人独资企业由家庭共同财产出资时，债务的偿还甚至会牵涉投资人的配偶。笔者认为，个人独资企业与有限责任公司相比并没有太多的优势，反而容易让投资人和自己的配偶"身陷险境"，所以建议投资人应尽量设立有限责任公司。

2. 2005年修订后的《公司法》取消了有限责任公司股东最少为两人的限制，所以根据法律规定，成立只有一名股东的一人公司也是可以考虑的。一人公司依然是有限责任公司，股东承担有限责任，但是需要提醒的是，一人公司在出现股东个人账目和公司账目混同的情况时，股东依然要为公司债务承担连带责任。

法条索引

《中华人民共和国个人独资企业法》

第十八条 个人独资企业投资人在申请企业设立登记时明确以其家庭共有财产作为个人出资的，应当依法以家庭共有财产对企业债务承担无限责任。

第三十一条 个人独资企业财产不足以清偿债务的，投资人应当以其个人的其他财产予以清偿。

六、只有一个股东的公司

> 股东必知

在 2005 年修订的《公司法》实施之前，一般的有限责任公司注册资本不得少于 3 万元，股东不能少于 2 人。而在实际的公司经营中，找人凑数的情况频频出现，不少公司实际上就是一个人在经营和管理，其他股东都是为了成立公司而挂名。2005 年修订的《公司法》特别确认了一人有限公司的法律地位，将一人公司的经营制度规范了起来。

商事登记改革后，法律取消了最低注册资本，2013 年修正的《公司法》取消了最低注册资本的规定，成立一人公司也没有了最低 10 万元注册资本的限制，但规定一个自然人只能投资设立一个一人有限责任公司，且该一人有限责任公司不能投资设立新的一人有限责任公司。

2023 年修订的《公司法》取消了"一人有限责任公司"的概念，仅称其为"只有一个股东的公司"，同时取消了设立该类型公司的全部限制，即一个自然人或法人均可以单独投资设立多家有限责任公司或股份有限公司。

但在股东责任承担方面，2023 年修订的《公司法》规定了更加严格的责任要求，规定只有一个股东的公司的股东在涉及公司债务纠纷时，需要证明自己作为股东的财产独立于公司财产，否则就要对公司债务承担连带责任。

> 以案说法

1. 只有一个股东的公司财产不独立，股东承担连带责任

某销售公司与民某公司签订《商品购销合同书》，约定由民某公司代销某销售公司的日用产品。合同签订后，某销售公司在合作期内向民某公司在该地区的 7 家合作店供应了价值约 20 万元的日用品。民某公司在收货后没有向某销售公司支付货款，某销售公司追讨货款未果。

民某公司的股东仅为深某公司，某销售公司向法院起诉，要求民某公司支付货款，同时要求深某公司承担连带责任。深某公司答辩称不同意承担连带责任，但在庭审中未能举证证明自己的财产独立于民某公司。

【律师评析】

只有一个股东的公司独立人格的标准，应当包括三个方面，即独立的财产、独立的组织机构、独立承担责任。深某公司作为民某公司的唯一股东，如果不能证实民某公司的财产独立于自己的财产，就应当对公司债务承担连带责任。深某公司在诉讼中，对民某公司的独立人格并未举证予以证实，因此应当对其债务承担连带责任。

2. 一人公司的股东需举证证明自己的财产独立于公司财产，才能免除连带责任

嘉某商贸公司的股东只有陈某一人。某日，应某与嘉某商贸公司签订《投资合同》，约定：应某对嘉某商贸公司进行投资，总投资额为 1000 万元，并对应取得嘉某商贸公司 51% 的股份。

随后，应某将投资款存入公司，但在办理工商登记之前，应某便与陈某就未来公司的发展问题产生了矛盾，两人发生纠纷。应某向法院起诉，提出要求嘉某商贸公司退还投资款，并将嘉某商贸公司和陈某列为共同被告，以公司仅有股东陈某一人，公司账目和股东个人账目混同为由，要求陈某承担连带责任。

陈某认为自己的账目与公司账目分得很清楚，并向法院提交了公司的审计报告予以证明。

【律师评析】

只有一个股东的公司，应将公司财产与股东个人财产严格分离，且股东应就其个人财产是否与公司财产相分离负举证责任。

本案中，陈某提供了嘉某商贸公司的相关审计报告，可以证明嘉某商贸公司有独立完整的财务制度，相关财务报表亦符合会计准则的规定，且没有公司财产与股东个人财产混同的迹象，可以基本反映嘉某商贸公司财产与陈某个人财产相分离的事实。因此陈某无须承担连带责任。

律师支招

1. 只有一个股东的公司很容易出现财产混同的情况，有时候并不是股东故意所为，而是在经营的过程中，很难将个人财产与公司财产分得清清楚楚。就实践中笔者代理的案件以及担任一些公司法律顾问的情况来看，大部分公司在账目上都存在或多或少的问题。只有一个股东的公司一旦被法院认定为股东财产与公司财产无法分清、不能独立，或者与关联公司在经营上混同，股东就需要对公司的债务承担连带责任。

2. 审计报告是股东证明自己的财产独立于公司财产的重要依据之一，公司每年度均应按照法律规定委托会计师事务所出具审计报告，有条件的股东也可以针对个人出具审计报告，更好地规避个人风险。

法条索引

《中华人民共和国公司法》

第二十三条第三款 只有一个股东的公司，股东不能证明公司财产独立于股东自己的财产的，应当对公司债务承担连带责任。

第二百零八条 公司应当在每一会计年度终了时编制财务会计报告，并依法经会计师事务所审计。

财务会计报告应当依照法律、行政法规和国务院财政部门的规定制作。

第二节　股　东　出　资

一、注册资本认缴制并不等于无须缴纳注册资本

> 股东必知

　　2013 年修正的《公司法》将股东成立有限公司的注册资本从实缴制改为认缴制。区别在于，以前开设公司，股东需将注册资本实际缴纳存入账户并由注册会计师验资；而认缴制的实施则使股东在设立公司的时候无须马上实际缴纳注册资本，只需要在登记机关提出自己公司的注册资本数额、承诺缴纳的期限并办理相关登记手续即可。因为无须在开设公司时马上实际缴纳注册资本，且大众习惯以一家公司的注册资本数额来判断公司的实力，所以有很多人在开设公司的时候会存在一个认识误区，认为反正不用马上出钱，注册资本当然是报得越多越好。于是近年来经常遇到有人掷出类似"我要成立一家公司，注册资本一千万元！""我要注册一个亿！"这样的豪言壮语。

　　2013 年修正的《公司法》规定的认缴制，并没有对认缴期限作出限制，使得股东在开设公司报高注册资本金额的同时，还会将认缴期限写得很长，市场上登记注册的公司，认缴注册资本上千万元的比比皆是，至于股东是否真的有实力，无人知晓，出现了许多法律纷争。

　　2023 年修订的《公司法》新增注册资本认缴期限的规定，第 47 条第 1 款规定："有限责任公司的注册资本为在公司登记机关登记的全体股东认缴的出资额。全体股东认缴的出资额由股东按照公司章程的规定自公司成立之日起五年内缴足。"同时要求《公司法》施行前已登记设立的存量公司要逐步调整出资期限，出资期限、出资额明显异常的，公司登记机关要

及时要求公司进行调整。新法发布后，一时之间减资公告遍布报纸分类广告版面。

针对在2023年修订的《公司法》施行（2024年7月1日）前已注册成立的存量公司，认缴出资期限的过渡期问题，《国务院关于实施〈中华人民共和国公司法〉注册资本登记管理制度的规定》第2条第1款规定，2024年6月30日前登记设立的公司，有限责任公司剩余认缴出资期限自2027年7月1日起超过5年的，应当在2027年6月30日前将其剩余认缴出资期限调整至5年内并记载于公司章程，股东应当在调整后的认缴出资期限内足额缴纳认缴的出资额；股份有限公司的发起人应当在2027年6月30日前按照其认购的股份全额缴纳股款。

以案说法

认缴制下公司股东的出资只是暂缓缴纳，而不是永久免除

2014年4月，昊某投资公司进行增资，将公司的注册资本从原来的400万元增至10亿元。但昊某投资公司此次增资实际上并没有实缴注册资本，股东实缴注册资本仍然为公司当年设立时的400万元。昊某投资公司章程约定，股东将在规定的某一时间之前缴纳出资。2014年11月，昊某投资公司与某贸易公司签订了一份合同，约定昊某投资公司出资2000万元购买某贸易公司99%的股份。某贸易公司完成了变更登记，昊某投资公司成了某贸易公司的股东，但是昊某投资公司没有按合同约定支付2000万元的股份购买款。

随后，昊某投资公司将注册资本从10亿元（尚在认缴期间内，股东并未实缴）重新减资为400万元。某贸易公司以昊某投资公司股东逃避债务为理由起诉股东承担法律责任。

【律师评析】

认缴制下公司股东的出资只是暂缓缴纳，而不是永久免除，在公司经营发生重大变化时，公司包括债权人可以要求公司股东缴纳出资，以清偿公司债务。在注册资本认缴制下，公司股东在登记时承诺会在一定时间内缴纳注册资本，该承诺在公司章程中规定，在注册登记资料中备案，对外具有公示效力，可以认为是股东对社会公众包括债权人所作的一种承诺。股东作出的承诺，对其本身会产生约束作用，同时对于相对人（如债权人）来说，也会产生一定的预期。但是，任何承诺、预期都是在一定条件下作出的，这样的条件有可能会产生重大变化。在条件发生重大变化、足以改变相对人（债权人）预期的时候，如果再僵化地坚持股东一直到认缴期限届满时才负有出资义务，只会让资本认缴制成为个别股东逃避法律责任的借口。

公司有限责任制度，不应该成为股东逃避责任的保护伞。法律规定在一定情形下可以"刺破法人的面纱"，否定公司法人人格，让公司股东个人承担责任。如果完全固守认缴制的股东一直要等到承诺的期限届满才负有缴纳出资的义务，则可能会让负债累累的股东悠然自得地待在公司有限责任这一保护伞之下，看着债权人急切而又无可奈何的样子暗自窃喜。当然，作为债权人，他们可以在法院判决公司承担债务之后，以公司无力清偿债务为由，要求公司进行破产清算。可是，问题在于，在公司破产清算的过程中同样会面临股东缴纳出资的期限问题。在一年、两年甚至更长的认缴时间内，公司股东有充分的时间来转移财产，制造各种难题来对抗债权人、规避债务。这种只让股东享受认缴制的利益（主要是延期缴纳出资的期限利益），而不承担相应风险和责任的结局，不符合《公司法》设立资本认缴制的初衷。在公司负有巨额到期债务的情况下，公司股东采取认缴制的期限利益就失去了基础。法院直接判令股东缴纳出资以清偿债务，要比公司无力清偿债务后再行诉讼，由法院判决股东在破产程序中缴纳出资，更能保护债权人的合法利益，维护市场正常经济秩序。

律师支招

公司的经营实力并不仅仅是由注册资金登记的多少来决定的。注册资金虽然不用在成立公司的时候立即缴纳，但股东仍然需要按照自己认缴出资额的比例来承担相应的责任。

法条索引

《中华人民共和国公司法》

第四条第一款 有限责任公司的股东以其认缴的出资额为限对公司承担责任；股份有限公司的股东以其认购的股份为限对公司承担责任。

第四十七条 有限责任公司的注册资本为在公司登记机关登记的全体股东认缴的出资额。全体股东认缴的出资额由股东按照公司章程的规定自公司成立之日起五年内缴足。

法律、行政法规以及国务院决定对有限责任公司注册资本实缴、注册资本最低限额、股东出资期限另有规定的，从其规定。

二、股东可以通过非货币财产评估作价的方式进行出资

股东必知

《公司法》规定，公司是企业法人，有独立的法人财产，享有法人财产权，公司以其全部财产对公司的债务承担责任。公司在设立初期尚未开始经营，其直接的财产来源就是股东出资。根据《公司法》的规定，股东除了使用传统的货币出资，也可以用非货币财产作价出资。该法第48条第1款规定，股东可以用实物、知识产权、土地使用权、股权、债权等可以用货币估价并可以依法转让的非货币财产作价出资，与2018年修正的《公司法》相比，此条款明确将股权、债权作为出资的方式。

由于货币出资需要将款项足额存入银行账户，股东是否履行出资义务只需验资就一目了然，一般不会产生太大争议。而非货币财产出资有条件且需履行一定手续，股东是否实际出资或足额出资很容易引发争议。《公司法》规定股东以非货币财产进行出资时需要符合条件才能被认定为完全

履行了出资义务。有的股东不清楚如何判断哪些非货币财产可以出资,一般来说,可以结合出资财产能否评估作价、能否转让以及是否具有强人身属性等来综合判断。其一,股东出资的非货币财产需要依法评估作价,即用于出资的非货币财产具有价值,且能够评估并确定其价值大小;其二,股东出资的非货币财产应当可以转让并且需要及时办理财产权的转移手续,并根据财产类型进行交付或变更登记,即该财产实际能交付并为公司所使用。

其中,需要特别注意的是,《市场主体登记管理条例》第13条第2款规定,公司股东出资人不得以劳务、信用、自然人姓名、商誉、特许经营权或者设定担保的财产等作价出资,这是因为有限责任公司兼具人合性与资合性,而上述"财产"大多具有强人身属性,既难以评估价值,也无法办理转让。但是,对于以人合性为主的合伙企业,法律允许普通合伙人使用劳务出资,且评估办法由全体合伙人协商确定,并在合伙协议中载明即可。同时,如果合伙人以实物、知识产权、土地使用权或者其他财产权利出资,需要评估作价的,法律也不强制要求法定的评估机构评估,而是可以直接由全体合伙人协商确定。

以案说法

1. 股东可以考虑采用非货币方式出资的方式完成实缴注册资本

某科研单位考虑到技术成果转化和产业发展等因素,需要对外持股三家技术型企业。该科研单位拟对三家技术型企业各持股10%,但并不希望通过货币的方式进行注册资本的缴纳。

该科研单位委托律师团队为其持股事宜提供专项法律服务,经办律师与科研单位的工作人员组成专项工作组对拟入股企业进行尽调,掌握拟持股企业的情况(包括股东持股、财务资产、技术成果和知识产权等),最终与科研单位确定通过将单位所拥有的部分技术成果进行评估作价并入股新公司。律师团队出具法律意见书,对科研单位通过自己拥有的技术成果进行评估并作价入股事宜给予法律意见，最终得到该科研单位的上级主管单位的同意并顺利办理了入股手续。

【律师评析】

科研单位通过技术成果评估作价方式入股，无须使用自有资金入股，同时也完成了实缴义务，避免了国有企业、事业单位注册资本缴纳程序瑕疵等法律风险。

2. 采用劳务方式出资不符合法律规范

陈某、李某与张某三人决定共同成立一家公司。公司注册资本确认为200万元，由陈某出资100万元，李某出资50万元。因为张某缺乏资金但掌握技术，三人商议由张某以劳务方式出资50万元，待公司成立后与张某签订《劳动合同》，约定每个月工资为1万元，张某不领取工资作为支付公司的注册资本。

三人在办理公司注册登记注册时才知道，不能以劳务方式作为出资方式，于是经协商后将陈某与李某登记为股东，公司注册资本为150万元。

公司经营两年后，三人对于张某是否为公司股东的问题产生分歧。

【律师评析】

法律规定股东可以采用实物、知识产权、土地使用权、股权、债权等可以用货币估价并可以依法转让的非货币财产作价出资，而劳务无法进行评估和转让，因此不属于合法的有限责任公司股东的出资方式。

律师支招

1. 由于货币出资无须进行评估作价等流程，在操作上较为灵活，故实践中股东以货币出资是最常见的出资方式，若股东选择以货币出资，应当在认缴出资期限届满前将货币足额存入有限责任公司在银行开设的账户中。

2. 股东选择采用非货币财产出资的，评估作价需要委托专业机构处理，不得高估或者低估作价。《公司法》第50条规定，有限责任公司设立时，股东未按照公司章程规定实际缴纳出资，或者实际出资的非货币财产的实际价额显著低于所认缴的出资额的，设立时的其他股东与该股东在出资不足的范围内承担连带责任。相比于2018年修正的《公司法》的规定，新条款增加了相应的出资不足情形，保证公司在成立期间注册资本的实有性，同时将发起人对公司的资本充实责任限制在"出资不足的范围内"。

3. 有限责任公司与合伙企业由于人合性、资合性的侧重点不同，在出资方式上也存在一定的差别，若创始人希望以劳务出资或者在资产作价评估上有更多空间和灵活性，可以考虑设立合伙企业或通过劳动先行换取报酬后，再履行实缴出资义务。

法条索引

《中华人民共和国公司法》

第四十八条　股东可以用货币出资，也可以用实物、知识产权、土地使用权、股权、债权等可以用货币估价并可以依法转让的非货币财产作价出资；但是，法律、行政法规规定不得作为出资的财产除外。

对作为出资的非货币财产应当评估作价，核实财产，不得高估或者低估作价。法律、行政法规对评估作价有规定的，从其规定。

第四十九条　股东应当按期足额缴纳公司章程规定的各自所认缴的出资额。

股东以货币出资的，应当将货币出资足额存入有限责任公司在银行开设的账户；以非货币财产出资的，应当依法办理其财产权的转移手续。

股东未按期足额缴纳出资的，除应当向公司足额缴纳外，还应当对给公司造成的损失承担赔偿责任。

第五十条　有限责任公司设立时，股东未按照公司章程规定实际缴纳出资，或者实际出资的非货币财产的实际价额显著低于所认缴的出资额的，设立时的其他股东与该股东在出资不足的范围内承担连带责任。

《最高人民法院关于适用〈中华人民共和国公司法〉若干问题的规定（三）》

第九条 出资人以非货币财产出资，未依法评估作价，公司、其他股东或者公司债权人请求认定出资人未履行出资义务的，人民法院应当委托具有合法资格的评估机构对该财产评估作价。评估确定的价额显著低于公司章程所定价额的，人民法院应当认定出资人未依法全面履行出资义务。

第十条 出资人以房屋、土地使用权或者需要办理权属登记的知识产权等财产出资，已经交付公司使用但未办理权属变更手续，公司、其他股东或者公司债权人主张认定出资人未履行出资义务的，人民法院应当责令当事人在指定的合理期间内办理权属变更手续；在前述期间内办理了权属变更手续的，人民法院应当认定其已经履行了出资义务；出资人主张自其实际交付财产给公司使用时享有相应股东权利的，人民法院应予支持。

出资人以前款规定的财产出资，已经办理权属变更手续但未交付给公司使用，公司或者其他股东主张其向公司交付、并在实际交付之前不享有相应股东权利的，人民法院应予支持。

《中华人民共和国市场主体登记管理条例》

第十三条 除法律、行政法规或者国务院决定另有规定外，市场主体的注册资本或者出资额实行认缴登记制，以人民币表示。

出资方式应当符合法律、行政法规的规定。公司股东、非公司企业法人出资人、农民专业合作社（联合社）成员不得以劳务、信用、自然人姓名、商誉、特许经营权或者设定担保的财产等作价出资。

《中华人民共和国市场主体登记管理条例实施细则》

第十三条第三款 依法以境内公司股权或者债权出资的，应当权属清楚、权能完整，依法可以评估、转让，符合公司章程规定。

《中华人民共和国合伙企业法》

第十六条 合伙人可以用货币、实物、知识产权、土地使用权或者其他财产权利出资，也可以用劳务出资。

合伙人以实物、知识产权、土地使用权或者其他财产权利出资，需要评估作价的，可以由全体合伙人协商确定，也可以由全体合伙人委托法定评估机构评估。

合伙人以劳务出资的，其评估办法由全体合伙人协商确定，并在合伙协议中载明。

三、五年期限认缴制下，一方以非货币方式缴纳出资的法律风险

股东必知

《公司法》除了允许股东使用传统的货币出资外，也可以用非货币财产作价出资，《公司法》规定股东可以用实物、知识产权、土地使用权、股权、债权等可以用货币估价并可以依法转让的非货币财产作价出资。以上述非货币财产出资的，需要先进行评估作价，然后办理产权转移手续，需要将所有权转移到公司名下。

股东合资成立公司，有可能会出现一方以自己名下的技术成果、知识产权、土地使用权等进行作价出资，而另一方则以货币认缴出资的方式进行合作。在此类合作的情况下，采用非货币方式出资的一方实际上已经完成了注册资本实缴行为，而以货币认缴出资的则并没有实缴注册资本，所以从是否已履行股东缴纳注册资本义务的这一角度来看，两方存在不同。

2023年修订的《公司法》确认了股东认缴期限仅为5年，同时增加了个别股东不按约定缴纳注册资本时其他股东的法律责任。法律规定股东如果没有按照章程规定实际缴纳出资，公司设立时的其他股东则要与该股东在出资不足的范围内承担连带责任。因此对于已通过非货币出资的股东而言，即使自己已经完成了实缴义务，也会因为其他股东的认缴而被"绑定"。

以案说法

以货币出资的股东仅认缴注册资本，设立时已履行实缴义务的其他股东仍有补缴风险

张某与王某双方经过讨论协商，决定共同设立精密器材公司。张某掌握相关的技术，负责日后的内部技术研发与生产；而王某则偏市场型，负责产品的销售。

在注册资本缴纳方面，张某将名下的一项技术成果作价200万元入股并完成了相应的技术成果转让给公司的手续，王某认缴500万元注册资本，认缴期限五年内缴足。

张某对该次合作项目非常看好，认为自己的技术属于市场领先水平，配合王某在商界的人脉资源，一定能带来更多的资本进行运作，共同将市场做大。

【律师评析】

张某以非货币形式缴纳注册资本，属于已经履行了实缴注册资本的义务，而王某则仅为认缴，如果他不能在规定的期限内履行实缴注册资本义务，那么张某也需要与王某一起承担补缴责任。在张某与王某的这次合作中，王某如果在认缴期内不出任何资金并通过张某转让给公司的技术进行经营，在日后经营不善无法完成实缴义务的情况下，还能与张某共同承担法律责任。

律师支招

1. 股东之间合作共同设立公司，先完成实缴注册资本义务的一方将有可能面临为未实缴注册资本的股东承担法律责任的风险，建议股东在合作初期谨慎选择合作方，同时结合自身情况量力而行，不过分追求过高注册资本的金额，共同履行实缴注册资本的义务。

2. 对于在2023年修订的《公司法》施行（2024年7月1日）前已成

立的公司，一方已实缴而另一方尚在认缴期限的，股东可以考虑将认缴的注册资本进行减资，降低法律风险。采用货币出资的认缴股东减资，势必造成股权比例减少的问题，而已通过非货币财产作价出资的股东则需要考虑是否同意同比例稀释股权的问题，同时还要咨询财税顾问确认自己的涉税问题，以避免股东之间的纠纷争议及税务风险。

法条索引

《中华人民共和国公司法》

第四十七条第一款 有限责任公司的注册资本为在公司登记机关登记的全体股东认缴的出资额。全体股东认缴的出资额由股东按照公司章程的规定自公司成立之日起五年内缴足。

第四十八条 股东可以用货币出资，也可以用实物、知识产权、土地使用权、股权、债权等可以用货币估价并可以依法转让的非货币财产作价出资；但是，法律、行政法规规定不得作为出资的财产除外。

对作为出资的非货币财产应当评估作价，核实财产，不得高估或者低估作价。法律、行政法规对评估作价有规定的，从其规定。

第五十条 有限责任公司设立时，股东未按照公司章程规定实际缴纳出资，或者实际出资的非货币财产的实际价额显著低于所认缴的出资额的，设立时的其他股东与该股东在出资不足的范围内承担连带责任。

四、公司设立过程中发起人或投资人能否要求退回投资

股东必知

公司在设立的过程中，若发起人或投资人单方要求退回投资，势必对共同设立公司的其他人造成影响，也有可能导致公司设立面临失败。但是目前《公司法》及相关司法解释并没有对公司设立阶段发起人或投资人单方要求退回投资应当如何处理作出规定。

笔者认为，公司若要筹备设立，应先由发起人或投资人针对共同出资设立公司事宜签订协议，约定设立期间各方的权利与义务。在公司的设立阶段，发起人或投资人之间建立了合同关系。公司尚未成立，发起人或投资人还不是公司的股东，在设立协议没有约定不能退回投资的情况下，任何一方都可以单方提出退出并要求退回投资。

虽然发起人或投资人可以在设立公司的过程中要求退回投资，但该行为属于在合同履行期内的违约行为，要求退回投资的发起人或投资人是违约方，需要根据签订的协议向其他守约方承担违约责任，违约方对于因此造成的经济损失也应当作出赔偿，退出投资前的投入应当按投资比例扣除相应款项。

以案说法

投资人在公司设立阶段退出应承担违约责任

A、B、C三人协商共同成立一家项目投资公司，2018年2月，三人签订《投资协议》，约定：三人作为公司的发起人，拟投资6000万元，三人各投资2000万元，分两期支付投资款。第一期投资款3000万元在2018年3月1日投入约定账户，第二期投资款3000万元在2018年4月1日投入约定账户。

A、B、C三人按约定支付了第一期投资款，项目投资公司设立阶段正式开始。2018年4月1日，A向B、C称自己不看好公司未来的前景以及自己资金紧张，希望退出，并提出要求退回已投资的1000万元。B、C认为A中途退出投资损害了他们的利益，不同意A退出并要求其按约定支付剩余的投资款。

【律师评析】

项目投资公司尚未成立，A、B、C三位股东之间是一种合同关系，A是否可以在公司设立阶段单方退出，要看三人的投资协议中是否有禁止退出的约定。如果投资协议中没有禁止性约定，A是有权随时退出的，并有权要求退回投资款项。但是 A 的行为违反了约定，如果投资协议中约定了违约责任，A 就要承担相应的责任。同时在 A 退出之前公司设立过程中所支出的费用（例如租用办公场地的租金、购买办公用品、聘请会计法务的劳务费用等），B、C 有权按照 A 的投资比例要求其分摊，并在退回 A 的 1000 万元投资款中予以扣减。

律师支招

1. 相较于《公司法》规定的股份有限公司的发起人应当签订发起人协议，法律并未强制要求有限责任公司设立时的股东签署设立协议，发起人可自行选择是否签署。但是，公司设立过程涉及发起人或投资人之间复杂的利益关系，且设立时间较长，在此期间存在发起人或投资人萌生退意的可能性，而如果没有签署协议或者协议中对这个问题没有预判并作出约定，发起人或投资人之间就会产生纠纷。发起人或投资人在设立协议中，应当明确任何一方在公司设立过程中退出的赔偿责任，也可以通过投资协议明确约定不得退出投资。

2. 在公司设立期间所产生的费用应该保存相应的票据或支出凭证，当有发起人或投资人提出退出并退回投资款时，守约的发起人或投资人可以凭借具体的票据和凭证证明费用的实际产生，并对退回的投资款予以相应扣减。

法条索引

《中华人民共和国民法典》

第一百五十七条 民事法律行为无效、被撤销或者确定不发生效力后，行为人因该行为取得的财产，应当予以返还；不能返还或者没有必要返还的，应当折价补偿。有过错的一方应当赔偿对方由此所受到的损失；各方都有过错的，应当各自承担相应的责任。法律另有规定的，依照其规定。

《中华人民共和国公司法》

第四十三条 有限责任公司设立时的股东可以签订设立协议,明确各自在公司设立过程中的权利和义务。

五、抽逃出资的股东对债权人应承担法律责任

股东必知

股东将缴纳给公司的注册资本取出用作非正常运营,又不在登记机关办理减资登记手续,就属于抽逃出资。《公司法》第53条明确规定,公司成立后,股东不得抽逃出资。这是因为公司的注册资金是公司存续经营的基础,已属于公司的资产,公司以注册资金数额承担有限责任,注册资金相当于保证金的性质,若资金不足,则股东自然要对此承担相应的法律责任。

对股东抽逃出资的行为判定,《最高人民法院关于适用〈中华人民共和国公司法〉若干问题的规定(三)》(以下简称《公司法解释(三)》)第12条列举了以下几种情形:(1)制作虚假财务会计报表虚增利润进行分配;(2)通过虚构债权债务关系将其出资转出;(3)利用关联交易将出资转出;(4)其他未经法定程序将出资抽回的行为。根据《公司法》第253条的规定,发起人、股东在公司成立后抽逃出资的,由公司登记机关责令改正,处以所抽逃出资金额5%以上15%以下的罚款。

股东除缴回出资及缴纳罚款外,还需承担其他赔偿责任吗?若出资人从公司收回资金,在其没有证据证明除注册资金外另有其他形式资金投入公司的情况下,应当认定出资人收回的资金是公司资产的组成部分,出资人的行为属于抽逃公司资产,对于公司对外所负债务,公司首先应以其自有财产清偿,如果公司的财产不足以清偿债务,出资人应当承担相应的赔

偿责任。[①]

抽逃出资数额巨大、后果严重或者有其他严重情节的，还有可能触犯刑法，承担刑事责任。至于如何认定是否构成上述情形，《最高人民检察院、公安部关于公安机关管辖的刑事案件立案追诉标准的规定（二）》第4条对公安机关管辖的抽逃出资案件立案追诉标准进行了明确，当出现规定的情形时，公安机关就会立案侦查，各级检察机关则会审查批捕、审查起诉。

以案说法

股东将注册资金挪作他用，需要承担法律责任

余某与陈某是夫妻，2020年5月共同成立了一家外贸公司，注册资本为100万元。2020年7月，余某在外做生意，因资金不足，便与外贸公司之间签订了一份借款协议，约定向公司借款60万元，但没有约定还款时间以及利息等。后余某将外贸公司基本账户中的100万元中的60万元转到自己的个人账户。2020年12月，因为经济不景气，外贸公司欠了大量债务，无法还清，面临破产。有债权人向法院起诉，认为外贸公司股东抽逃出资，要求其承担赔偿责任。

【律师评析】

余某将公司注册资金抽出转给自己，且签订了借款协议，就是希望将自己挪用外贸公司的注册资金的行为在表面上合法，但实际上余某的这种做法并不能规避抽逃出资的法律责任。此外，公司为股东提供抵押担保或者以赠与等形式将注册资金变相还给股东的，也都难以逃避抽逃出资的责任。

对于名为借款、实为抽逃出资的行为，实践中可以从以下几个方面认定：第一，股东把公司款项借给自己的关联公司，而关联公司并不出具任

[①] 最高人民法院民事审判第二庭编：《商事审判指导》（总第21辑），人民法院出版社2010年版，第163-175页。

何形式担保，在借款到期后，借款将难以追回。第二，股东把公司款项借出后，根本未打算索回，放任自己的关联公司使用，甚至放任超过诉讼时效，直接导致公司丧失通过法律手段追回借款的权利。第三，关联公司现金流充裕，经营状况良好，可以证明公司股东有故意行为；或者关联公司本来就是皮包公司，款项既已划出，必将难以追回，甚至使追回款项成为不可能。①

律师支招

1. 现实中将注册资本抽出公司基本账户并使用的情况比较多见，但这是有法律风险的。公司在资不抵债需要破产时，需要对自己的资产进行清算，而当注册资本不足时，则需要股东将注册资本重新填补进公司。即使公司未破产，公司债权人亦可请求抽逃出资的股东在抽逃出资本息范围内对公司债务不能清偿的部分承担补充赔偿责任。

2. 公司是法人，并没有自然人的意识，具体事务由股东实施，但是对于抽逃出资，法律的惩罚对象仍然是公司，具体的做法是罚款。公司的负责人或法定代表人，发现股东抽逃出资不能放任不管，因为负责人或法定代表人代表了公司，当抽逃出资出现时，责任人也难脱干系。抽逃出资情节严重触犯刑法的，还有可能遭受牢狱之灾。

法条索引

《中华人民共和国刑法》

第一百五十九条 公司发起人、股东违反公司法的规定未交付货币、实物或者未转移财产权，虚假出资，或者在公司成立后又抽逃其出资，数额巨大、后果严重或者有其他严重情节的，处五年以下有期徒刑或者拘役，并处或者单处虚假出资金额或者抽逃出资金额百分之二以上百分之十

---

① 吴庆宝主编：《最高人民法院专家法官阐释民商裁判疑难问题（2013—2014年卷）》，中国法制出版社2013年版，第38页。

以下罚金。

单位犯前款罪的，对单位判处罚金，并对其直接负责的主管人员和其他直接责任人员，处五年以下有期徒刑或者拘役。

《最高人民检察院、公安部关于公安机关管辖的刑事案件立案追诉标准的规定（二）》

第四条 ［虚假出资、抽逃出资案（刑法第一百五十九条）］公司发起人、股东违反公司法的规定未交付货币、实物或者未转移财产权，虚假出资，或者在公司成立后又抽逃其出资，涉嫌下列情形之一的，应予立案追诉：

（一）法定注册资本最低限额在六百万元以下，虚假出资、抽逃出资数额占其应缴出资数额百分之六十以上的；

（二）法定注册资本最低限额超过六百万元，虚假出资、抽逃出资数额占其应缴出资数额百分之三十以上的；

（三）造成公司、股东、债权人的直接经济损失累计数额在五十万元以上的；

（四）虽未达到上述数额标准，但具有下列情形之一的：

1. 致使公司资不抵债或者无法正常经营的；

2. 公司发起人、股东合谋虚假出资、抽逃出资的；

3. 二年内因虚假出资、抽逃出资受过二次以上行政处罚，又虚假出资、抽逃出资的；

4. 利用虚假出资、抽逃出资所得资金进行违法活动的。

（五）其他后果严重或者有其他严重情节的情形。

本条只适用于依法实行注册资本实缴登记制的公司。

《中华人民共和国公司法》

第五十三条 公司成立后，股东不得抽逃出资。

违反前款规定的，股东应当返还抽逃的出资；给公司造成损失的，负有责任的董事、监事、高级管理人员应当与该股东承担连带赔偿责任。

第二百五十三条 公司的发起人、股东在公司成立后,抽逃其出资的,由公司登记机关责令改正,处以所抽逃出资金额百分之五以上百分之十五以下的罚款;对直接负责的主管人员和其他直接责任人员处以三万元以上三十万元以下的罚款。

《最高人民法院关于适用〈中华人民共和国公司法〉若干问题的规定(三)》

第十二条 公司成立后,公司、股东或者公司债权人以相关股东的行为符合下列情形之一且损害公司权益为由,请求认定该股东抽逃出资的,人民法院应予支持:

(一)制作虚假财务会计报表虚增利润进行分配;

(二)通过虚构债权债务关系将其出资转出;

(三)利用关联交易将出资转出;

(四)其他未经法定程序将出资抽回的行为。

第十四条 股东抽逃出资,公司或者其他股东请求其向公司返还出资本息、协助抽逃出资的其他股东、董事、高级管理人员或者实际控制人对此承担连带责任的,人民法院应予支持。

公司债权人请求抽逃出资的股东在抽逃出资本息范围内对公司债务不能清偿的部分承担补充赔偿责任、协助抽逃出资的其他股东、董事、高级管理人员或者实际控制人对此承担连带责任的,人民法院应予支持;抽逃出资的股东已经承担上述责任,其他债权人提出相同请求的,人民法院不予支持。

六、股东不当减资的法律责任

股东必知

公司的注册资本作为公司资产的重要组成部分,既是公司从事生产经营活动的物质基础和前提条件,也是公司对外承担债务责任的担保。若股东在认缴的出资期限届满前，通过股东会作出公司减资的决议，以免除尚未履行的出资义务，又未依法履行通知义务通知债权人，则属于股东不当减资行为。

虽然股东不当减资行为表面上属于股东为了促进公司资本的有效利用而实行的内部行为，理应由股东根据公司的经营状况通过内部决议自主决定，但是由于股东不当减资行为容易导致债权人的利益受损，出于保护债权人的目的，股东需对其不当减资行为承担相应的责任。

2018年修正的《公司法》及其司法解释尚未明确规定股东不当减资行为的法律责任，司法实践中，法院一般会参照出资不实或抽逃出资时的股东责任来认定。为了统一标准，2023年修订的《公司法》在明确减资流程和要求的基础上新增了股东不当减资的责任，股东除需要退还收到的资金、赔偿损失外，还应当恢复原状，即在明确责任的同时也否定了违法减资的效力。此外，股东及负有责任的董事、监事、高级管理人员也应当承担赔偿责任。

以案说法

股东不当减资，应在公司减资数额范围内对公司债务不能清偿的部分承担补充赔偿责任[①]

2011年3月，德某公司与博某公司签订《产品买卖合同》，约定博某公司向德某公司购买一批电气设备，价值111万元。后德某公司依照合同约定向博某公司交付了上述全部产品，博某公司向德某公司支付货款333000元后尚欠777000元未支付。

博某公司原注册资本2亿元。2012年8月，博某公司召开股东会，决议公司将注册资本减至1000万元。2012年8月13日，博某公司在当地报纸上发布减资公告，但未就减资决议专门通知德某公司。

---

① 参见上海市第二中级人民法院（2016）沪02民终10330号民事判决书。本书参考的裁判文书，除另有说明外，均来源于中国裁判文书网，最后访问日期：2024年3月15日。

德某公司在知道博某公司减资后向法院起诉要求博某公司清偿债务，同时要求博某公司的股东对上述债务在 1.9 亿元的范围内承担补充赔偿责任。

【判词摘录】①

◆公司减资本质上属于公司内部行为，理应由公司股东根据公司的经营状况通过内部决议自主决定，以促进资本的有效利用，但减资前应就减资事项按照法定程序直接通知和公告通知债权人，以避免因公司减资产生损及债权人债权的结果。

◆根据《公司法》之规定，股东负有按照公司章程切实履行全面出资的义务，同时负有维持公司注册资本充实的责任。尽管《公司法》规定公司减资时的通知义务人是公司，但公司是否减资系股东会决议的结果，是否减资以及如何进行减资完全取决于股东的意志，股东对公司减资的法定程序及后果亦属明知。同时，公司办理减资手续需股东配合，对于公司通知义务的履行，股东亦应当尽到合理注意义务。公司未对已知债权人进行减资通知时，该情形与股东违法抽逃出资的实质以及对债权人利益受损的影响，在本质上并无不同。

◆尽管我国法律未具体规定公司不履行减资法定程序等不当减资行为导致债权人利益受损时股东的责任，但可比照《公司法》相关原则和规定来加以认定，即股东不当减资，应在公司减资数额范围内对公司债务不能清偿的部分承担补充赔偿责任。

律师支招

公司作出减少注册资本决议后，应对已知或应知的债权人履行通知义务，不能在未先行通知的情况下直接以登报公告的形式代替通知义务。如果公司股东不能证明其在减资过程中对怠于通知的行为无过错，法院很可

---

① 本书【判词摘录】适用的法律法规等条文均为案件裁判当时有效，下文不再对此进行提示。

能将其认定为违反规定减资，股东仍应当退还其收到的资金、承担赔偿责任。

法条索引

《中华人民共和国公司法》

第二百二十四条　公司减少注册资本，应当编制资产负债表及财产清单。

公司应当自股东会作出减少注册资本决议之日起十日内通知债权人，并于三十日内在报纸上或者国家企业信用信息公示系统公告。债权人自接到通知之日起三十日内，未接到通知的自公告之日起四十五日内，有权要求公司清偿债务或者提供相应的担保。

公司减少注册资本，应当按照股东出资或者持有股份的比例相应减少出资额或者股份，法律另有规定、有限责任公司全体股东另有约定或者股份有限公司章程另有规定的除外。

第二百二十五条　公司依照本法第二百一十四条第二款的规定弥补亏损后，仍有亏损的，可以减少注册资本弥补亏损。减少注册资本弥补亏损的，公司不得向股东分配，也不得免除股东缴纳出资或者股款的义务。

依照前款规定减少注册资本的，不适用前条第二款的规定，但应当自股东会作出减少注册资本决议之日起三十日内在报纸上或者国家企业信用信息公示系统公告。

公司依照前两款的规定减少注册资本后，在法定公积金和任意公积金累计额达到公司注册资本百分之五十前，不得分配利润。

第二百二十六条　违反本法规定减少注册资本的，股东应当退还其收到的资金，减免股东出资的应当恢复原状；给公司造成损失的，股东及负有责任的董事、监事、高级管理人员应当承担赔偿责任。

《最高人民法院关于适用〈中华人民共和国公司法〉若干问题的规定（三）》

第十四条第二款 公司债权人请求抽逃出资的股东在抽逃出资本息范围内对公司债务不能清偿的部分承担补充赔偿责任、协助抽逃出资的其他股东、董事、高级管理人员或者实际控制人对此承担连带责任的，人民法院应予支持；抽逃出资的股东已经承担上述责任，其他债权人提出相同请求的，人民法院不予支持。

七、股东迟延出资的法律责任

股东必知

《公司法》第3条第1款规定："公司是企业法人，有独立的法人财产，享有法人财产权。公司以其全部财产对公司的债务承担责任。"注册资本作为公司存在的物质根基，一方面是公司经济实力的最直接体现，另一方面也是公司对外承担责任的经济基础。

自2014年我国开始实施注册资本认缴登记制以来，我国设立公司的门槛降低，这在当时引起了一波创业热潮。在注册资本认缴登记制之下，股东在设立公司的时候可选择暂时不实际缴纳注册资本，只在登记机关登记公司的注册资本数额、承诺缴纳的期限即可，于是不少股东满怀豪情壮志，在未预估公司经营状况和自身经济实力的情况下认缴大额注册资金。但是，股东认缴并不意味着不缴，股东依然需要在承诺认缴的期限内将资金缴纳完毕。此前，实践中有不少股东的认缴资本数额巨大、缴付期限过长，2023年修订的《公司法》规定，全体股东认缴的出资额由股东按照公司章程的规定自公司成立之日起5年内缴足，这有利于股东认缴出资时可以客观理性评估能力与风险。在5年限期的要求下，可以预测的是，当出资的缴纳期限届满时，股东有可能会因为各种原因出现认缴后无法兑现的问题，从而引发股东出资纠纷。

股东延期出资不仅给公司的正常经营带来风险，对其他按时足额缴纳出资的股东产生不公，在实缴资本小于注册资本的情况下，更是对债权人的利益造成了极大的威胁。基于保护公司及债权人的利益，《公司法》第50条及第51条规定，已完成实缴注册资本义务的股东及公司董事会对未按期缴纳注册资本的股东须尽核查催缴义务，否则也将承担连带责任。

以案说法

股东应按约定的期限足额出资[①]

A公司和重型机械公司签订了《合资合作协议书》，双方约定：重型机械公司将五座厂房、办公楼评估作价后，以固定资产方式入股A公司，重型机械公司的投资比例占45%，注册资本认缴期为两年。但没有立刻办理房屋产权变更手续。

次年，因重型机械公司与他人产生纠纷，出资的房产中有一处被法院拍卖。在两年认缴期满后，重型机械公司也没有将剩余四处房产的所有权转移到A公司名下。

为了保护A公司利益及避免在公司发生债务时承担股东责任，A公司向法院提起诉讼，要求重型机械公司履行出资义务，以剩余四处房产及已被拍卖房产的价款履行出资义务。

【判词摘录】

◆股东应当按期足额缴纳公司章程中规定的各自所认缴的出资额。股东以货币出资的，应当将货币出资足额存入公司在银行开设的账户，以非货币财产出资的，应当依法办理其财产权的转移手续。

◆本案中，重型机械公司经注册登记成为A公司的股东，重型机械公司应履行其所认缴的两年内以五座厂房及办公楼出资的义务，现两年期限已满，重型机械公司未履行将五座厂房及办公楼变更登记到A公司名下的

[①] 参见沈阳市中级人民法院（2014）沈中民三终字第00102号民事判决书。

出资义务。经查，该五处房产中，其中一处已被依法拍卖。A公司要求重型机械公司以尚存的四处房产及已被拍卖房产的价款履行出资义务，应予支持。

律师支招

1. 公司具有法人人格，股东延期出资的行为违反了出资义务，已经侵害了法人的财产权利。根据《公司法》第49条及《公司法解释（三）》第19条的规定，股东在未履行或者未全面履行出资义务时，公司有权不受诉讼时效限制要求该股东向公司依法继续全面履行出资义务，对公司造成损害的，股东还需承担赔偿责任。如股东拒绝履行，公司可以"股东出资纠纷"的案由起诉至法院，请求法院判令延期出资的股东全面履行出资义务。

同时，公司可以根据章程对股东权利作出合理限制，包括限制该股东的股息红利请求权以及分配公司剩余财产请求权等自益权及表决权、临时股东大会召集请求权等共益权。

2. 一方面，股东按时足额出资是《公司法》规定的义务。另一方面，因为股东共同出资成立公司，所以股东出资也是股东之间的合同义务，当股东延期出资时，其他股东可以起诉要求未出资股东按公司章程的约定全面履行出资义务，若公司章程或合作协议里有约定延期出资需要支付违约金，其他股东还可以一并要求未出资股东支付违约金。

3. 为保护债权人利益，在公司股东未履行出资义务致使公司不能清偿债务时，债权人在债权诉讼时效期间内，依照《公司法》第50条及《公司法解释（三）》第13条的规定，除了可以起诉要求未按期缴纳注册资本的股东承担赔偿责任，还可以要求已完成缴纳注册资本义务的股东承担连带责任。债权人的起诉不受未履行出资义务的诉讼时效限制，但因公司股东仅以其认缴的出资额为限对公司承担赔偿责任，所以股东所承担的赔偿责任范围只在于其未出资部分的本金及相应利息。

对于已出资股东，应当对其他股东的出资情况进行核查，发现有未按期足额缴纳出资，或者作为出资的非货币财产的实际价额显著低于所认缴的出资额的情形，应当向该股东发出书面催缴书，催缴出资，这既是公司（股东）的权利，也是公司（股东）的义务。同时股东需要做好证据准备，例如保留催告函件底稿和快递底单、签收凭证、微信短信等信息凭证等，以证明自己在发现其他股东存在未按期缴纳出资或作为出资的非货币财产的实际价额显著低于所认缴的出资额时已尽催缴的义务。在此需要提醒的是，该义务延伸至董事会，若董事会怠于履行核查及催缴出资义务，也同样需要承担连带责任。

4. 根据《公司法》第52条的规定，对于未履行出资义务的股东，可以将其除名以确保其他股东的利益免受损害以及确保股权架构稳定。股东除名制适用的程序为：（1）公司先向未出资股东催告缴纳并给予一定的宽限期；（2）该股东在宽限期届满时，仍未缴纳出资的，公司经董事会决议可以向该股东发出书面的失权通知；（3）因除名股东导致丧失的股权，公司应当在六个月内依法转让，或者相应减少注册资本并注销该股权。

法条索引

《中华人民共和国公司法》

第四十七条 有限责任公司的注册资本为在公司登记机关登记的全体股东认缴的出资额。全体股东认缴的出资额由股东按照公司章程的规定自公司成立之日起五年内缴足。

法律、行政法规以及国务院决定对有限责任公司注册资本实缴、注册资本最低限额、股东出资期限另有规定的，从其规定。

第四十九条 股东应当按期足额缴纳公司章程规定的各自所认缴的出资额。

股东以货币出资的，应当将货币出资足额存入有限责任公司在银行开设的账户；以非货币财产出资的，应当依法办理其财产权的转移手续。

股东未按期足额缴纳出资的，除应当向公司足额缴纳外，还应当对给公司造成的损失承担赔偿责任。

第五十条 有限责任公司设立时，股东未按照公司章程规定实际缴纳出资，或者实际出资的非货币财产的实际价额显著低于所认缴的出资额的，设立时的其他股东与该股东在出资不足的范围内承担连带责任。

第五十一条 有限责任公司成立后，董事会应当对股东的出资情况进行核查，发现股东未按期足额缴纳公司章程规定的出资的，应当由公司向该股东发出书面催缴书，催缴出资。

未及时履行前款规定的义务，给公司造成损失的，负有责任的董事应当承担赔偿责任。

第五十二条 股东未按照公司章程规定的出资日期缴纳出资，公司依照前条第一款规定发出书面催缴书催缴出资的，可以载明缴纳出资的宽限期；宽限期自公司发出催缴书之日起，不得少于六十日。宽限期届满，股东仍未履行出资义务的，公司经董事会决议可以向该股东发出失权通知，通知应当以书面形式发出。自通知发出之日起，该股东丧失其未缴纳出资的股权。

依照前款规定丧失的股权应当依法转让，或者相应减少注册资本并注销该股权；六个月内未转让或者注销的，由公司其他股东按照其出资比例足额缴纳相应出资。

股东对失权有异议的，应当自接到失权通知之日起三十日内，向人民法院提起诉讼。

《最高人民法院关于适用〈中华人民共和国公司法〉若干问题的规定（三）》

第十三条第一款、第二款 股东未履行或者未全面履行出资义务，公司或者其他股东请求其向公司依法全面履行出资义务的，人民法院应予支持。

公司债权人请求未履行或者未全面履行出资义务的股东在未出资本息范围内对公司债务不能清偿的部分承担补充赔偿责任的，人民法院应予支持；未履行或者未全面履行出资义务的股东已经承担上述责任，其他债权人提出相同请求的，人民法院不予支持。

第十七条 有限责任公司的股东未履行出资义务或者抽逃全部出资，经公司催告缴纳或者返还，其在合理期间内仍未缴纳或者返还出资，公司以股东会决议解除该股东的股东资格，该股东请求确认该解除行为无效的，人民法院不予支持。

在前款规定的情形下，人民法院在判决时应当释明，公司应当及时办理法定减资程序或者由其他股东或者第三人缴纳相应的出资。在办理法定减资程序或者其他股东或者第三人缴纳相应的出资之前，公司债权人依照本规定第十三条或者第十四条请求相关当事人承担相应责任的，人民法院应予支持。

八、公司能否通过股东会决议的方式要求股东提前出资

股东必知

在成立公司时，公司注册资本数额以及注册资本缴纳年限都由股东自行约定并载明在公司章程中。在公司的实际经营过程中，往往会出现经营困难、资金短缺或者部分股东（尤其是大股东）提出等原因要求全体股东提前缴纳注册资本的情形。

一般情况下，股东对于公司章程载明的出资期限具有可预期性，提前缴纳出资实际上会影响股东的利益，所以难免会有股东提出反对。

提前缴纳注册资本是对原章程约定的修改，公司应召开股东会并作出决议修改章程，如果有股东反对提前出资，但是公司已通过股东会绝大多数股东表决同意，除非决议被撤销，否则反对的股东只能被动接受股东会的决议。

以案说法

提前缴纳出资需有合理理由并有利于公司利益[①]

德某公司成立于 2016 年 6 月，有许某、赵某、蒋某以及久某投资公司四名股东，章程约定公司认缴注册资本 5000 万元，出资期限为 2036 年 12 月 31 日。

2018 年 3 月 1 日，德某公司召开临时股东会，会议议题是公司面临巨大资金需求及经营障碍，全体股东按持股比例应提前在 2018 年 3 月 11 日之前实缴 2000 万元注册资金。除许某反对外，其余股东均同意该议案，同意的占出席会议有表决权的 70%，该提案经过表决获得通过。

德某公司随即修改了公司章程，除许某外，其他三位股东在 2018 年 3 月 11 日前按自己持股比例缴纳了注册资金，许某向法院提起诉讼要求撤销德某公司提前缴纳注册资本的股东会决议。

【判词摘录】

◆有限责任公司章程应当载明股东的出资方式、出资额和出资时间。本案中，虽然公司原章程规定了各股东的出资时间，但德某公司已于 2018 年 3 月 1 日召开临时股东会，并形成了全体股东提前出资的决议。

◆对于认缴制下的出资期限，股东对此具有一定的预期利益，故未经全体股东同意一般不应轻易修改。但当公司的经营状况发生变化时，应当根据公司情况判断此种修改是否必要。

◆本案中，股东会决议提前出资有利于公司利益，实质上也并不损害股东利益。股东未履行或者未全面履行出资义务，公司或者其他股东请求其向公司依法全面履行出资义务的，法院应予支持。

律师支招

1. 一般而言，股东对认缴制下的出资期限具有一定的预期，因此，如

[①] 参见无锡市中级人民法院（2018）苏 02 民终 4234 号民事判决书。

果公司要求股东短期内出资,会打乱股东的出资计划。公司要求股东提前缴纳注册资本,应当有正当的理由,同时出资金额和期限的确定也应合理,并依法经过股东会会议形成有效决议。若有股东不同意提前缴纳注册资本,可以起诉要求撤销股东会决议。

2. 若公司是依法依程序修改章程,合法变更了缴纳注册资本期限,所有股东应当依照公司章程的规定履行出资义务。若股东不履行出资义务,公司可以通过法律程序将不履行出资义务的股东除名。

法条索引

《中华人民共和国公司法》

第二十六条 公司股东会、董事会的会议召集程序、表决方式违反法律、行政法规或者公司章程,或者决议内容违反公司章程的,股东自决议作出之日起六十日内,可以请求人民法院撤销。但是,股东会、董事会的会议召集程序或者表决方式仅有轻微瑕疵,对决议未产生实质影响的除外。

未被通知参加股东会会议的股东自知道或者应当知道股东会决议作出之日起六十日内,可以请求人民法院撤销;自决议作出之日起一年内没有行使撤销权的,撤销权消灭。

第四十九条 股东应当按期足额缴纳公司章程规定的各自所认缴的出资额。

股东以货币出资的,应当将货币出资足额存入有限责任公司在银行开设的账户;以非货币财产出资的,应当依法办理其财产权的转移手续。

股东未按期足额缴纳出资的,除应当向公司足额缴纳外,还应当对给公司造成的损失承担赔偿责任。

第五十九条 股东会行使下列职权:

(一)选举和更换董事、监事,决定有关董事、监事的报酬事项;

(二)审议批准董事会的报告;

(三)审议批准监事会的报告;

（四）审议批准公司的利润分配方案和弥补亏损方案；

（五）对公司增加或者减少注册资本作出决议；

（六）对发行公司债券作出决议；

（七）对公司合并、分立、解散、清算或者变更公司形式作出决议；

（八）修改公司章程；

（九）公司章程规定的其他职权。

股东会可以授权董事会对发行公司债券作出决议。

对本条第一款所列事项股东以书面形式一致表示同意的，可以不召开股东会会议，直接作出决定，并由全体股东在决定文件上签名或者盖章。

第六十六条 股东会的议事方式和表决程序，除本法有规定的外，由公司章程规定。

股东会作出决议，应当经代表过半数表决权的股东通过。

股东会作出修改公司章程、增加或者减少注册资本的决议，以及公司合并、分立、解散或者变更公司形式的决议，应当经代表三分之二以上表决权的股东通过。

《最高人民法院关于适用〈中华人民共和国公司法〉若干问题的规定（三）》

第十七条第一款 有限责任公司的股东未履行出资义务或者抽逃全部出资，经公司催告缴纳或者返还，其在合理期间内仍未缴纳或者返还出资，公司以股东会决议解除该股东的股东资格，该股东请求确认该解除行为无效的，人民法院不予支持。

九、公司的债权人可否主张股东出资期限加速到期

[股东必知]

自2013年修正的《公司法》实施后，我国公司的注册制度正式由实缴登记制改为认缴登记制。此举虽为我国中小企业创造了很多机会，但不

可否认的是，也在一定程度上引发了对公司债权人利益保护问题的担忧。尤其是公司发生债务纠纷时，认缴登记制下对股东认缴期限的保护使得公司债权人往往陷入"追债无门"的境地。因此，认缴登记制下股东出资是否可以加速到期一直是理论和实践探讨的焦点，一方面既要尊重公司股东自行选择的认缴出资方式，另一方面也要结合案件的实际情况进行考量，以维护债权人的合法利益。

为统一裁判思路，规范法官自由裁量权，最高人民法院于2019年11月正式发布的《全国法院民商事审判工作会议纪要》（以下简称《九民会议纪要》）中对于认缴制下股东是否可加速到期作出了"原则上不支持、例外情形下允许"的意见。即使有《九民会议纪要》限定了股东出资加速到期的条件，但《九民会议纪要》不是司法解释，不能作为裁判依据进行援引，另外《九民会议纪要》对股东的出资期限加速到期的情形极其有限，通常情况下很难得到支持。现《公司法》已经将原本认缴制改为限期认缴制，即全体股东认缴的出资额由股东按照公司章程的规定自公司成立之日起五年内缴足，降低债权人的风险，使出资制度回归理性。该法同时在第54条正式确立出资加速到期制度："公司不能清偿到期债务的，公司或者已到期债权的债权人有权要求已认缴出资但未届出资期限的股东提前缴纳出资。"从该规定可以看出，公司不能清偿到期债务时，公司和债权人的利益优先于股东出资的期限利益，债权人主张股东出资加速到期的可能性较以前增加。

以案说法

1. 公司已具备破产原因但不申请破产，债权人有权请求股东出资期限加速到期[①]

某科技公司于2015年12月6日成立，注册资本100万元。其中李某

[①] 参见北京市第三中级人民法院发布二十个公司类纠纷典型案例之五：郭某诉李某、冯某、某科技公司执行异议之诉案。

认缴出资60万元，出资时间为2035年12月5日；冯某认缴出资40万元，出资时间为2035年12月5日。郭某与某科技公司服务合同纠纷一案，法院于2018年作出判决：某科技公司于判决生效之日起7日内返还郭某30万元及赔偿利息损失，但科技公司无财产可供执行。郭某以李某、冯某作为被执行人的股东未足额出资为由提出执行异议，申请追加李某、冯某为被执行人。法院于2019年5月8日作出执行裁定书，驳回了郭某申请追加李某、冯某为被执行人的请求。某科技公司自2017年11月开始进行清算，目前已注销了税务登记。郭某起诉请求：变更原执行裁定，追加股东李某、冯某为被执行人。

【判词摘录】

◆本案各方的争议实质上针对的是公司在非破产与解散情形下股东出资应否加速到期。对此，在注册资本认缴制下，股东依法享有期限利益，债权人以公司不能清偿到期债务为由，请求未届出资期限的股东在未出资范围内对公司不能清偿的债务承担补充赔偿责任的，不予支持。但是公司作为被执行人的案件，人民法院穷尽执行措施无财产可供执行，已具备破产原因，但不申请破产的情况除外。

◆在有生效判决，经公司债权人申请执行的情况下，如果穷尽执行措施公司还无财产可供执行，已具备破产原因，但不申请破产的，其结果与《企业破产法》第2条规定的公司资产不足以清偿全部债务或者明显缺乏清偿能力完全相同，这种情况下可比照《企业破产法》第35条的规定，股东未届期限的认缴出资，加速到期。本案中，根据现有证据，某科技公司已具备破产原因，但不申请破产，法院对某科技公司穷尽执行措施仍无财产可供执行，故郭某有权请求未届出资期限的股东李某、冯某在未出资范围内对公司不能清偿的债务承担补充赔偿责任。

2. 股东对认缴出资期限具有信赖利益，不能轻易主张出资期限加速到期[①]

2015年，曾某与甘肃公司签订《股权转让协议》，协议约定曾某将其所持有的深圳公司70%股权转让给甘肃公司，双方约定了股权价款及支付时间。协议签订后，深圳公司向登记机关申请变更登记，将70%股权变更到甘肃公司名下。后甘肃公司仅支付了1200万元股权转让款，曾某提起诉讼要求甘肃公司偿还剩余股权转让款。同时，因甘肃公司申报的注册资金为5000万元，冯大、冯二是该公司股东，却未实际缴纳注册资本，曾某请求冯大、冯二对甘肃公司的债务承担补充赔偿责任。

【判词摘录】

◆曾某主张冯大、冯二在未出资本息范围内对甘肃公司债务不能清偿的部分承担补充赔偿责任的实质是主张冯大、冯二的出资加速到期。本案中，甘肃公司的股东冯大、冯二的认缴出资期限截至2025年12月31日。《公司法》规定股东应当按期足额缴纳公司章程中规定的各自所认缴的出资额。股东享有出资的"期限利益"，公司债权人在与公司进行交易时有机会在审查公司股东出资时间等信用信息的基础上综合考察是否与公司进行交易，债权人决定交易即应受股东出资时间的约束。

◆《公司法解释（三）》第13条第2款规定的"未履行或者未全面履行出资义务"应当理解为"未缴纳或未足额缴纳出资"，出资期限未届满的股东尚未完全缴纳其出资份额不应认定为"未履行或者未全面履行出资义务"，且曾某并未举证证明其基于冯大、冯二的意思表示或实际行为对上述股东的特定出资期限产生确认或信赖，又基于上述确认或信赖与甘肃公司产生债权债务关系。故该请求没有法律依据，本院不予支持。

律师支招

1. 在注册资本认缴制下，股东随意认缴及延长注册资本并不能绝对免

[①] 参见最高人民法院（2019）最高法民终230号民事判决书。

除其出资风险。为保护债权人的利益，相关法律法规已明确规定，在公司解散时，股东尚未缴纳的出资均应作为清算财产，且公司一旦破产，出资人所认缴的出资将不再受出资期限的限制，需要加速到期偿还。

2. 股东认缴的注册资本越高，股东对公司及其债权人承担的义务越重，其投资风险越高。股东需要衡量自身的经济实力及公司的发展前景再确定认缴资金数额。

3. 在注册资本认缴制下，申请登记的注册资本并不能完全反映公司的实际资本状况和经济实力。对公司债权人而言，在交易前应加强对交易主体的背景审查，结合其他条件综合判断目标公司的情况，不能盲目相信注册资本高的公司。当公司不能清偿到期债务时，债权人可尝试起诉请求股东加速出资期限以承担清偿责任。

4. 在2023年《公司法》修订前，股东的出资期限加速到期的情形比较有限，正如案例2中所展示的，若非有极特殊情形，如公司破产、公司具备破产原因但不申请破产，通常情况下股东出资加速到期并不能得到支持，这也是当时法院实践中的普遍做法。然而，同样的情形若发生在2024年7月1日后，债权人则可尝试要求已认缴出资但未届出资期限的股东提前缴纳出资。但需注意，请求股东的出资期限加速到期仅限于补充赔偿责任而非连带责任，只有在公司财产不足以清偿时，才可以要求股东承担补充赔偿责任。

法条索引

《中华人民共和国公司法》

第四十七条 有限责任公司的注册资本为在公司登记机关登记的全体股东认缴的出资额。全体股东认缴的出资额由股东按照公司章程的规定自公司成立之日起五年内缴足。

法律、行政法规以及国务院决定对有限责任公司注册资本实缴、注册资本最低限额、股东出资期限另有规定的，从其规定。

第四十九条第一款 股东应当按期足额缴纳公司章程规定的各自所认缴的出资额。

第五十四条 公司不能清偿到期债务的，公司或者已到期债权的债权人有权要求已认缴出资但未届出资期限的股东提前缴纳出资。

《中华人民共和国企业破产法》

第三十五条 人民法院受理破产申请后，债务人的出资人尚未完全履行出资义务的，管理人应当要求该出资人缴纳所认缴的出资，而不受出资期限的限制。

《最高人民法院关于适用〈中华人民共和国公司法〉若干问题的规定（二）》

第二十二条 公司解散时，股东尚未缴纳的出资均应作为清算财产。股东尚未缴纳的出资，包括到期应缴未缴的出资，以及依照公司法第二十六条和第八十条[①]的规定分期缴纳尚未届满缴纳期限的出资。

公司财产不足以清偿债务时，债权人主张未缴出资股东，以及公司设立时的其他股东或者发起人在未缴出资范围内对公司债务承担连带清偿责任的，人民法院应依法予以支持。

《最高人民法院关于适用〈中华人民共和国公司法〉若干问题的规定（三）》

第十三条第二款 公司债权人请求未履行或者未全面履行出资义务的股东在未出资本息范围内对公司债务不能清偿的部分承担补充赔偿责任的，人民法院应予支持；未履行或者未全面履行出资义务的股东已经承担上述责任，其他债权人提出相同请求的，人民法院不予支持。

《全国法院民商事审判工作会议纪要》

6. [股东出资应否加速到期] 在注册资本认缴制下，股东依法享有期限利益。债权人以公司不能清偿到期债务为由，请求未届出资期限的股东

---

① 现为《公司法》第47条和第96条。

在未出资范围内对公司不能清偿的债务承担补充赔偿责任的,人民法院不予支持。但是,下列情形除外:

(1) 公司作为被执行人的案件,人民法院穷尽执行措施无财产可供执行,已具备破产原因,但不申请破产的;

(2) 在公司债务产生后,公司股东(大)会决议或以其他方式延长股东出资期限的。

十、代缴出资的股东如何保护自己的债权

【股东必知】

虽然《公司法》取消了最低注册资本的限制,但是股东出资仍然是其法定义务,股东应当按期按约足额缴纳公司章程中规定的各自所认缴的出资额。

出资是股东在成立公司时所要承担的第一项义务。股东若没有按照投资协议或章程的约定缴纳注册资本,需要向公司补缴注册资本,对已经缴纳出资义务的其他股东承担违约责任。在实际经营过程中,有的股东可能因为资金紧缺,自己应缴纳的部分由其他有资金的股东代为缴纳。但是代缴出资的股东在代其他股东出资之后,因为双方之间缺少书面的协议约定,难以证明两人之间存在代出资的法律关系,以致在出现法律纠纷的时候,代缴出资股东的债权难以得到保护。

【以案说法】

帮其他股东出资,有可能会变成赠与

李某与贺某两人拟成立一家注册资本为20万元的公司,股份每人各占50%。李某因有充足的资金,于是将20万元平均分成两份,其中一份10万元打入了贺某的账户,贺某将该10万元打入公司基本户,公司随后成立。一年以后,公司经营困难,李某、贺某两人因经营决策的问题存在矛盾而反

目，李某提出要求退出经营并要求贺某向自己返还成立公司时代其缴纳的10万元出资款，贺某拒绝。

【律师评析】

为了能够顺利成立公司，在有些股东资金不足时由其他股东代为补足的情况在现实中时有发生，特别是由几个朋友一起合资成立公司时比较多见。

在上述案例中，李某的"代出资行为"存在很大的法律风险。公司成立之后，在企业注册资料登记中，只会反映两位股东各自的出资数额以及股份，而不会说明以及承认股东之间的代出资关系，李某代贺某所出的资金反映在官方资料中就是贺某自己的资金。笔者认为，在双方没有任何约定及证明的情况下，若李某代贺某出资，但李某证据不足且贺某否定李某代出资，李某将会有败诉的风险。

律师支招

假设股东A代股东B出资，为了保障A对B的债权日后能够追讨，A应该做如下工作：

1. A应该与B签订一份代出资协议，明确约定B的注册资金实际上是由A所出。双方通过协议约定明确代出资的事实并厘清相关法律关系，可以避免相应的法律风险。协议中还可以约定B如何归还A的代出资款以及利息数额等问题。在法律上，代出资实际上等同于借款，若B在协议约定的期限内没有归还款项，A可以通过诉讼要求B返还。约定清晰明确的协议，是日后追讨欠款的重要依据和理由。

2. A的出资应通过银行转账的形式支付，并保留转账凭证。目前的实际操作中，通过自动柜员机转账打印出来的凭条容易出现掉色、字迹消失等情况，而柜台转账后通过银行职员打印出来的凭条可以永久保存。除了需要通过转账支付代出资款之外，A还应该尽快向B索要收条。收条是B收到A转入款项的证据。

> 法条索引

《中华人民共和国公司法》

第四十七条　有限责任公司的注册资本为在公司登记机关登记的全体股东认缴的出资额。全体股东认缴的出资额由股东按照公司章程的规定自公司成立之日起五年内缴足。

法律、行政法规以及国务院决定对有限责任公司注册资本实缴、注册资本最低限额、股东出资期限另有规定的，从其规定。

第四十九条　股东应当按期足额缴纳公司章程规定的各自所认缴的出资额。

股东以货币出资的，应当将货币出资足额存入有限责任公司在银行开设的账户；以非货币财产出资的，应当依法办理其财产权的转移手续。

股东未按期足额缴纳出资的，除应当向公司足额缴纳外，还应当对给公司造成的损失承担赔偿责任。

十一、作为出资的知识产权贬值时应如何处理

> 股东必知

知识产权越来越成为现代商业社会的核心竞争力，股东以知识产权出资的情况越来越普遍。根据《公司法》第 48 条的规定，股东可以用货币出资，也可以用知识产权出资。使用知识产权作为出资的，需要对知识产权进行评估作价。知识产权要评估后才能得出价值多少的结论，但是评估作价需由评估公司来作，不同的评估公司得出的结果可能不一样。另外，知识产权的价值不是长期固定的，有可能一个发明专利在评估的时候作价 100 万元，但在随后的时间里因为有新的同类专利出现，原专利就有可能变得一文不值。因此，用作出资的知识产权贬值等情况所导致的纠纷也是常有之事。

为了平衡各出资人的投资风险以及保护公司的利益，《公司法》第50条规定了非货币出资不足时股东补足出资的法律责任，以及设立时的其他股东与该股东在出资不足的范围内承担连带责任。但是《公司法解释（三）》第15条规定，因为市场变化或客观因素导致非货币财产贬值的，该非货币财产出资的股东无须承担补足出资的法律责任，股东之间另有约定的除外。

以案说法

作价出资的知识产权价值大幅缩水，是否需补足出资要看股东之间的约定

富某公司是主营医疗康复器材及康复家庭用具的公司。公司于2020年由股东王某、陈某和X公司发起设立，其中，王某与X公司各以货币出资1000万元，陈某以自己的一项医疗康复器材发明专利作价出资，经评估为800万元。因此，三位股东共出资2800万元成立了富某公司。富某公司在成立后，基于陈某所拥有的专利技术生产器械设备进行销售盈利。

2022年5月，因为富某公司医疗康复器材的销售不如预期，公司经营困难。王某与X公司重新委托评估公司对陈某所拥有的发明专利进行评估，得出价值为100万元的结论。于是，王某与X公司认为陈某在成立公司时出资不实，应补足出资700万元。

【律师评析】

陈某所拥有的该项医疗康复器材发明专利之所以两次评估作价相去甚远，主要还是在于知识产权的特性。在公司成立时，陈某确实是通过评估作价以800万元足额出资，根据《公司法解释（三）》第15条的规定，在公司成立时陈某并无出资不足的过错。在股东之间没有对知识产权贬值该如何处理、是否应该补足出资作出约定的情况下，王某和X公司起诉要求陈某补足出资，是不会得到法律支持的。

> 律师支招

1. 公司设立时，如果有股东是以知识产权评估作价出资，公司股东之间一定要充分考虑知识产权存在贬值的风险。

2. 若出资作价的知识产权对于公司的经营有重大影响，知识产权的贬值足以影响公司存续的话，股东之间应该对知识产权在贬值的情况下注册资本是否应该补足作出明确的约定。

3. 如果股东在成立公司时以及在公司的存续过程中，没有就出资作价的知识产权贬值是否需要补足出资作出明确约定，法院一般会判定以知识产权作价出资的股东无须承担补足出资的法律责任。

> 法条索引

《中华人民共和国公司法》

第四十八条 股东可以用货币出资，也可以用实物、知识产权、土地使用权、股权、债权等可以用货币估价并可以依法转让的非货币财产作价出资；但是，法律、行政法规规定不得作为出资的财产除外。

对作为出资的非货币财产应当评估作价，核实财产，不得高估或者低估作价。法律、行政法规对评估作价有规定的，从其规定。

第五十条 有限责任公司设立时，股东未按照公司章程规定实际缴纳出资，或者实际出资的非货币财产的实际价额显著低于所认缴的出资额的，设立时的其他股东与该股东在出资不足的范围内承担连带责任。

《最高人民法院关于适用〈中华人民共和国公司法〉若干问题的规定（三）》

第十五条 出资人以符合法定条件的非货币财产出资后，因市场变化或者其他客观因素导致出资财产贬值，公司、其他股东或者公司债权人请求该出资人承担补足出资责任的，人民法院不予支持。但是，当事人另有约定的除外。

第二章
股东身份确认及股权质押、转让

导语

　　股东身份的确认与股权的流转是支撑公司稳定运营与持续发展的两大支柱。随着商业环境的日益复杂和法律法规的不断完善，股东如何确保自己的身份被正确识别，以及如何在合法合规的前提下进行股权质押与转让，成为每位股东必须面对的重要课题。

　　本章将深入这一领域，从理论到实践，全方位解析股东身份的确认流程、股权质押的法律风险与防控措施，以及股权转让中的关键点与注意事项。我们将通过生动案例，揭示股东身份确认过程中可能遇到的挑战与陷阱，帮助投资者避免"隐名股东"的尴尬境地，确保自己的权益得到充分保障。

　　在股权质押方面，我们将详细阐述质押的设立条件、登记程序及法律效力，让投资者了解如何通过合法手段将股权转化为融资工具，同时规避潜在的法律风险。而对于股权转让，我们将重点分析转让合同的签订、审批流程、税务处理及股东优先购买权等关键环节，为投资者提供一份详尽的操作指南。

第一节　股东身份（资格）确认

一、出资并不代表自己已成为公司的股东

> 股东必知

出资，并不仅仅是缴纳注册资金，而是泛指一切公司投资人向公司支付投资款的行为。

2013年修正的《公司法》取消了对成立公司注册资本的最低要求，同时规定成立公司初期也不需要强制实缴注册资本，但股东仍然需要按照约定认缴注册资本，且需要根据自己的认缴额承担相应的责任。新加入公司做股东，也需要向公司缴纳投资款项。其实，缴纳了注册资金、向公司支付了投资款，就认为自己已经成为股东，是很多人常会陷入的误区。以笔者的一位朋友为例：他出资100多万元和另外三位投资人签订了投资协议开了一家酒店，三年多来他一直负责部分公司经营业务。后来各位投资人因在酒店经营管理方面思路不同而决定不再合作，在解散公司、分配利润时，这位朋友才发现，原来酒店在成立的时候，只登记了另外三位投资人的名字，自己并不是登记在册的股东。而在这三年多里，他都一直认为自己是这家酒店的股东之一。

《公司法》第56条第2款规定："记载于股东名册的股东，可以依股东名册主张行使股东权利。"也就是说，只有登记在股东名册上的人才是法律意义上的股东。股东对外的体现，是登记的企业注册基本资料中所出现的投资人名称。若在公司股东名册上面没有作出登记，而且在登记的企业注册基本资料中也没有自己的名字，那么即使已向公司注资，也并不必然能成为法律上的股东。

以案说法

投资人注资后，并不直接取得股东身份，不享有完全的股东权利

2018年，陈某与A公司原有股东甲、乙两人约定，由陈某向A公司投资300万元，加入公司的管理层并参与公司的经营及决策。三人只签订了一份投资协议。在其后公司的日常经营过程中，陈某自己及公司上下均认定陈某为股东。2021年3月，因为部分投资决策等问题，陈某与甲、乙之间意见不合产生矛盾，陈某向法院提起诉讼，认为自己是股东，要求行使股东知情权，对公司的账簿进行查阅。甲、乙二人以陈某并非公司实际股东为由提出抗辩。

【律师评析】

若只有一份投资协议，陈某在法律上难以被认定为具有股东的身份，他最多是一个投资者的角色。《公司法》规定股东需登记在公司的股东名册中。如果A公司没有制作股东名册，法院在审理案件时会查阅公司的登记资料，若其中的股东中没有记载陈某的信息，则法院很可能会判决陈某败诉。

律师支招

1. 一些公司的投资人、管理层人士，在公司的经营过程中自称是公司的股东，公司内部也都承认其身份地位，他们对公司的经营决策也有发言权和决定权。但实际上，在股东资料中并没有将其作为股东进行登记。在这种情况下，这类人实际上并非法律意义上的股东。

2. 如果没有进行登记，投资人、公司、股东之间很容易引发纠纷，如果公司经营不善，投资人可能会否认出资属于股权投资，而认为是借贷，向公司追索借款；如果公司经营情况良好要分红，其他股东则可能会主张该出资仅是借款，不承认出资人的股东身份。

因此，投资人作为发起人缴纳注册资本，必须在投资协议中约定自己是公司股东,确定自己的名字记录在股东名册上;办理公司登记注册时,也应该在股东信息中录入自己的身份资料。

3. 投资人向某公司出资后,并不代表自己就理所当然地具有了法律上所认可的股东身份,因此,投资人在出资后必须要求公司出具相关材料证明自己具有公司的股东身份并及时办理股东变更登记。如果公司没有办理股东变更登记,履行实际出资义务的投资人还可以通过诉讼方式确认股东身份。若投资人起诉到法院要求确认自己是股东并有权行使股东权利,法院会要求投资人举证证明自己是股东。若投资人无法提供投资协议(或发起协议)、股东名册进行证明,在公司否认其股东身份的情况下,法院会因证据不足而不予认可投资人具有股东的身份。此时发起人缴纳了注册资本,最多算是借钱给人开公司而已。

4. 如前所述,在诉讼中,若要确认自己是公司股东或享有股东资格,需要向法庭提交证据予以证明。公司设立协议、公司章程、出资证明书、股东名册以及登记档案中的记载是最直接有效的证据。除此之外,参与公司的经营决策以及收取公司的盈余,也可以较为有效地证明。

法条索引

《中华人民共和国公司法》

第五十五条 有限责任公司成立后,应当向股东签发出资证明书,记载下列事项:

(一)公司名称;

(二)公司成立日期;

(三)公司注册资本;

(四)股东的姓名或者名称、认缴和实缴的出资额、出资方式和出资日期;

(五)出资证明书的编号和核发日期。

出资证明书由法定代表人签名,并由公司盖章。

第五十六条 有限责任公司应当置备股东名册，记载下列事项：

（一）股东的姓名或者名称及住所；

（二）股东认缴和实缴的出资额、出资方式和出资日期；

（三）出资证明书编号；

（四）取得和丧失股东资格的日期。

记载于股东名册的股东，可以依股东名册主张行使股东权利。

二、隐名股东身份的确认

股东必知

隐名股东究竟能否被法律所认可？所谓隐名股东，是指当事人借用他人名义出资，以他人的名义作为登记股东的公司出资人。一些当事人基于各种原因，不愿意将自己的身份公开，于是找他人代替自己登记为公司股东。又或者，当事人拥有外国国籍，成立一般的有限责任公司有一定法律上的困难，为了便利由中国籍当事人作为挂名的股东。

我国的法律此前并没有对隐名股东的问题作出相应的规范，但因隐名股东发生的争议不断，又无法适用统一裁判规则，最高人民法院公布《公司法解释（三）》时，在第24条、第25条对隐名股东与显名股东之间的法律关系的认定和纠纷处理方式作出了明确的规范。关于隐名股东的身份认定，要看隐名股东和显名股东之间是否有明确的合同约定；对于隐名股东，其享有收益权，有权分得公司的利润，但并不能随意要求替换显名股东，只有经过公司其他股东半数以上同意的才能变更股东登记；显名股东处分股权给隐名股东造成损失的，隐名股东请求显名股东承担赔偿责任的，法院会予以支持。

通常情况下，法院在审理隐名股东身份认定案件的时候，会审查隐名股东是否实际向公司出资，所以出资的凭证（如向公司的转账证明或公司的收款确认书等文件）十分重要；同时法院还会审查隐名股东的身份除了显名股东，公司其他股东是否知悉和认可，所以除了显名股东，其他股东也有必要签订同意书。若上述两点隐名股东均无法向法院提供证明，那么其隐名股东的身份就极有可能不被法院所认可。

[以案说法]

1. 股东资格应对形式要件和实质要件综合予以认定，隐名股东与显名股东基于合同关系而成立

娄某委托温某以温某的名义成立某科技公司。因娄某太信任温某，所以对公司的经营一直没有过问。后由于温某的原因，公司陷入困境，温某躲避在外导致公司无法继续正常经营，娄某要求接管公司，因温某不配合办理变更登记，娄某向法院起诉要求确认自己拥有科技公司的股东身份。但娄某并非公司章程与股东名册中记载的股东。在案件审理过程中，娄某提供了由温某向其出具的股权说明书一份，其上载明：科技公司所持原始股权，娄某占40%，娄某认为该股权说明书具有持股证明（出资证明）的属性。法院未支持娄某提出的相关诉讼请求。

【律师评析】

股东取得完整无瑕疵的股东资格和股东权利，须符合两个要件，即实质要件和形式要件。实质要件是以出资为取得股东资格的必要条件，形式要件是对股东出资的记载和证明，是实质要件的外在表现。

本案中，法院未支持娄某申诉请求主要有以下三个原因：一是娄某与温某之间的款项往来仅能佐证双方之间的债权、债务关系，而无法证明其向科技公司实际出资的事实。二是温某向娄某出具的股权说明书与法律规定的持股证明（出资证明）在形式上存在差异。此外，持股证明只是一种证明股东所持股份或出资的凭证，是认定股东资格的初步证明，而非认定股东资格的唯一要件。确认股东资格，还必须对相对人的实际出资行为进行审查。而依据前文认定，娄某无证据佐证其实际出资行为，故娄某提交的股权说明书在本案中缺乏证明力。三是隐名股东系依隐名出资人与显名人之间的合同关系而产生。而在本案中，娄某并未提交相关证据佐证其与温某之间存在此种合同关系。

2. 隐名股东与显名股东之间无书面代持股协议，法院需审查隐名股东是否有实际投资及其是否为公司的实际控制人

高某公司于1991年成立，法定代表人是阙某。2001年，高某公司另成立郁某公司，并以柏某和李某为显名股东。高某公司与两位显名股东之间对于代持股事宜没有书面形式的约定，仅有口头协议。郁某公司自成立至2006年，一直由阙某作为公司的实际控制人。2006年，因为郁某公司的业务非常好，柏某和李某不再听从高某公司的指令。高某公司于是向法院起诉，要求确认自己拥有股东身份。柏某与李某提出否定，认为高某公司并非隐名股东，高某公司与郁某公司的关系仅是品牌代理关系。

【律师评析】

柏某与李某在郁某公司注册之时，并未投入资金，注册资金系高某公司在其后的经营活动中陆续投入，故从实际出资的角度来看，郁某公司的实际出资人应为高某公司，而不是柏某和李某。

从柏某发送给高某公司法定代表人阙某的大量传真函件来看，时间跨度之长久，内容涉及之细致，传真发送之频繁，语气用词之谦恭，均超出商业活动中同行交流之正常范畴。由此可见，阙某对于郁某公司事无巨细、悉数掌控，几乎涵盖公司经营涉及的各个层面，是公司的实际管理控制人。

高某公司从郁某公司处分得了红利，这是股东享有并行使权利的重要表现形式。

【律师支招】

1. 由于隐名股东的存在有悖于交易秩序与安全，我国法律并不鼓励投资者采取隐名投资的方式。因此，法院在审理时应当慎重，既要考虑出资人的利益，也要保护公司制度的良好运行。对投资者来说，不要贪图一时便利进行隐名投资，否则可能承担更大的风险。如果投资者采取了隐名投资的方式，应当注意采取适当的方式保护自己的权益。①

2. 隐名股东和显名股东之间应签订代持股协议，明确双方的股权代持关系，同时考虑到显名股东为对外登记的股东，如该股东出现离婚、死亡等情形，则股权将会陷入财产分割或继承的争议中，建议除了显名股东之外，显名股东的配偶、继承人及其他股东也在该份代持协议上签名确认。若代持协议中有不方便让其他股东知悉的内容，可以让股东签订代持股事宜知悉确认书。为了避免日后隐名股东的出资被认定为借贷，建议代持股协议中写明隐名股东隐名投资入股的原因。

3. 隐名股东在投资转账时应明确备注款项用途为投资款或出资款，并妥善保管自己的出资凭证，如转账给显名股东或公司的银行流水记录，出资证明最好是有公司及法定代表人确认的隐名股东投资的确认书。

4. 隐名股东应该尽量收集证据证明自己参与了公司的经营或领取了公司利润分配。

法条索引

《中华人民共和国公司法》

第五十五条 有限责任公司成立后，应当向股东签发出资证明书，记载下列事项：

（一）公司名称；

（二）公司成立日期；

（三）公司注册资本；

（四）股东的姓名或者名称、认缴和实缴的出资额、出资方式和出资日期；

（五）出资证明书的编号和核发日期。

---

① 国家法官学院案例开发研究中心编：《中国法院2013年度案例·公司纠纷》，中国法制出版社2013年版，第9页。

出资证明书由法定代表人签名，并由公司盖章。

第五十六条　有限责任公司应当置备股东名册，记载下列事项：

（一）股东的姓名或者名称及住所；

（二）股东认缴和实缴的出资额、出资方式和出资日期；

（三）出资证明书编号；

（四）取得和丧失股东资格的日期。

记载于股东名册的股东，可以依股东名册主张行使股东权利。

《最高人民法院关于适用〈中华人民共和国公司法〉若干问题的规定（三）》

第二十四条　有限责任公司的实际出资人与名义出资人订立合同，约定由实际出资人出资并享有投资权益，以名义出资人为名义股东，实际出资人与名义股东对该合同效力发生争议的，如无法律规定的无效情形，人民法院应当认定该合同有效。

前款规定的实际出资人与名义股东因投资权益的归属发生争议，实际出资人以其实际履行了出资义务为由向名义股东主张权利的，人民法院应予支持。名义股东以公司股东名册记载、公司登记机关登记为由否认实际出资人权利的，人民法院不予支持。

实际出资人未经公司其他股东半数以上同意，请求公司变更股东、签发出资证明书、记载于股东名册、记载于公司章程并办理公司登记机关登记的，人民法院不予支持。

《全国法院民商事审判工作会议纪要》

28.［实际出资人显名的条件］实际出资人能够提供证据证明有限责任公司过半数的其他股东知道其实际出资的事实，且对其实际行使股东权利未曾提出异议的，对实际出资人提出的登记为公司股东的请求，人民法院依法予以支持。公司以实际出资人的请求不符合公司法司法解释（三）第24条的规定为由抗辩的，人民法院不予支持。

三、一股二卖，如何确定股东资格

股东必知

有限责任公司的股东将其持有的股权对外转让后，办理股权变更登记之前，再次将股权转让给第三人，并与第三人办理股权变更登记，导致的问题是此时的股权归属应如何确认。

股东通过向公司出资获得股东资格，对外行使股东权利。因股权具有可转让性，经公司其他股东的同意，股东有权与股权受让人签订《股权转让协议》，受让人通过支付股权转让款，可以取得股东资格。

《公司法》第34条规定："公司登记事项发生变更的，应当依法办理变更登记。公司登记事项未经登记或者未经变更登记，不得对抗善意相对人。"股东往往通过出示登记的企业信用信息来证明自己的股东身份。换句话说，向登记机关申请办理登记是股东对外证明股东资格的最重要的证据。当发生"一股二卖"的股权转让纠纷时，《公司法》的上述规定为股权归属的认定提供依据。

由于股权变更登记是不可逆转的行为，办理股权变更登记后，原股东即丧失股东资格，此时原股东与其他股权受让人的《股权转让协议》已经失去了合同履行的基本条件，除非变更协议，否则无论原股东或者其他股权受让人，均不得单方主张继续履行股权转让协议，此时其他股权受让人可以向原股东主张返还股权转让款及承担相应的违约赔偿责任。

以案说法

一股二卖情形下未办理股权登记的受让方有权要求转让方返还转让款[1]

阳某是家具公司的股东。2014年4月，阳某与杜某签订《股权转让协

---

[1] 参见深圳市中级人民法院（2017）粤03民终10741号民事判决书。

议》，主要内容包括：阳某将其持有家具公司11%的股份以30万元的价格转让给杜某。2014年5月，杜某通过银行转账向阳某支付股权转让款30万元。阳某收到杜某支付的转让款后，并没有办理股权变更登记手续。

2015年3月，阳某与王某签订《股权转让协议》，并办理了股权转让变更登记手续，将股权转移到了王某的名下。

杜某向法院起诉，要求阳某返还已支付的股权转让款。

【判词摘录】

◆本案为股权转让合同纠纷，杜某与阳某签订的《股权转让协议》合法有效。杜某已经按照约定支付了股权转让款，但合同项下转让的公司的11%的股权未进行变更登记。

◆尽管双方关于未变更登记的原因各执一词，但是，2015年3月，阳某将包括本案争议股权在内的公司全部股份转让给案外人王某，该公司股东也变更为王某。阳某也没有证据可以证明该转让行为征得原受让人杜某的同意。

◆无论阳某转让股权的行为是基于什么动机，均属于以实际行为表明不再履行与杜某之间股权转让合同，杜某的合同目的不能实现，阳某应当向杜某返还股权转让款。

律师支招

1. 股权变更登记的效力可参照不动产物权变动的规则，即未经变更登记的股权，不发生股东资格的变动。对于受让人，建议在《股权转让协议》中约定股权变更登记的办理时间及逾期办理的违约责任，并在办理完股权变更登记后再支付部分股权转让款，通过增加违约成本的方式敦促合同双方当事人依约履行合同。

2. 如果股东与多个受让人签订《股权转让协议》，且多个受让人的股权转让均获得其他股东的同意，此时股东与多个受让人签订的《股权转让协议》相互独立有效。因为均未办理股权变更登记，股东与所有受让人均存在债权债务关系,最先签订协议的受让人有权要求股东继续履行协议,协助其办理股权变更登记手续。

3. 若原股东将股权转让后未办理变更登记,又再次处分股权,为了保护善意第三人对公示信息的信赖,如果原股东已经与第三人办理了股权变更登记,公司不能以未经登记的事实对抗善意第三人。未登记的股权受让人可以向原股东主张的权利包括解除《股权转让协议》、请求返还股权转让款、承担违约赔偿。除此之外,未登记的股权受让人还可以向原股东主张股权转让的可得利益损失。

4. 当然,法律不支持任何人从他人的过错行为中获得收益,《股权转让协议》中,应当对协议无法履行的违约责任进行合理约定,约定的违约金数额不宜太高,否则法院可以行使自由裁量权,将违约金的标准进行调整。

5. 在"一股二卖"的情形下,股权受让人可以主张的可得利益损失,限于可预见或已经实际发生的股权转让溢价损失。例如,原股东与办理了股权变更登记的新股东之间约定的股权转让款,如果高于原股东与股权受让人约定的股权转让款,差价部分即为已经实际发生的股权溢价损失。

法条索引

《中华人民共和国公司法》

第三十四条 公司登记事项发生变更的,应当依法办理变更登记。

公司登记事项未经登记或者未经变更登记,不得对抗善意相对人。

第五十六条 有限责任公司应当置备股东名册,记载下列事项:

(一)股东的姓名或者名称及住所;

(二)股东认缴和实缴的出资额、出资方式和出资日期;

(三)出资证明书编号;

(四)取得和丧失股东资格的日期。

记载于股东名册的股东,可以依股东名册主张行使股东权利。

《最高人民法院关于适用〈中华人民共和国公司法〉若干问题的规定（三）》

第二十七条　股权转让后尚未向公司登记机关办理变更登记，原股东将仍登记于其名下的股权转让、质押或者以其他方式处分，受让股东以其对于股权享有实际权利为由，请求认定处分股权行为无效的，人民法院可以参照民法典第三百一十一条的规定处理。

原股东处分股权造成受让股东损失，受让股东请求原股东承担赔偿责任、对于未及时办理变更登记有过错的董事、高级管理人员或者实际控制人承担相应责任的，人民法院应予支持；受让股东对于未及时办理变更登记也有过错的，可以适当减轻上述董事、高级管理人员或者实际控制人的责任。

《中华人民共和国民法典》

第三百一十一条　无处分权人将不动产或者动产转让给受让人的，所有权人有权追回；除法律另有规定外，符合下列情形的，受让人取得该不动产或者动产的所有权：

（一）受让人受让该不动产或者动产时是善意；

（二）以合理的价格转让；

（三）转让的不动产或者动产依照法律规定应当登记的已经登记，不需要登记的已经交付给受让人。

受让人依照前款规定取得不动产或者动产的所有权的，原所有权人有权向无处分权人请求损害赔偿。

当事人善意取得其他物权的，参照适用前两款规定。

四、股权的继承

股东必知

公司的股东死亡，其名下拥有的股权能否被继承？股份有限公司具有资产融合的性质，人与人之间的合作并不重要，大的股份有限公司的股东之间甚至相互不认识，股份有限公司的股东并不太考虑股份可否继承的问题。相反，有限责任公司具有人合性质，股东之间的合作和沟通非常重要，当股东去世时，其他股东往往不希望其股权由他人继承。因此关于股份继承，有限责任公司的股东有必要在章程中作出规定。

另外，有观点认为，当继承人为多数时，公司应变更股东名册，按照继承人的继承份额析分各人的持股份额，将他们分别登记为股东。由于有限责任公司实行的是资本多数决，基于继承而增加股东人数也不会对其他股东的权益造成实质性影响。不过，由于有限责任公司股东人数最多不能超过 50 人，当多个继承人分别取得股东资格会突破有限责任公司人数上限时，应当由各继承人协商转让其继承份额，以使公司股东人数符合法定要求。[1]

以案说法

1. 公司章程无特别约定，股份可继承

某机电钢材公司有股东金某与薛某两人。2007 年 7 月 30 日，金某因病死亡，生前未留有遗嘱。机电钢材公司原章程并没有对股东死亡后的股权继承问题作出规定。

金某的继承人金乙持继承权公证书到机电钢材公司，要求股东薛某签署公司变更登记申请书、公司章程修正案以及股东会决议等文件，薛某拒绝。金乙随后向法院起诉，要求公司对股东资格进行变更登记。

【律师评析】

自然人股东死亡后，其合法继承人可以继承股东资格；但是，公司章程另有规定的除外。本案金乙出具的继承权公证书证明其为公司股东金某的合法继承人，而公司章程亦未对股东资格继承另有约定，故金乙在继承金某在公司的股权的同时，亦应继承相应的股东资格，而无须公司过半数

---

[1] 中华人民共和国最高人民法院民事审判第一庭编：《民事审判指导与参考》（总第 43 集），法律出版社 2010 年版，第 236 页。

股东的同意。

有限责任公司自然人股东死亡后,其合法继承人继承股东资格的,公司应当依照规定申请股权变更登记。

2. 法人股东注销后,其所持有的股份不得继承

经济开发公司与电力开发公司共同为资产管理公司的股东。2000年,资产管理公司与胡某共同成立投资发展公司,公司章程规定,股东的出资额可以依法继承。2011年,资产管理公司解散,股东经济开发公司与电力开发公司向投资发展公司提出自己应继承资产管理公司名下的股份,成为投资发展公司的新股东。投资发展公司不同意,经济开发公司与电力开发公司起诉至法院主张权利。

【律师评析】

经济开发公司与电力开发公司作为投资发展公司原股东资产管理公司的股东,要求在资产管理公司注销后继受股东资格成为投资发展公司的股东应当提供相应的法律依据。法人股东的注销与自然人股东死亡在法律后果上有明显的区别。我国《公司法》明确规定,自然人股东死亡后,其合法继承人可以继承股东资格;但公司章程另有规定的除外。对法人股东注销后的股东资格继受问题则未作规定。

如资产管理公司注销后,原股东发现确有遗漏对外投资权益未作处理,应当依法另行向债务人主张和追索。但这并不代表经济开发公司与电力开发公司有权直接成为投资发展公司的股东。

律师支招

1. 与股份有限公司不同,有限责任公司讲究股东之间的合作,兼具人合性与资合性。因此,当有自然人股东死亡时,对于由死者出资的股份,死者的继承人可以继承。但是,取得了股东资格即意味着有权管理公司,股东们可以与死者在生前很好地合作,却不一定能与死者的继承人融洽合作,一起经营公司业务。所以,其他股东一般都希望继承人在继承了股份之后,将股份兑现,不参与公司的经营,即不要继承股东资格。

2.《公司法》规定,只有在章程作出特别规定的情况下,股东资格才不会产生继承的效果,因此公司在制定章程时,股东之间应该对自己的股东资格能否被继承的问题进行详细讨论,若认可股东资格不能继承,应当作出明确约定。有观点认为,拒绝原股东的继承人获得股东资格,必须有继承人所持股权合理退出公司的机制,应当从公司章程、议事规则、发起人协议等方面审查有无继承人不得成为公司股东的限制性规定。如果没有前述的限制性规定,则由于有限责任公司的人合性特征,公司需要回购继承人所继承的股份,或者将公司解散,如果各方能达成继承人不进入公司的协议亦可予以认可。①

3. 曾有一家公司的章程中约定了股权可以继承的条款,该公司有一位股东死亡,家人提出继承股权。公司负责人向笔者咨询能否通过股东会决议修改章程废除股权可继承条款,以便于阻止股东家属进入公司。我国《民法典》第1121条第1款规定:"继承从被继承人死亡时开始。"也就是说,家属继承股权从股东死亡时即完成,股权实际上已属于继承人所有,公司对股权进行变更登记只是一种程序上的工作,如果公司不予变更,继承人可以起诉要求变更。所以,前述该公司负责人想通过修改公司章程阻止继承,是无法实现的。

4. 为避免自然人股东死亡家属不得继承股东资格的约定引发股东之间的猜忌或不愉快,企业可以考虑将股权继承与股东分红权继承在协议中进行分离,约定自然人股东死亡,家属虽不得继承股东资格,但可以继承基于股份所产生的分红权利。

---

① 吴庆宝主编:《最高人民法院专家法官阐释民商事裁判疑难问题(2009—2010年卷)》,中国法制出版社2009年版,第20页。

法条索引

《中华人民共和国公司法》

第九十条 自然人股东死亡后，其合法继承人可以继承股东资格；但是，公司章程另有规定的除外。

第一百六十七条 自然人股东死亡后，其合法继承人可以继承股东资格；但是，股份转让受限的股份有限公司的章程另有规定的除外。

《广东省高级人民法院民二庭关于民商事审判实践中有关疑难法律问题的解答意见》

三、适用公司、企业法律疑难问题

……

（八）有限责任公司股东身份是否可以继承取得

《中华人民共和国公司法》第七十六条①明确规定，股东资格可以继承。除公司章程规定另有规定外，继承人有权当然继承股东资格。但在公司章程另有规定或继承人不愿继承股东资格等情形下，继承人仅享有股权中的财产权，由股权价款中得到补偿。

《北京市高级人民法院关于审理公司纠纷案件若干问题的指导意见（试行）》

12. 有限责任公司自然人股东死亡，其继承人能否直接主张继承股东资格

有限责任公司作为具有人合性质的法人团体，股东资格的取得必须得到其他股东作为一个整体即公司的承认或认可。有限责任公司的自然人股东死亡后，其继承人依法可以继承的是与该股东所拥有的股权相对应的财产权益。如果公司章程规定或股东会议决议同意该股东的继承人可以直接继受死亡股东的股东资格，在不违反相关法律规定的前提下，法院应当判决确认其股东资格，否则应当裁定驳回其起诉。

---

① 现为《公司法》第90条。

第二节 股权质押

一、隐名股东可通过股权质押保障自己的权益

股东必知

不少隐名股东认为只要签订股权代持协议，自己的权利就已经取得了法律的完全保护，其实不然。从法律角度来看，股权代持协议仅是隐名股东与显名股东之间的约定，并没有对外约束力。在利益的驱使下，显名股东仍可能冒风险作出违反股东代持协议，损害隐名股东利益的行为，其中最常见的就是擅自转让股权。

司法实践中，显名股东如果符合法律程序擅自以转让、设定质押或者以其他方式处分股权，在法律上很可能会被认定为合法有效，隐名股东的权利仍然得不到保障。所以隐名股东为了保障自己的权益，应思考如何对显名股东的持股作出相应的限制，避免显名股东在隐名股东不知情或不同意的情况下转让股权。隐名股东可以通过股权质押使自己的股权变成在物权上无法变动的"瑕疵品"，从而宣告自己的"主权"。

以案说法

显名股东将股权转让给受让人，受让人符合善意取得条件的，可取得股权

王某是某贸易公司登记在册的股东，持有该公司24%的股权。宋某与王某签订的出资协议载明，王某所持该公司24%的股权实际为宋某出资。

2012年6月，王某未经宋某同意，与李某签订股权转让协议，将该24%的股权转让给李某，该公司的其他股东也没有提出反对意见，公司随

后配合王某和李某办理了变更登记。宋某发现王某将股权转让给李某后，以自己是实际股东为由向法院起诉，主张王某与李某之间的股权转让协议无效。

【律师评析】

隐名股东在依法显名之前，其股东身份和权益并不被外人所知。在此情况下，显名股东擅自以转让、设定质押或者以其他方式处分股权时，如果受让的第三人无从知晓显名股东与隐名股东之间的股权代持关系，则按照善意取得原理，该第三人可以获得受让的股权（或行使质权）。

因宋某未能提供证据证明李某在受让股权时系明知转让人王某为显名股东，故宋某的诉请无法得到法院支持。宋某仅能依据其与王某的约定，另行请求王某赔偿因股权转让而遭受的损失。

【律师支招】

1.《民法典》第443条第2款规定："基金份额、股权出质后，不得转让，但是出质人与质权人协商同意的除外……"法律对已设立质押权的股权在处分上进行了限制，也就是说股权出质后，未经质权人同意，出质人是没有办法转让的。由于法律并未禁止显名股东将代持的股权向隐名股东进行质押担保，因此双方除了签订《股权代持协议》以外，隐名股东还可通过股权质押的方式将被动化为主动。

隐名股东可要求与显名股东签订股权质押协议，明确出质人和质权人之间的身份关系及权利义务。根据《民法典》第443条第1款的规定，以股权出质的，质权自办理出质登记时设立，故隐名股东还需要求显名股东配合办理质押登记，才能使股权质押在物权变动上发生效力，对外公示以确立质权人对抗第三人的效力。

当股权质押登记后，显名股东要转让股权就必须经过质押权人，也就是隐名股东的同意。这样一来，即使显名股东与他人签订了股权转让协议，合同也仅在债权领域发生效力，其在物权领域的效力无法发生变动，避免了显名股东擅自处分股权导致股权易主的风险。

2. 法律未禁止对已设置质押权利的股权进行拍卖。因此，一旦显名股东因为债务等自身问题引发诉讼而导致股权被法院冻结或拍卖，隐名股东就会很被动。根据相关法律规定，被执行的财产如果有质押权，质权人可以向法院申请参与被执行财产的分配，并有权以优先于普通债权人的顺序获得受偿。也就是说，如果股权设定了质押权，就保证了因显名股东导致隐名股东的股份被强制执行时，隐名股东还有通过法律途径获得属于自己的财产价值的可能性。

法条索引

《中华人民共和国民法典》

第三百一十一条 无处分权人将不动产或者动产转让给受让人的，所有权人有权追回；除法律另有规定外，符合下列情形的，受让人取得该不动产或者动产的所有权：

（一）受让人受让该不动产或者动产时是善意；

（二）以合理的价格转让；

（三）转让的不动产或者动产依照法律规定应当登记的已经登记，不需要登记的已经交付给受让人。

受让人依照前款规定取得不动产或者动产的所有权的，原所有权人有权向无处分权人请求损害赔偿。

当事人善意取得其他物权的，参照适用前两款规定。

第三百八十六条 担保物权人在债务人不履行到期债务或者发生当事人约定的实现担保物权的情形，依法享有就担保财产优先受偿的权利，但是法律另有规定的除外。

第四百四十三条 以基金份额、股权出质的，质权自办理出质登记时设立。

基金份额、股权出质后，不得转让，但是出质人与质权人协商同意的除外。出质人转让基金份额、股权所得的价款，应当向质权人提前清偿债务或者提存。

《最高人民法院关于适用〈中华人民共和国公司法〉若干问题的规定（三）》

第二十五条第一款　名义股东将登记于其名下的股权转让、质押或者以其他方式处分，实际出资人以其对于股权享有实际权利为由，请求认定处分股权行为无效的，人民法院可以参照民法典第三百一十一条的规定处理。

《最高人民法院关于人民法院民事执行中拍卖、变卖财产的规定》

第二十八条　拍卖财产上原有的担保物权及其他优先受偿权，因拍卖而消灭，拍卖所得价款，应当优先清偿担保物权人及其他优先受偿权人的债权，但当事人另有约定的除外。

拍卖财产上原有的租赁权及其他用益物权，不因拍卖而消灭，但该权利继续存在于拍卖财产上，对在先的担保物权或者其他优先受偿权的实现有影响的，人民法院应当依法将其除去后进行拍卖。

《最高人民法院关于人民法院执行工作若干问题的规定（试行）》

31. 人民法院对被执行人所有的其他人享有抵押权、质押权或留置权的财产，可以采取查封、扣押措施。财产拍卖、变卖后所得价款，应当在抵押权人、质押权人或留置权人优先受偿后，其余额部分用于清偿申请执行人的债权。

二、股权质押合同签订后需确保质权生效

股东必知

股权质押通过将股权出质给债权人的方式，使得债权人可以在债务人不履行债务时，对出质股权做出折价、拍卖、变卖或其他处分行为，对所得价款享有优先受偿权，提高了债权清偿的可能性，为不少债权人所

选择。

股权质押作为担保的一种方式，最重要的是确保质权的设立。股权质押的前提是该股权应当依法可以转让和出质。已经被人民法院冻结的股权，在解除冻结之前，不得申请办理股权出质登记。在程序上，《民法典》第 427 条规定，当事人应当采用书面形式订立质押合同。此外，有的债权人误以为签订合同后就已经设立质权，实际上是混淆了质押合同的生效和质权的设立。双方签订质押合同后，如果无法律规定的禁止性情形，质押合同成立并生效，但若想要质权设立，则需要根据《股权出质登记办法》到市场监督管理部门办理登记，未办理出质登记，即便存在有效的质押合同，在法律上也无法认定质权设立，债权人就无法据此对股权处分后所得价款享有优先受偿权。

需要注意的是，未办理质押登记并不影响质押合同的效力，但质权人在质押财产价值范围内丧失优先受偿的权利，若出质人不配合办理出质登记，质权人可以起诉要求其配合办理。若签订质押合同后，始终未办理股权出质登记，法律未明确规定出质人应承担什么责任。司法实践中出现了不同的裁判观点，最高人民法院的判决中就曾出现过股权出质人不承担连带清偿责任或损害赔偿责任[1]、在担保物价值范围内按一定比例承担违约责任[2]、在质押股权价值的范围内对因其违约而逃避的责任以及质权人丧失的权益承担赔偿责任[3]以及在质押股权价值范围内对不能清偿部分承担赔偿责任[4]这四种不同的情况。可见，未办理股权出质登记，出质人会承担什么责任并不是一成不变的，法院会根据合同履行等实际情况进行判断。

---

[1] 参见最高人民法院（2020）最高法民终 579 号民事判决书。
[2] 参见最高人民法院（2019）最高法民再 202 号民事判决书。
[3] 参见最高人民法院（2015）民二终字第 70 号民事判决书。
[4] 参见最高人民法院（2017）最高法民终 934 号民事判决书。

> 以案说法

未办理股权出质登记，质权未设立[①]

2021年4月26日，何某、刘某与某银行签订了《自然人借款合同》，约定何某、刘某向银行借款440万元。同日，担保公司与何某、刘某签订《委托保证担保合同》，约定担保公司为何某、刘某与某银行发生的前述借款提供连带责任保证，在担保公司承担保证责任向银行代偿后，何某、刘某应于次日全额支付代偿款项。同日，担保公司与何某、刘某签订了《最高额质押反担保合同》等合同，约定以何某在某菌公司98%的股权、刘某在某菌公司2%的股权，为担保公司对何某、刘某向某银行的借款承担的担保责任提供质押反担保，担保范围与担保公司向何某、刘某追偿的范围一致，但各方并未办理股权出质登记。

借款到期后，因何某、刘某未向某银行偿还借款、支付利息，担保公司于2022年2月24日向银行偿还本金及部分利息合计4462489.65元。担保公司诉至法院，请求判令何某、刘某立即向其支付代偿款，并认定担保公司对何某提供质押的某菌公司98%的股权以及对刘某提供质押的某菌公司2%的股权享有质押权，在质押担保范围内折价或以拍卖、变卖的价款享有优先受偿权。

【判词摘录】

◆本案的请求权基础是担保公司作为保证人，就债务人何某、刘某对债权人银行的债务承担保证责任后，向债务人被告何某、刘某以及各反担保人进行追偿，故本案的案由应为追偿权纠纷。

◆关于原告主张的代偿款资金占用利息，原告与被告何某、刘某订立的《委托保证担保合同》关于代偿款项资金占用利息的约定符合法律规定，本院予以支持。

---

① 参见四川省金堂县人民法院（2022）川0121民初3230号民事判决书。

◆关于原告主张的质权，根据《民法典》第443条第1款规定，以股权出质的，质权自办理出质登记时设立。原告与被告何某、刘某虽签订了《最高额质押反担保合同》，约定何某、刘某以其持有的某菌公司的股权向原告提供质押反担保，但双方并未办理股权出质登记，质权并未设立，故原告主张对何某、刘某持有的某菌公司的股权享有质押权并在质押担保范围内折价或者以拍卖、变卖的价款优先受偿，无事实及法律依据，本院不予支持。

律师支招

1. 债权人与出质人签订质押合同前，应尽到合理审查义务，通过登记信息等途径查询股权是否已被查封冻结或质押，避免无法达到质押的理想效果。在签订质押合同时，双方应当事先就质押物、范围、期间等条款进行约定。对于股权这类价值受市场环境及公司经营变化影响大的质押物，应在合同中约定其价值，同时明确出质人未配合办理质押登记手续应承担的违约责任。

2. 我国股权出质为登记生效主义，故签订股权质押合同后，债权人应及时督促出质人办理股权出质登记手续。若因某些原因暂时无法登记的，应保留好督促出质人办理股权质押手续的证据，避免日后追究违约责任时被认定为债权人不主动作为，从而影响要求出质人承担责任的请求。若出质人不履行质押合同给债权人造成损失，债权人应注意保留好因出质人违约所造成损失的证据。

法条索引

《中华人民共和国民法典》

第二百一十五条 当事人之间订立有关设立、变更、转让和消灭不动产物权的合同，除法律另有规定或者当事人另有约定外，自合同成立时生效；未办理物权登记的，不影响合同效力。

第四百四十三条 以基金份额、股权出质的，质权自办理出质登记时设立。

基金份额、股权出质后，不得转让，但是出质人与质权人协商同意的除外。出质人转让基金份额、股权所得的价款，应当向质权人提前清偿债务或者提存。

《股权出质登记办法》

第三条 负责出质股权所在公司登记的市场监督管理部门是股权出质登记机关（以下简称登记机关）。

各级工商行政管理机关的企业登记机构是股权出质登记机构。

第五条 申请出质登记的股权应当是依法可以转让和出质的股权。对于已经被依法冻结的股权，在解除冻结之前，不得申请办理股权出质登记。

《全国法院民商事审判工作会议纪要》

67.［约定担保物权的效力］债权人与担保人订立担保合同，约定以法律、行政法规未禁止抵押或者质押的财产设定以登记作为公示方法的担保，因无法定的登记机构而未能进行登记的，不具有物权效力。当事人请求按照担保合同的约定就该财产折价、变卖或者拍卖所得价款等方式清偿债务的，人民法院依法予以支持，但对其他权利人不具有对抗效力和优先性。

三、股权质押后债务无法清偿，质权人是否可以直接取得股权

股东必知

股权质押属于一种权利质押，是指出质人与质权人协议约定，出质人以其所持有的股份作为质押物，当债务人到期不能履行债务时，债权人可以依照约定就股份折价受偿，或将该股份出售而就其所得价金优先受偿的一种担保方式。

债务人不履行到期债务时质押财产归债权人所有的约定属于流质条

款，为我国法律所明确禁止。这是因为债务人在借款时通常处于弱势地位，债权人一旦利用其优势交易地位迫使债务人订立"流质条款"，很容易使得高价值的质押物以不合理的低价转移给质权人，损害债务人的利益。

在实践中，容易与流质条款混淆的是让与担保，让与担保是指债务人或者第三人与债权人订立合同，约定将财产形式上转让至债权人名下，债务人到期清偿债务，债权人将该财产返还给债务人或第三人，债务人到期没有清偿债务，债权人可以对财产拍卖、变卖、折价偿还债权。让与担保和流质条款均对财产的转让作出了约定，但区别在于，让与担保是以转让标的物权利的方式来达成债权担保的目的，包含让与和担保两个基本要素，如果无法偿还，债权人只能对财产进行变卖、拍卖或者折价，并非享有所有权，故其作为一种非典型担保方式并不为法律禁止。

以案说法

1. 股权质押约定未偿还债务时，质权人直接取得股权的条款无效[①]

2009年7月30日，甲方财贸局、乙方王某、丙方傅某、丁方宋某和戊方工贸公司签订了《市场发展有限公司更名、增资、股东变更、重组协议书》。第一条约定：公司名称由××市场发展有限公司变更为××农业发展有限公司（以下简称农业发展公司）。第二条约定：原股东工贸公司实际投资1658万元，经股东大会同意，该注册资本分别转让给本协议乙方（即王某）150万元，丙方（即傅某）200万元，戊方工贸公司退出公司，其中投资1308万元转为新公司对本协议乙方的借款。第三条第三款约定：丙方同意用其在本公司的注册资本及相应股权作为公司偿还甲方借款的质押担保，丁方同意用其在本公司的注册资本及相应股权作为公司偿还乙方借款的质押担保。新公司如不能按上述规定时间及数额归还甲方或乙方的

[①] 参见淄博市中级人民法院（2022）鲁03民终2507号民事判决书。

借款，甲方或乙方有权拥有丙方和丁方在新公司的相应注册资本及股权，并到登记机关办理相应的注册资本及股权变更登记手续。2018年11月26日，王某就借款起诉农业发展公司，案件经过一审、二审，均判决农业发展公司给付王某借款1308万元及利息。

王某诉至法院，请求依法判决傅某退出农业发展公司，将其在该公司的1400万元股权以零元判决归原告所有并判令被告傅某和第三人农业发展公司依法协助办理将该股权过户至原告王某名下的手续。

【判词摘录】

◆王某的诉讼请求系根据案涉《市场发展有限公司更名、增资、股东变更、重组协议书》的约定内容。案涉协议书关于股权的约定，符合法律规定的流质情形。依照《最高人民法院关于适用〈中华人民共和国民法典〉时间效力的若干规定》第7条"民法典施行前，当事人在债务履行期限届满前约定债务人不履行到期债务时抵押财产或者质押财产归债权人所有的，适用民法典第四百零一条和第四百二十八条的规定"的规定，案涉流质问题应依照《民法典》第428条"质权人在债务履行期限届满前，与出质人约定债务人不履行到期债务时质押财产归债权人所有的，只能依法就质押财产优先受偿"的规定处理。王某主张案涉协议书第三条第三款不属于质押条款的理由，与事实和法律规定不符，不能成立。

2. 以股权转让的方式实现担保债权目的，应认定为股权让与担保[①]

2013年9月5日，投资公司、稀土公司、某实业公司签订《股权转让协议》《担保和反担保协议》，约定信托公司将向投资公司提供贷款，稀土公司为投资公司向信托公司提供担保，投资公司向稀土公司提供反担保，将其持有的某实业公司48%的股权转让给稀土公司。同时合同约定，某实业公司股权的转让价款须待投资公司未清偿债务、合同解除条件未满足，且稀土公司决定受让目标股权后，委托具备资质的资产评估机构对目标股

---

① 参见最高人民法院（2019）最高法民申2073号民事裁定书。

权价值进行评估，从而确定股权转让价款。在比较股权转让价款和稀土公司代偿债务金额的基础上，本着多退少补的原则支付差额。同日，某实业公司作出《股东会决议》，全体股东同意投资公司的股权对外转让、其他股东书面确认放弃优先购买权。

2013年9月6日，信托公司与投资公司签订了《借款合同》，约定信托公司向投资公司提供贷款，由稀土公司提供担保，信托公司依合同向投资公司履行了合同义务。同日，某实业公司完成了股权变更登记，将合同标的股权变更到稀土公司名下。借款履行期间届满后，投资公司无力偿还债务，稀土公司代偿债务。

稀土公司向法院起诉请求确认稀土公司、投资公司和某实业公司签订的《股权转让协议》及其项下的股权转让交易合法有效，稀土公司基于该协议取得的某实业公司的股权归稀土公司所有，投资公司认为《股权转让协议》违反了禁止流质的规定，应为无效。

【判词摘录】

◆本案争议焦点主要为：一、关于案涉《股权转让协议》性质和效力问题；二、关于稀土公司能否取得某实业公司48%股权问题。

◆案涉《股权转让协议》在性质上应认定为让与担保。理由如下：第一，稀土公司与投资公司之间存在债权债务关系。第二，债务人投资公司与债权人稀土公司之间已经达成合意，符合公司法上有限公司股权转让的条件和程序，并已经公示、变更登记至受让人名下，在外观上实现了权利转移。第三，案涉股权虽已变更登记至稀土公司名下，但该转让系以担保债权实现为目的，稀土公司作为名义上的股权受让人，其权利范围不同于完整意义上的股东权利，受担保目的等诸多限制。故《股权转让协议》在转让目的、交易结构以及股东权利等方面，均具有不同于单纯的股权转让的特点，其权利义务内容及实际履行情况，符合让与担保的基本架构，系以股权转让的方式实现担保债权的目的，其性质应认定为股权让与担保。该协议系各方当事人通过契约方式设定让与担保，形成一种受契约自由原则和担保经济目的双重规范的债权担保关系，不违反法律、行政法规的禁止性规定，应为合法有效。

◆本案中，稀土公司决定受让案涉全部目标股权，并委托资产评估公司作出《评估报告》，对案涉目标股权的价值进行了委托评估，且双方当事人对涉案债权数额和稀土公司实际履行的债务数额并无争议。根据上述事实，稀土公司依据以上协议约定有权取得某实业公司48%股权。

律师支招

1. 如果各方当事人的交易目的是让与担保，在签订协议时就应明确合同的实质为股权让与担保，其作用是进行担保，而非股权转让。协议中，应当对协议的名称、形式及实质内容等作出明确，并且应避免采用类似"债务人无法偿还债务时，质押物直接归债权人所有"或"未清偿的债务抵偿股权转让价款"等容易被认定为属于流质条款的表述。

2. 我国禁止流质条款，当债务人无法偿还债务时，质权人并不能直接取得质押物的所有权，但是质权人可以与出质人协议以质押财产折价，也可以就拍卖、变卖质押财产所得的价款优先受偿。在此种情况下，由于涉及股权转让，那么出质人需要遵守《公司法》关于股权转让的规定，若股权系转让给公司股东外的人，应告知并取得股东的表决同意，其他股东在同等条件下有优先购买权。

3. 股权质押是为了通过担保形式获得保障，质押财产折价或者变卖，应当参照市场价格。若涉及国有资产，则有更严格的规定，根据《企业国有资产评估管理暂行办法》第6条的规定，国有企业如存在非上市公司国有股东股权比例变动、以非货币资产偿还债务等行为，均应当对相关资产进行评估。

法条索引

《中华人民共和国民法典》

第四百二十八条 质权人在债务履行期限届满前,与出质人约定债务人不履行到期债务时质押财产归债权人所有的,只能依法就质押财产优先受偿。

第四百三十六条 债务人履行债务或者出质人提前清偿所担保的债权的,质权人应当返还质押财产。

债务人不履行到期债务或者发生当事人约定的实现质权的情形,质权人可以与出质人协议以质押财产折价,也可以就拍卖、变卖质押财产所得的价款优先受偿。

质押财产折价或者变卖的,应当参照市场价格。

第四百三十七条 出质人可以请求质权人在债务履行期限届满后及时行使质权;质权人不行使的,出质人可以请求人民法院拍卖、变卖质押财产。

出质人请求质权人及时行使质权,因质权人怠于行使权利造成出质人损害的,由质权人承担赔偿责任。

第四百三十八条 质押财产折价或者拍卖、变卖后,其价款超过债权数额的部分归出质人所有,不足部分由债务人清偿。

《全国法院民商事审判工作会议纪要》

45.［履行期届满前达成的以物抵债协议］当事人在债务履行期届满前达成以物抵债协议,抵债物尚未交付债权人,债权人请求债务人交付的,因此种情况不同于本纪要第71条规定的让与担保,人民法院应当向其释明,其应当根据原债权债务关系提起诉讼。经释明后当事人仍拒绝变更诉讼请求的,应当驳回其诉讼请求,但不影响其根据原债权债务关系另行提起诉讼。

71.［让与担保］债务人或者第三人与债权人订立合同,约定将财产形式上转让至债权人名下，债务人到期清偿债务，债权人将该财产返还给债务人或第三人，债务人到期没有清偿债务，债权人可以对财产拍卖、变卖、折价偿还债权的，人民法院应当认定合同有效。合同如果约定债务人到期没有清偿债务，财产归债权人所有的，人民法院应当认定该部分约定无效，但不影响合同其他部分的效力。

当事人根据上述合同约定，已经完成财产权利变动的公示方式转让至债权人名下，债务人到期没有清偿债务，债权人请求确认财产归其所有的，人民法院不予支持，但债权人请求参照法律关于担保物权的规定对财产拍卖、变卖、折价优先偿还其债权的，人民法院依法予以支持。债务人因到期没有清偿债务，请求对该财产拍卖、变卖、折价偿还所欠债权人合同项下债务的，人民法院亦应依法予以支持。

《企业国有资产评估管理暂行办法》

第六条 企业有下列行为之一的，应当对相关资产进行评估：

（一）整体或者部分改建为有限责任公司或者股份有限公司；

（二）以非货币资产对外投资；

（三）合并、分立、破产、解散；

（四）非上市公司国有股东股权比例变动；

（五）产权转让；

（六）资产转让、置换；

（七）整体资产或者部分资产租赁给非国有单位；

（八）以非货币资产偿还债务；

（九）资产涉讼；

（十）收购非国有单位的资产；

（十一）接受非国有单位以非货币资产出资；

（十二）接受非国有单位以非货币资产抵债；

（十三）法律、行政法规规定的其他需要进行资产评估的事项。

第三节 股权转让

一、公司章程可对股权转让作出限制性规定

> 股东必知

我国《公司法》第84条规定，有限责任公司的股东可以就自己名下的股权对内或对外进行转让，其中对内转让是指股东之间可以自由转让全部或是部分股权，不受任何人干涉；对外转让则有一定的限制，内部股东相比公司外部人员对转让的股权具有优先购买权。为维护有限责任公司相对封闭的人合性特点，《公司法》第84条第3款还规定："公司章程对股权转让另有规定的，从其规定。"可见，法律允许公司章程对股权转让作出例外性的规定。

> 以案说法

公司章程可以对股权转让问题作出限制性规定[①]

戴某是某信息科技公司的员工，其同时持有公司的股份，是公司的股东。公司章程及股权管理办法规定，股东若因辞职、辞退、退休、死亡等原因离开公司的，其持有的股权必须转出。2013年11月30日，戴某因到了退休的年龄，便与公司解除劳动合同关系并办理了退休手续，公司同时要求戴某按规定办理股权转让手续，戴某表示暂不退股，认为公司章程中规定退休后即应将股权转让给公司的规定是违法的。

---

① 参见南京市中级人民法院（2016）苏01民终1070号民事判决书。

【判词摘录】

◆公司的章程是经过股东会决议通过，其不仅约束对该章程投赞成票的股东，亦同时约束对该章程投弃权票或反对票的股东。

◆反之，如公司依照法定程序通过的章程条款只约束投赞成票的股东而不能约束投反对票的股东，既违背了股东平等原则，也动摇了资本多数决的公司法基本原则。

◆公司章程及《股权管理办法》中的规定，体现了全体股东的共同意志，是公司、股东的行为准则，对全体股东有普遍约束力。

◆本案中，戴某于2013年11月30日退休，故从该日起，戴某不再具有某信息科技公司出资人身份，也不应再行使股东权利。

律师支招

公司章程作为公司的自治规则，是所有股东对于如何治理公司而达成的合意，可以对股东的股权转让作出一定的限制。另外，股权作为一种财产权利，亦具有流通属性，因此公司章程在限制股东股权转让时需要把握一定的度，在对股权的转让进行限制时，不能只考虑公司利益而违背财产权固有的流通性或是违背公司法中股权自由转让的基本原则。比如，约定"股权不得转让"，则属于无效条款。

法条索引

《中华人民共和国公司法》

第八十四条　有限责任公司的股东之间可以相互转让其全部或者部分股权。

股东向股东以外的人转让股权的，应当将股权转让的数量、价格、支付方式和期限等事项书面通知其他股东，其他股东在同等条件下有优先购买权。股东自接到书面通知之日起三十日内未答复的，视为放弃优先购买权。两个以上股东行使优先购买权的，协商确定各自的购买比例；协商不成的，按照转让时各自的出资比例行使优先购买权。

公司章程对股权转让另有规定的，从其规定。

二、有限责任公司股东之间的股权转让

股东必知

我国《公司法》第 84 条第 1 款规定："有限责任公司的股东之间可以相互转让其全部或者部分股权。"也就是说，股东股权的内部转让遵循自由原则。

法律之所以这样规定主要出于两个方面的考虑：一是股东内部转让股权不会破坏有限责任公司的人合性特征；二是股权的转让符合其作为财产权利自由流通的特点。但股权的变动势必会带来公司内部治理结构或公司的实际控制权的变化，故《公司法》第 84 条第 3 款规定："公司章程对股权转让另有规定的，从其规定。"即允许通过章程限制公司内部股权转让的条件，维护公司内部治理的稳定性。以上两款规定共同组成有限责任公司股东之间内部相互转让股权的架构。

以案说法

公司章程如果没有限制性规定，股东内部可以随意转让股份

管某、嵇某是甲餐饮公司的其中两名股东，该公司章程规定：公司股东之间可以相互转让其全部或者部分股权。2011 年 7 月，管某与嵇某签订一份《股权转让协议》，约定管某将其名下的股份转让给嵇某。协议签订后，嵇某想反悔，未按约定向管某支付股权转让款，理由是这次股权转让遭到了公司其他股东的反对。

【律师评析】

管某与嵇某均为公司股东之一，故双方之间的股权转让属于公司内部股东的相互转让，法律没有对该转让行为作出限制性规定，公司章程无限

制性。

故管某出让股权、嵇某受让股权无须取得公司、其他股东的同意以及股东会决议同意。因此，管某、嵇某之间的股权转让行为合法有效。

律师支招

1. 相较于对外转让股权对有限责任公司人合性的破坏，对内转让并不会对公司的内部结构造成影响，而只是公司治理结构的一种重要的制约和平衡手段。因此，法律允许在坚持资本维持原则的前提下，股东内部之间自由转让股权。

2. 在进行内部股权转让时，为保障其他股东对股权转让的知情权，出让股东、受让股东及公司应当履行告知义务或其他程序上的义务，但股东间股权自由转让的有效性并不会受此种义务履行与否的影响。因为我国关于有限责任公司股权变动效力的认定采取公司内部登记生效主义，即公司内部的股权登记变更（公司股东名册的变更）之时即为股权变动之时，登记虽然具有对外公示的效力，但在公司内部涉及股东之间的纠纷中，法律并未明确规定未经登记的股权转让不产生效力，故其他股东是否知情不影响公司内部股权变动的效力。

3. 股东签订的转让协议本质上是一份合同，其形式上要有合同的必备要素，符合《民法典》合同编的相关规定，例如股权转让的价款、股权支付条件、争议解决方式等；内容上不得出现以合法形式掩盖非法目的、损害国家利益等导致合同无效的情形。

法条索引

《中华人民共和国公司法》

第八十四条 有限责任公司的股东之间可以相互转让其全部或者部分股权。

股东向股东以外的人转让股权的，应当将股权转让的数量、价格、支付方式和期限等事项书面通知其他股东，其他股东在同等条件下有优先购买权。股东自接到书面通知之日起三十日内未答复的，视为放弃优先购买权。两个以上股东行使优先购买权的，协商确定各自的购买比例；协商不成的，按照转让时各自的出资比例行使优先购买权。

公司章程对股权转让另有规定的，从其规定。

《全国法院民商事审判工作会议纪要》

8. [有限责任公司的股权变动] 当事人之间转让有限责任公司股权，受让人以其姓名或者名称已记载于股东名册为由主张其已经取得股权的，人民法院依法予以支持，但法律、行政法规规定应当办理批准手续生效的股权转让除外。未向公司登记机关办理股权变更登记的，不得对抗善意相对人。

三、股权对外转让中股东优先购买权的行使

股东必知

有限责任公司的股权转让比较普遍，根据转让对象的不同可分为内部转让和外部转让。考虑到有限公司的封闭性和人合性，为减少股东的冲突，维护公司稳定，《公司法》对外部和内部两种转让作出了不同规定。对有限责任公司而言，如公司股权对外转让，除了需要遵守《民法典》合同编的规定，还需要满足书面通知等程序要求，其中其他股东的优先购买权就是对外转让股权的特别限制条件。

优先购买权是指股东享有的同等条件下优先购买其他股东拟转让股权的权利，该权利是有限责任公司股东特有的一种法定权利。当有限责任公司股权发生对外转让时，公司其他股东有第一顺位的购买权，股东可以在期限内决定行使该权利，也可以放弃行使。如出让股东未获得其他股东放弃优先购买权的意思表示而与第三人签订股权转让协议，其他股东可以起诉要求行使优先购买权。在过往审判实践中，有的法院以保护其他股东的

优先购买权为由认定股权转让合同无效,但在《九民会议纪要》中,最高人民法院已表明现行司法实践的意见:"为保护股东以外的股权受让人的合法权益,股权转让合同如无其他影响合同效力的事由,应当认定有效。其他股东行使优先购买权的,虽然股东以外的股权受让人关于继续履行股权转让合同的请求不能得到支持,但不影响其依约请求转让股东承担相应的违约责任。"

以案说法

对外转让股权需保障其他股东的优先购买权[①]

实业公司和电力公司是新能源公司的两大股东。2012年2月15日,新能源公司通过股东会决议的方式同意电力公司转让其所持有61.8%股权给水利公司,实业公司在股东会上明确表示自己不放弃优先购买权。

在实业公司明确反对的情况下,电力公司依旧与水利公司签订股权转让协议,实业公司反对电力公司的股权转让行为并拒绝配合办理变更登记手续。

实业公司认为电力公司擅自转让股份侵害了自己的优先购买权,向法院起诉要求按照电力公司与水利公司签订的股权转让协议的条件购买电力公司的股权。

【判词摘录】

◆考虑到有限公司的人合性特征,我国《公司法》等相关法律法规规定了股东向股东以外的人转让股权的,应当向其他股东充分履行通知义务。其他股东在同等条件下享有优先购买权。此处所涉通知的内容,应当包括拟转让的股权数量、价格、履行方式,拟受让人的有关情况等多项主要的转让条件。

◆电力公司在新能源公司股东会议中表示了股权转让的意愿后,实业

---

① 参见上海市中级人民法院(2014)沪二中民四(商)终字第1566号民事判决书。

公司已明确表示不放弃优先购买权。实业公司对新能源公司的股权享有优先购买权，法院判决实业公司在判决生效之日起 20 日内行使优先购买权，否则视为放弃；实业公司优先购买权的行使内容、条件，与电力公司和水利公司签订的股权转让协议相同。

> 律师支招

1. 出让股权的股东必须履行对公司其他股东的书面通知义务，且通知内容应明确具体。基于有限公司的人合性，我国《公司法》规定股东对外转让股权的，应当向其他股东充分履行通知义务，未履行通知程序的，当其他股东主张优先购买权时，股权转让协议会被认定为履行不能，转让方需承担合同约定的违约责任。因此，为保证其他股东真正知悉股权转让事项，转让方应按照规定向其他股东通知包括受让人信息在内的相关转让事项。

同时，为限制其他股东滥用优先购买权，保护转让股东和第三人的利益，《公司法》也规定了优先购买权应以"同等条件"为前提。因此，转让方在通知时应将出让股份时所承诺的购买条件的内容，如转让股权的数量、价格、支付方式及期限等书面告知其他股东，以防止出现转让股权在程序上存在瑕疵导致被受让方或其他股东索赔的风险。

2. 其他股东应按《公司法》或章程规定的条件和期限行使优先购买权。股东的优先购买权受到侵害时，可以直接向法院主张行使优先购买权进行救济，但为维护交易的稳定性，行使优先购买权的期限不是无限制的，因此其他股东需要注意把握时间节点。公司章程规定行使期间的，应按照公司章程的规定，公司章程未作规定或者规定不明确的，以书面转让通知确定的期间为准，如果通知未明确期间或者要求的时间少于 30 日，则行使期间为 30 日。

3. 公司外部的受让方在决定购买公司股权前，应当充分考虑其他股东享有的优先购买权对履行股权转让协议的影响，并审查标的公司其他股东是否放弃了被出让股权。首先，为避免股权转让协议因优先购买权导致履行不能的风险，受让方可要求转让方出具标的公司其他股东放弃优先购买的书面文件，以此保证股权转让能够顺利进行。其次，作为受让方，股权转让协议的效力应主要取决于《民法典》，如果没有双方恶意串通等情形，股权转让协议履行不能并不必然导致双方签订的协议无效，因此在协议中仍应事先约定其他股东行使优先购买权致使合同履行不能的违约责任，减少协议履行不能带来的损失。

法条索引

《中华人民共和国公司法》

第八十四条 有限责任公司的股东之间可以相互转让其全部或者部分股权。

股东向股东以外的人转让股权的，应当将股权转让的数量、价格、支付方式和期限等事项书面通知其他股东，其他股东在同等条件下有优先购买权。股东自接到书面通知之日起三十日内未答复的，视为放弃优先购买权。两个以上股东行使优先购买权的，协商确定各自的购买比例；协商不成的，按照转让时各自的出资比例行使优先购买权。

公司章程对股权转让另有规定的，从其规定。

《最高人民法院关于适用〈中华人民共和国公司法〉若干问题的规定（四）》

第十八条 人民法院在判断是否符合公司法第七十一条第三款[①]及本规定所称的"同等条件"时，应当考虑转让股权的数量、价格、支付方式及期限等因素。

第十九条 有限责任公司的股东主张优先购买转让股权的，应当在收到通知后，在公司章程规定的行使期间内提出购买请求。公司章程没有规

[①] 现为《公司法》第84条第2款。

定行使期间或者规定不明确的，以通知确定的期间为准，通知确定的期间短于三十日或者未明确行使期间的，行使期间为三十日。

第二十一条 有限责任公司的股东向股东以外的人转让股权，未就其股权转让事项征求其他股东意见，或者以欺诈、恶意串通等手段，损害其他股东优先购买权，其他股东主张按照同等条件购买该转让股权的，人民法院应当予以支持，但其他股东自知道或者应当知道行使优先购买权的同等条件之日起三十日内没有主张，或者自股权变更登记之日起超过一年的除外。

前款规定的其他股东仅提出确认股权转让合同及股权变动效力等请求，未同时主张按照同等条件购买转让股权的，人民法院不予支持，但其他股东非因自身原因导致无法行使优先购买权，请求损害赔偿的除外。

股东以外的股权受让人，因股东行使优先购买权而不能实现合同目的的，可以依法请求转让股东承担相应民事责任。

四、股东请求公司回购股权的条件及回购价格的约定

> 股东必知

股权回购是指有限责任公司回购股东所持有的公司股权，《公司法》允许股权回购，其目的在于确保异议股东的退出，实现公司持续稳定经营。为了保证股权回购能规范进行，我国《公司法》对有限公司股权回购作出了规定。

从实践中看，当发生股权回购事宜时，大多数异议股东已经与公司的关系破裂，人合性已经丧失，如果异议股东拥有10%以上的股权，则很有可能符合《公司法》第231条规定的提起公司解散诉讼的条件。在这种情况下，若股东与公司没有先约定回购机制导致异议股东无法通过股权回购途径退出公司，从而保持公司的继续存续，异议股东则有可能会转而寻求公司解散的救济途径，这对公司和个人来说无疑都是两败俱伤。因此，熟

知股东请求公司回购股权的条件及善用约定，由法院在诉讼中通过调解达到异议股东退出公司的目的，是对公司与股东更好的选择。

以案说法

对股东会决议转让公司主要财产投反对票的股东有权请求公司以合理价格回购股权

长江公司有沈某、钟某、袁某三位股东。公司实行联合审批办公制度，全部财务收支、经营活动和开支、对外经济行为必须通过申报并经全体股东共同联合批签才可执行，对重大资产转让要求以股东决议批准方式执行。同时，长江公司《公司章程》规定，股东权利受到公司侵犯，被侵权的股东可根据自己的意愿退股，其所拥有的股份由其他股东协议摊派或按持股比例由其他股东认购。

长江公司对持有的资产进行某次销售时，资产转让从定价到转让均未取得股东袁某的同意，也未通知其参加股东会。袁某在知悉此事后申请召开临时股东会，明确表示反对资产转让，长江公司驳回了袁某的申请，并继续对资产进行转让。故袁某诉至法院，要求长江公司收购其股权，同时提交了《审计报告》，拟确定股权回购价格。

【律师评析】

本案中，长江公司已确认对重大资产转让以股东决议批准的方式执行，长江公司对资产进行销售，这一决议未取得股东袁某的同意。根据《公司法》规定，对股东会决议转让公司主要财产投反对票的股东有权请求公司以合理价格回购其股权，因此袁某符合公司法请求回购股权的情形。

长江公司和其股东会没有保障袁某作为股东应享有的决策权和知情权，侵犯了袁某的股东权益，符合长江公司章程所约定的"股东权利受到公司侵犯"的情形。因此，袁某有权根据《公司章程》的规定，请求公司以回购股权的方式让其退出公司。

综上所述,袁某请求长江公司以公平价格收购其股权符合《公司法》和长江公司《公司章程》的规定,法院应予以支持。

律师支招

1. 股权回购有严格的条件限制,法定的股权回购条件存在于《公司法》第89条中。当第89条所述的股东会决议作出后,一方面,异议股东需毫不迟疑地表明立场,才能保证法院对其股东权利的保护。另一方面,当股东发现自己的权利被侵害时,应在规定时间内行使股权回购权,即从股东会决议通过之日起60日内与公司达成股权收购协议,如果无法达成,股东可以自股东会会议决议作出之日起90日内向人民法院提起诉讼,否则逾期法院不予支持。

2. 公司可以善用公司章程,根据自身的情况,约定在公司侵犯股东特定权利、员工股东离职等情形下,公司可以回购股东股权的条款。

3. 《公司法》第89条确立了异议股东股权回购请求权制度,但未明确规定股权回购价格的标准。股权回购价格的确定方法对回购方和转让方都极为重要,否则即使约定了回购条款,仍然有可能产生分歧。确定股权回购的方法有多种,有的依据公司注册资本确定,但公司的资产在公司经营过程中可能增值也可能快速贬值,对其中一方会存在不公平,且存在很大不确定性。而如果到法院处理纠纷,为公平起见,双方往往会采用共同委托机构评估公司的净资产价值来确定价格,这就会产生额外的评估费用,增加了股权回购的成本和负担。如果通过事先约定股权回购价格的方式来确定,既简便又高效,双方也不易产生纷争。在目前的实践中,公司章程约定的股权回购合理价格可以参照审计报告、资产价值、全体股东决议认可价格来确定。

法条索引

《中华人民共和国公司法》

第八十九条 有下列情形之一的，对股东会该项决议投反对票的股东可以请求公司按照合理的价格收购其股权：

（一）公司连续五年不向股东分配利润，而公司该五年连续盈利，并且符合本法规定的分配利润条件的；

（二）公司合并、分立、转让主要财产；

（三）公司章程规定的营业期限届满或者章程规定的其他解散事由出现，股东会通过决议修改章程使公司存续。

自股东会决议作出之日起六十日内，股东与公司不能达成股权收购协议的，股东可以自股东会决议作出之日起九十日内向人民法院提起诉讼。

公司的控股股东滥用股东权利，严重损害公司或者其他股东利益的，其他股东有权请求公司按照合理的价格收购其股权。

公司因本条第一款、第三款规定的情形收购的本公司股权，应当在六个月内依法转让或者注销。

五、新股东加入公司，是否要承担公司原来的债务

股东必知

当新的股东直接出资入股，或者新股东通过股权转让的形式向原股东购买股权加入公司时，是否需要负担其加入公司前所产生的公司债务？例如，笔者服务的一些当事人中有一些是项目投资人，他们擅长通过入股他人公司或直接购买公司股权等方式，实现对公司名下项目投资的目的。这些人往往较为注重公司原来是否有大量的债务需要承担，并因此向笔者咨询避免承担债务的方式。

实际上，当公司欠下了债务，原则上是不会因为股东的变更而改变

的。有观点认为："有限责任公司股权转让合同是以有限责任公司股东所持有的股权为标的的买卖合同，理应适用关于买卖合同的相关规定，出卖人对标的物的品质应承担瑕疵担保义务。就有限责任公司股份转让合同而言，转让方对受让方同样负有瑕疵担保义务。有限责任公司股份转让时，受让方通常需对公司现有资产价值进行评估，以确定转让价格。转让方需据实向受让方告知公司的现有资产及负债情况。转让方隐瞒公司债务，则必然虚增公司现有资产价值，使转让价格脱离公司股权的实际价格，侵害受让方利益。因此转让方负有向受让方保证公司不存在未披露债务的义务。"[1]

另外，公司在股权出现变更后能否否定过往债务？这类问题常见于个人独资或法人独资公司对公司所有股权进行转让而新公司否认原债务的情形。笔者认为，为了保证债权人的债权得以实现，公司所欠下的债务，是无论如何都不能否定的，如果原股东没有向新股东披露公司债务，那么新股东可以在偿还债务后，依据股权转让合同的风险负担条款向原股东进行追偿。

以案说法

股东转让股份，并不影响公司债务的承担

张某与王某常年有生意往来，因为经济不景气，王某欠张某1000万元未能归还。王某是某商务酒店的股东之一，占股20%，张某认为该商务酒店经营良好，有利可图，于是和王某协商，让王某将商务酒店的股份让渡给自己，同时免除其1000万元的债务。王某同意，与商务酒店其他股东协商一致后，将自己所占股份完全转让给张某，但双方没有签订任何协议。

张某在入股商务酒店后，发现酒店负有大量债务，经营状况一直很

---

[1] 崔荣涛：《公司内部股权转让不影响公司债务的承担》，载中国法院网，https://www.chinacourt.org/article/detail/2013/09/id/1102933.shtml，2024年3月15日访问。

差，甚至面临被债权人起诉、资不抵债倒闭的可能。张某提出，公司的债务与自己无关，希望将所占股份折现。

【律师评析】

商务酒店所负债务不受公司股权转让的影响。新加入公司的张某所提出的要求并不能得到满足。只能怪张某在入股时，没有好好地了解商务酒店的经营状况。要想避免此类情况，张某可以在入股时，与王某签订一份协议，明确让王某承诺公司的经营状况良好，不涉及债务，如果公司因债务纠纷导致张某利益受损，张某有权向王某索赔，如此一来，张某便可以在利益受到损害后，向王某提出赔偿。

律师支招

1. 新股东加入公司，甚至将公司的股份全部购买，原则上不会影响公司原来所发生的债务，除非有证据证明该债务是因为原公司股东滥用股东地位而造成的，原股东才需要为公司的债务承担赔偿责任。因此，投资人应当在投资之前了解清楚公司的经营状况，不能仅根据转让方所提供的资料进行判断，还应自行聘请专业的评估机构予以核查，尤其应当注意公司是否存在大量的债务，确保公司资产（账目、实物）清晰和完整再加入。

2. 新股东可以在加入公司前与原股东签订协议，明确约定若新股东加入之前所产生的债务导致了新股东日后出现损失，新股东有权向原股东追偿。又或者，新股东可以让原股东对公司过往的债权债务情况作出书面的承诺，原股东有不实披露的，新股东在日后出现损失时有权向原股东进行追讨。

3. 对于股份转让前后公司盈亏的承担问题，股东可以作出如下两条约定：（1）股份转让协议生效后，股份受让方根据占股比例享有公司的利润以及承担相应比例的亏损风险；（2）双方签订本股权协议书时，若转让方未如实向受让方告知股份转让前公司所负债务，受让方成为公司股东后因此而造成相应损失的，转让方应对受让方进行赔偿。

法条索引

《中华人民共和国民法典》

第六百一十二条 出卖人就交付的标的物，负有保证第三人对该标的物不享有任何权利的义务，但是法律另有规定的除外。

六、隐名股东可以在受让方知情的情况下转让股权

股东必知

一般情况下，隐名股东若想对外转让股权，需要出示自己的出资凭证、隐名股东与显名股东订立的股权代持协议等文件来证明自己为实际投资人，第三人基于上述文件能够确信隐名股东为实际股东而受让其股权。

显名股东或公司如果反对隐名股东转让股权，只能向法院起诉否定隐名股东的股东资格。

受让方在知晓转让人为隐名股东的情况下，不能以登记资料中的并非隐名股东作为理由推翻之前与隐名股东所签订的股权转让协议。

以案说法

1. 隐名股东在满足一定条件的情况下可以转让股权[①]

2009年，毛某与煤炭公司签订《股权认购协议书》，约定"毛某占煤炭公司12%的股权"，同时还约定"由毛某及原其他股东组成股东会，现公司股权以本协议为准，与注册登记无关"。《股权认购协议书》签订后，未办理变更登记。

作为煤炭公司的隐名股东，毛某于2013年与焦某（煤炭公司的法定代表人）签订《股权转让合同》，约定将毛某拥有的煤炭公司12%的股权

---

① 参见最高人民法院（2016）最高法民终18号民事判决书。

作价 1 亿元转让给焦某。2014 年 12 月 6 日，毛某与焦某、股东陈某、煤炭公司签订《补充协议书》，约定陈某与煤炭公司为焦某的全部债务提供连带责任保证。

后因焦某未依约支付股权转让款，毛某向法院起诉要求焦某支付股权转让款 1 亿元及违约金，并由陈某、煤炭公司承担连带保证责任。陈某和煤炭公司为了规避责任，称毛某不具有股东资格，无权转让 12% 的股权。

【判词摘录】

◆在公司内部涉及股东之间的纠纷中，法律并未明确规定未经登记的股东不具备股东资格，而是应当结合其他证据综合认定。煤炭公司以签订《股权认购协议书》的形式，确认了毛某股东之身份，据此，可以确认毛某是煤炭公司隐名股东，其股东资格不因未经登记而被否定。

◆《股权认购协议书》中，煤炭公司确认了毛某享有 12% 的股权，明确了其投资份额，无论此协议的签订是基于其他实际出资人股权之转让抑或其他原因，该协议所确定之内容均不违反法律法规的效力性强制性规定，应当依法确认其合法性。因此，就本案纠纷而言，毛某依据《股权认购协议书》享有以隐名股东身份持有 12% 的股权。

◆毛某作为煤炭公司的隐名股东，在满足一定条件的情况下，可以依法转让该股权。焦某作为煤炭公司法定代表人，对《股权认购协议书》约定事宜应当知晓。焦某在明知毛某为隐名股东的情形下，与毛某之间转让该 12% 股权的行为依法成立。

◆根据本案的实际情况，煤炭公司就该转让行为不但未提出异议，还在《补充协议书》中承诺承担连带保证责任，此外，亦未见煤炭公司的其他时任登记股东提出任何异议。因此，焦某与毛某之间签订的《股权转让合同》合法有效，焦某、毛某、陈某、煤炭公司四方基于此而签订的《补充协议书》亦合法有效，各方均应当依约履行合同。

◆基于已经查明的事实，在《股权转让合同》及《补充协议书》签订后，焦某未能如约履行支付股权转让款的义务，毛某主张焦某继续履行付款义务并承担违约责任符合约定和法律规定；陈某、煤炭公司对焦某的全部债务承担连带保证责任。

2. 隐名股东显名无须征得显名股东同意[①]

登记信息显示樊某1、樊某2持有健某公司100%股权。周某、李某是健某公司隐名股东，分别持股40%、10%，股份由樊某1、樊某2代持。后来，周某、李某想办理登记显名股东身份，健某公司拒绝协助办理。周某与李某诉请法院确认二者股东身份，记载于股东名册，并办理登记。

【判词摘录】

◆显名股东并非公司真正投资人，仅为实际出资人的代持股权主体，实际出资人显名时应予以配合，其无权提出异议。因此，实际出资人请求公司办理显名登记时无须征得原显名股东的同意。

律师支招

1. 书面协议是确认双方权利义务的重要依据和基础，隐名股东与显名股东可在协议中明确股权转让相关事宜，如"显名股东仅是该股权的代持人，并非股权的所有人，隐名股东为该股权的实际拥有人，隐名股东可以随时处分该股权给第三人，显名股东应配合将其代持股权变更至第三人名下"。与此同时，还可约定未经隐名股东同意，显名股东不得将其所持有的股权转让给第三人，并就此约定相对严格的违约责任。

2. 股权受让人在签订股权转让协议前应充分了解情况，尤其是登记在册的股东及其他股东对此次转让是否知情及同意。隐名股东与受让人的股权转让协议有效，但能否顺利完成变更登记，还依赖于显名股东及其他股东的配合。因此，股权受让人可以与隐名股东、显名股东一并签订股权转让协议，并取得其他登记股东放弃优先购买权的书面文件，避免日后产生争议。

---

① 参见广东省高级人民法院（2020）粤民再420号民事判决书。

> 法条索引

《最高人民法院关于适用〈中华人民共和国公司法〉若干问题的规定（三）》

第二十四条 有限责任公司的实际出资人与名义出资人订立合同，约定由实际出资人出资并享有投资权益，以名义出资人为名义股东，实际出资人与名义股东对该合同效力发生争议的，如无法律规定的无效情形，人民法院应当认定该合同有效。

前款规定的实际出资人与名义股东因投资权益的归属发生争议，实际出资人以其实际履行了出资义务为由向名义股东主张权利的，人民法院应予支持。名义股东以公司股东名册记载、公司登记机关登记为由否认实际出资人权利的，人民法院不予支持。

实际出资人未经公司其他股东半数以上同意，请求公司变更股东、签发出资证明书、记载于股东名册、记载于公司章程并办理公司登记机关登记的，人民法院不予支持。

七、股权转让协议应明确约定履行期限和迟延履行合同的违约赔偿责任

> 股东必知

股权转让协议是股东之间或股东与第三人之间就股权转让问题所作的约定，是股权转让的重要文件。协议的重要条款主要有股权转让的标的、股权转让金额以及股权转让的履行期限等。然而，笔者在实践中发现大多数人在签订股权转让协议时过于强调股权转让的金额，而忽略了股权转让的履行期限和违约责任，这容易导致股权转让手续迟迟不能完成。

股权转让协议未约定履行期限，并不代表股权转让手续无法完成。根据《民法典》第511条第4项的规定，履行期限不明确的，债务人可以随

时履行，债权人也可以随时请求履行，但是应当给对方必要的准备时间。即如果转让方在收到股权转让款后未进行股权转让或变更，受让方可以随时要求转让方在指定的宽限期内履行，转让方也可以随时主动履行。

另外，股权转让协议中还可以约定，如果转让方在收到股权转让款后未依约进行股权转让或变更，需要因其迟延履行的行为向受让方支付一定数额的违约金，以避免股权转让方恶意拖延履行股权转让时间。

以案说法

股权转让协议中的履行期限及违约责任是保证股权转让顺利进行的重要条款

陈某为某投资公司的股东，持股20%。后陈某因个人原因，欲将自己20%的股权作价20万元转让给李某。双方签订了《股权转让协议》，但未约定履行期限和违约条款。李某将20万元的股权转让款转给陈某后，陈某一直未进行股权转让。李某多次催促，陈某以未到履行期限为由拒绝履行。无奈之下，李某诉至法院，要求陈某进行股权转让。

【律师评析】

双方所签订的《股权转让协议》中没有约定陈某将股权转让给李某的期限，根据法律规定，李某可以随时要求陈某配合办理股权转让手续，但需要给予陈某必要的准备时间。

因为协议中没有约定违约赔偿的条款，所以李某尽管可以随时要求陈某办理股权转让手续，但陈某如果仍然以准备时间不充分等各种理由或借口不履行股权转让义务，李某难以要求其承担违约赔偿责任。

律师支招

1.签订股权转让协议时，应明确约定股权转让的履行期限，包括股权转让方交付股权或进行股权变更登记（包括公司内部的股东名册变更登记、登记机关的变更登记等）的期限，以及股权受让方支付股权转让价款的期限，避免双方在股权转让过程中产生争议。

2. 针对迟延履行股权转让义务的情况，可以约定一方违约时应当根据违约情况向对方支付一定数额的违约金，也可以约定因违约产生的损失赔偿数额的计算方法。在实践中，直接将违约金设置为固定数额或固定比例，如出现纠纷，可以更为便捷地维权。

法条索引

《中华人民共和国民法典》

第四百七十条 合同的内容由当事人约定，一般包括下列条款：

（一）当事人的姓名或者名称和住所；

（二）标的；

（三）数量；

（四）质量；

（五）价款或者报酬；

（六）履行期限、地点和方式；

（七）违约责任；

（八）解决争议的方法。

当事人可以参照各类合同的示范文本订立合同。

第五百一十一条 当事人就有关合同内容约定不明确，依据前条规定仍不能确定的，适用下列规定：

……

（四）履行期限不明确的，债务人可以随时履行，债权人也可以随时请求履行，但是应当给对方必要的准备时间。

……

第五百八十五条 当事人可以约定一方违约时应当根据违约情况向对方支付一定数额的违约金，也可以约定因违约产生的损失赔偿额的计算方法。

约定的违约金低于造成的损失的,人民法院或者仲裁机构可以根据当事人的请求予以增加;约定的违约金过分高于造成的损失的,人民法院或者仲裁机构可以根据当事人的请求予以适当减少。

当事人就迟延履行约定违约金的,违约方支付违约金后,还应当履行债务。

八、瑕疵股权转让后,原股东仍需承担股东责任

股东必知

足额出资是股东的法定义务,若股东违反《公司法》和公司章程的规定,未足额出资或出资的财产权利有瑕疵,该股东持有的股权则存在出资瑕疵。在注册资本认缴制实施后,最常见的情形就是股东未在认缴出资期限届满前缴纳出资。有的股东为了规避责任,在出资期限到来前就将股权转让给没有偿债能力的人,企图转移责任,但存在出资瑕疵的股权转让后,原股东仍需要承担股东责任。

以案说法

瑕疵出资的股东转让股权后应与受让股东在出资不足的范围内承担连带责任[①]

张某华、刘某两人是投资管理公司设立时的股东。2015年,投资管理公司召开股东会,决议同意两位股东认缴注册资本1000万元,并于2015年11月4日前各自按比例进行实缴,其中刘某认缴300万元。2016年,投资管理公司召开股东会作出决议,同意原股东刘某将其持有的股份转让给蒋某,变更后的股东为张某华、蒋某。

2018年,投资管理公司(转让方)与毛某、张某迎(受让方)签订

---

① 参见广州市中级人民法院(2021)粤01民终17397号民事判决书。

《公寓使用权转让合同》，约定转让投资管理公司名下公寓的使用权，因该公寓所在建筑物未取得建设工程规划许可证，此前已被相关行政部门责令限期拆除。

2019年，投资管理公司召开股东会，决议同意公司注册资本由1000万元变更为490万元，其中蒋某减少出资153万元。

2020年，毛某、张某迎起诉要求确认《公寓使用权转让合同》无效，并要求投资管理公司返还收取的使用权转让费，蒋某、刘某共同在300万元出资义务范围内，对投资管理公司不能清偿的债务承担补充赔偿责任。

【判词摘录】

◆一审法院认为，投资管理公司的减资行为发生在涉讼建筑物被公告违建拆除之后，明显降低了投资管理公司的对外偿债能力，侵害了毛某、张某迎的合法权益，股东应在减资数额范围内对投资管理公司债务不能清偿部分承担补充赔偿责任，即张某华、蒋某在减资范围内对投资管理公司债务不能清偿部分承担补充赔偿责任。刘某在投资管理公司减资前已将其股权全部转让予蒋某，其已非投资管理公司的股东，故无须对投资管理公司的债务承担责任。

◆二审法院则认为，根据章程规定，刘某应于2015年11月4日前进行实缴，登记机关的登记信息未能显示刘某实际缴纳注册资本，刘某也未提供证据证明有实缴，蒋某对此应是知晓或者应当知晓，其仍与刘某签订转让协议。根据《公司法》相关规定，二审法院撤销了一审判决，改判刘某应在其未实际出资的300万元范围内对投资管理公司的本案债务不能清偿部分承担补充赔偿责任，蒋某应对刘某前述债务承担连带责任。

【律师支招】

1. 股权转让人未按期足额缴纳出资或者作为出资的非货币财产的实际价额显著低于所认缴的出资额，即转让股权的，不仅丧失股东权利，也不能达到逃避出资的目的，公司债权人仍可请求转让人与受让人在出资不足的范围内承担连带责任。股东在转让股权之前应谨慎考虑，不能为了规避出资责任就匆匆将股权转让。

2. 股权受让人需核实公司注册资本的认缴出资期限以及转让人是否已实缴出资，遇到重大交易最好请律师等专业人士进行全面的尽职调查，避免受让股权后在出资不足的范围对未实缴出资承担连带责任。因此，如果受让人查明转让人未按期足额出资，应在交易时考虑该情形对股权价款的影响，并明确出资义务的承担主体。

3. 若公司偿债能力不足，债权人可以在起诉时一并将未全面履行出资义务的股东列为共同被告，请求股东在未出资本息范围内对公司债务不能清偿的部分承担补充赔偿责任。为了避免出现原股东对出资不再担责的风险，债权人可以向登记机关调取信息，查看注册资本缴纳及股东变更情况，如股东在出资期限届满后未全面履行出资义务即将股权转让，债权人可同时主张原股东和现股东承担责任。

法条索引

《中华人民共和国公司法》

第八十八条　股东转让已认缴出资但未届出资期限的股权的，由受让人承担缴纳该出资的义务；受让人未按期足额缴纳出资的，转让人对受让人未按期缴纳的出资承担补充责任。

未按照公司章程规定的出资日期缴纳出资或者作为出资的非货币财产的实际价额显著低于所认缴的出资额的股东转让股权的，转让人与受让人在出资不足的范围内承担连带责任；受让人不知道且不应当知道存在上述情形的，由转让人承担责任。

《最高人民法院关于适用〈中华人民共和国公司法〉若干问题的规定（三）》

第十三条第一款、第二款　股东未履行或者未全面履行出资义务，公司或者其他股东请求其向公司依法全面履行出资义务的，人民法院应予支持。

公司债权人请求未履行或者未全面履行出资义务的股东在未出资本息范围内对公司债务不能清偿的部分承担补充赔偿责任的，人民法院应予支持；未履行或者未全面履行出资义务的股东已经承担上述责任，其他债权人提出相同请求的，人民法院不予支持。

第十八条 有限责任公司的股东未履行或者未全面履行出资义务即转让股权，受让人对此知道或者应当知道，公司请求该股东履行出资义务、受让人对此承担连带责任的，人民法院应予支持；公司债权人依照本规定第十三条第二款向该股东提起诉讼，同时请求前述受让人对此承担连带责任的，人民法院应予支持。

受让人根据前款规定承担责任后，向该未履行或者未全面履行出资义务的股东追偿的，人民法院应予支持。但是，当事人另有约定的除外。

九、股权转让需注意税务风险

股东必知

企业发展到一定阶段，股东变更、股权变动是常有的事。笔者在日常服务企业的过程中发现，许多股东在转让自己股权的时候考虑的都是"自己的股权能卖多少钱""如何保障自己能够顺利拿到股权转让款"这类问题，股权转让涉及的税费缴纳问题却一直被忽略。

股权转让之前若缺少税务筹划，一旦进入股权转让的实质阶段，便会暴露出许多意想不到的税务问题。在投资经营过程中，除了要关注法律问题，税务方面的筹划也值得斟酌考虑。税务问题直接关系到股权转让的成本，仔细筹划才能确定好合适的转让价格，防止因税务问题带来亏损。

对股东个人而言，转让股权的行为如果有收益，就需要缴纳个人所得税。对公司而言，股权转让行为属于公司经营的一部分，投资成本、转让股权的收益以及纳税申报期间发生的收入、费用需要一并申报，但受未分配利润、盈余公积、各种政策等影响，不同环节的股权转让会产生不同的税收，所以对公司而言税务问题更加复杂和特殊，更需要精细的筹划。

以案说法

1. 股权转让需考虑税务成本，公司转让股权不同操作方式可能产生不同税收

A 公司参与投资的 B 公司注册资本为 5000 万元，A 公司投入了 2500 万元，占 B 公司 50% 的股份。

许某为了可以持股 B 公司的股份，以 1500 万元的价格，通过合法的程序，向 A 公司购买了其持有的 B 公司 20% 的股权。截至股权转让时，B 公司的净资产为 9000 万元，其中有未分配利润 4000 万元。

A 公司在向许某转让了其持有的 B 公司股权后，收到了税务局要求缴纳企业所得税的通知。税务局认定 A 公司的转让所得为 500 万元，需要缴纳企业所得税 125 万元，而 A 公司在 B 公司享有的未分配利润份额属于股权价值的一部分，不能扣减。

【律师评析】

股权转让是股东依法将自己的股东权益有偿转让给其他人。一般来说，对个人而言其中都会有利益的获得，所以应当缴纳个人所得税。国家税务总局发布的《股权转让所得个人所得税管理办法（试行）》第 17 条规定："个人转让股权未提供完整、准确的股权原值凭证，不能正确计算股权原值的，由主管税务机关核定其股权原值。"也就是说，除非有正当理由证明自己"无所得"或获利金额非税务机关核定的金额才可能不交或少交税。正当理由是指需有相关法律、政府文件或企业章程规定，并有相关资料充分证明转让价格低于股权的公允价值或持平。

在上述案例中，许某向 A 公司购买 B 公司的股份，A 公司要缴纳企业所得税。一般来说，应缴企业所得税=（转让价款-对应份额股权价值）×25%。但因为受未分配利润、盈余公积、各种政策等影响，不同步骤的转让会产生不同的税收。在正常操作下，A公司转让所得为500万元（1500万元-5000万元×20%），应缴企业所得税125万元（500万元×25%）。但如果在转让前，B公司先进行分红，那么A公司根据持股比例可以分得2000万元（4000万元×50%），分红后A公司股权转让的收入变成了1100万元（1500万元-2000万元×20%），由于分得股息红利是免税的，所以股权转让所得应纳税的部分就变成了100万元（1100万元-5000万元×20%），应缴企业所得税为25万元（100万元×25%），相比直接转让少缴100万元的税。由此可见，公司股权的转让并非一件简单的事，各个步骤都需仔细筹划。

2. 股权回转属于独立的股权转让行为，也要纳税

王某是科技公司的股东，想把自己原价值2000万元的股权以8000万元的价格出售给第三人李某。双方签订了《股权转让协议》并经过科技公司其他股东的确认。王某配合李某办理完手续后，李某也按照约定支付了转让款。

股权转让手续办妥数日后，李某提出因自己年老的母亲病重，需要钱治疗，要求王某退还转让款，并表示自己会积极配合办理变更登记将股权还给王某。王某出于同情和理解，答应了李某的要求，双方解除了《股权转让协议》。

然而，王某在两个月后收到税务机关的通知，要求他补缴1200万元[股权转让所得目前适用税率为20%，即（8000万元-2000万元）×20%=1200万元]股权转让个人所得税。王某百思不得其解：协议明明没有实际履行，股权已经转回了，自己也没有所得，为什么还需要缴纳税款呢？

【律师评析】

虽然王某和李某的股权转让协议并没有实际履行，但从税法的角度来看，股东王某转让股权给李某，协议解除后李某又将股权转回给王某，是两个独立的股权转让行为，都应该纳税。而双方在签订股权转让协议的时候，并没有对协议解除情形税务的处理问题进行约定和说明，导致王某需

要"莫名"承担此笔税费。

股权转让失败是否需要缴纳个人所得税,需要根据股权转让协议的履行情况、股权是否完成变更登记、转让人是否收到过股权转让款这三个因素来确定。

若上述三个行为均已完成,后来双方因为某些原因解除了原合同,将原股权转让款退还、股权转回,便成立两次股权转让行为,需要实际缴纳个人所得税。所以转让方应在协议中说明,若完成股权变更手续、收到转让款后,受让方要求解除合同,需承担向税务机关缴纳的税费。

若股权转让合同未履行完毕,股权转让行为尚未完成、收入未完全实现而解除了合同,根据《个人所得税法》和《税收征收管理法》的有关规定,纳税人不应缴纳个人所得税。在解除股权转让协议的过程中,若造成税务误会,可提供相关证明与税务机关及时沟通解决。

律师支招

1. 从税法角度来看,股权转让行为多数时候是"看过程",而不是"看结果"。例如,股权回转情形中,股权虽然没有实际转让,但双方当事人都需要缴纳个人所得税。所以,股东在转让自己持有的股权时,应当充分考虑转让失败时可能产生的税务成本,在股权转让协议中明确约定由违约方来承担税费,以保障自己的权益。

2. 当转让股权的主体为公司时,除了要考虑股权增值部分的价值、税务方面的成本,谨慎确定转让价格,还需知悉因受公司的未分配利润、盈余公积、各种政策等影响,不同步骤的转让会产生不同的税收,因此,公司转让股权时需要仔细筹划操作方式,以节省税费成本。

法条索引

《中华人民共和国个人所得税法》

第二条 下列各项个人所得,应当缴纳个人所得税:

（一）工资、薪金所得；

（二）劳务报酬所得；

（三）稿酬所得；

（四）特许权使用费所得；

（五）经营所得；

（六）利息、股息、红利所得；

（七）财产租赁所得；

（八）财产转让所得；

（九）偶然所得。

居民个人取得前款第一项至第四项所得（以下称综合所得），按纳税年度合并计算个人所得税；非居民个人取得前款第一项至第四项所得，按月或者按次分项计算个人所得税。纳税人取得前款第五项至第九项所得，依照本法规定分别计算个人所得税。

《中华人民共和国企业所得税法》

第二十六条 企业的下列收入为免税收入：

（一）国债利息收入；

（二）符合条件的居民企业之间的股息、红利等权益性投资收益；

（三）在中国境内设立机构、场所的非居民企业从居民企业取得与该机构、场所有实际联系的股息、红利等权益性投资收益；

（四）符合条件的非营利组织的收入。

《国家税务总局关于纳税人收回转让的股权征收个人所得税问题的批复》

……

一、根据《中华人民共和国个人所得税法》（以下简称个人所得税法）及其实施条例和《中华人民共和国税收征收管理法》（以下简称征管法）的有关规定，股权转让合同履行完毕、股权已作变更登记，且所得已经实现的，转让人取得的股权转让收入应当依法缴纳个人所得税。转让行为结束后，当事人双方签订并执行解除原股权转让合同、退回股权的协议，是另一次股权转让行为，对前次转让行为征收的个人所得税款不予退回。

二、股权转让合同未履行完毕，因执行仲裁委员会作出的解除股权转让合同及补充协议的裁决、停止执行原股权转让合同，并原价收回已转让股权的，由于其股权转让行为尚未完成、收入未完全实现，随着股权转让关系的解除，股权收益不复存在，根据个人所得税法和征管法的有关规定，以及从行政行为合理性原则出发，纳税人不应缴纳个人所得税。

第三章

股权架构与股权激励

导语

在创业与企业发展的征途中,股权架构的设计与股权激励的实施无疑是决定企业能否稳健前行、实现可持续发展的关键一环。本章将深入探讨这一核心议题,旨在为读者揭示如何科学合理地设置股权结构,以及如何通过有效的股权激励机制激发团队活力,共同推动企业迈向成功。

股权比例的分配,看似简单,实则暗藏玄机。它不仅仅是数字游戏,更是企业控制权、利益分配与风险承担的综合体现。合理的股权结构能够平衡股东之间的权益,促进公司决策的高效执行,而失衡的股权分配则可能引发内部矛盾,甚至导致公司陷入僵局,面临解散的危机。正如案例中的凯某公司,因股东间股权比例均等且缺乏有效沟通,最终走上了法庭解散的无奈之路,这一教训发人深省。

本章将详细剖析股东如何根据各自对公司的贡献、资源投入及未来发展需求,设置更为合理的股权比例。我们将探讨不同股权结构对企业运营、治理及融资等方面的影响,帮助创业者和管理者避免常见的股权设计误区,确保企业在复杂多变的市场环境中保持稳健发展。

此外,本章还将强调法律在股权架构设计中的重要作用,我们将帮助读者理解股东权利、义务及责任边界,确保股权分配方案既符合法律要求,又能有效保护股东利益,促进企业健康成长。

在股权激励方面,本章将介绍多种激励模式及其应用场景,探讨如何通过股权激励机制吸引和留住优秀人才,激发团队创新能力和工作热情。我们深知,优秀的团队是企业最宝贵的财富,而科学的股权激励正是凝聚团队力量、推动企业持续创新的重要手段。

第一节　股权结构设置

一、股东如何设置股权比例更合理

▎股东必知▎

股权比例分配意义重大，不仅影响股东的个人权益，对企业的经营、发展和存续也都影响深远。很多初创企业在设置股权架构时往往会走向两个极端，一类企业为了方便和公平，会青睐平均分配的股权设计；另一类企业创始人为了独揽大权，会采用一人股东的形式成立一人有限责任公司或是大股东占比近乎100%的结构。但实际上，每个股东对公司的贡献是不同的，完全平均分或一股独大的股权结构很可能导致公司控制权与利益的失衡，为未来的经营埋下隐患。

企业设计股权结构不仅要考虑保障创始人的权益以及其对公司的掌控，还要考虑如何才能够使企业获得更多资源和收益。尤其是有两个以上股东的公司，涉及多个股东的利益和资本的博弈，一旦股权比例分配不合理，股东会无法形成有效决议，就容易出现公司僵局，使公司经营陷入困难。当公司僵局无法打破，利益受损的股东只能向法院提起解散公司之诉，公司将面临被解散的风险。

▎以案说法▎

股权平均分，股东意见不一致时容易引发公司僵局[①]

凯某公司成立于2002年1月，林某与戴某是该公司股东，两人各占

[①] 参见江苏省高级人民法院（2010）苏商终字第0043号民事判决书。

50%的股份。2006年开始林某与戴某两人之间的矛盾逐渐显现，同年5月9日，林某提议并通知召开股东会，由于戴某认为林某没有召集会议的权力，会议未能召开，后几次召开的股东会也最终无法形成决议。林某委托律师多次向凯某公司和戴某发函，称因股东权益受到严重侵害，林某作为享有公司股东会二分之一表决权的股东，已按公司章程规定的程序表决并通过了解散凯某公司的决议，要求戴某提供凯某公司的财务账册等资料，并对凯某公司进行清算。戴某回函，称林某作出的股东会决议没有合法依据，不同意解散公司，并要求林某交出公司财务资料。故林某诉至法院，要求解散公司。

【判词摘录】

◆凯某公司仅有戴某与林某两名股东，两人各占50%的股份，凯某公司章程规定"股东会的决议须经代表二分之一以上表决权的股东通过"，且各方当事人一致认可该"二分之一以上"不包括本数。因此，只要两名股东的意见存有分歧、互不配合，就无法形成有效表决，显然影响公司的运营。

◆凯某公司多年未召开股东会，无法形成有效股东会决议，也就无法通过股东会决议的方式管理公司，股东会机制已经失灵。

◆由于凯某公司的内部运营机制早已失灵，林某的股东权、监事权长期处于无法行使的状态，其投资凯某公司的目的无法实现，利益受到重大损失，且凯某公司的僵局通过其他途径长期无法解决。林某持有凯某公司50%的股份，也符合《公司法》关于提起公司解散诉讼的股东须持有公司10%以上股份的条件。

◆凯某公司已符合《公司法》及《最高人民法院关于适用〈中华人民共和国公司法〉若干问题的规定（二）》（以下简称《公司法解释（二）》）所规定的股东提起解散公司之诉的条件，应依法予以解散。

> 律师支招

1. 股权比例分配关系到公司的发展，公司在成立初期就应合理分配股权。因此，在股权结构设置中，企业应对《公司法》关于股东权利的规定有所了解，掌握几个重要的股权分割比例，明确公司的核心股东及其拥有的权利，避免出现股权均等或过于集中的情况，最大限度地保障股东和公司的利益。

2. 股东会是有限公司的核心权力机构，《公司法》也对不同事项作出了不同的表决比例规定，只有达到相应的比例才能通过股东会决议，最终形成合法有效的决议。其中，《公司法》规定一般事项需要有二分之一以上的表决权才可通过。如果公司采取50%∶50%的股权平均分配结构，股东会不仅缺乏效率，难以作出决议，每位股东也不能起到决定性的作用，就会形成多人决策无人拍板的尴尬局面。一旦股东之间出现分歧，股权相当的股东之间互不相让，无法形成必要的权力制衡，就会导致股东会无法作出有效的决策，长此以往，很容易使公司经营陷入僵局，甚至面临解散的风险。

3. 平衡股权结构，避免股权过于集中。有的公司创始人为了把控全局，会为大股东设置为近乎100%股权甚至采用一人股东的结构，这在创业初期的确能够高效决议，提升效率。但从公司的管理来看，股权过于集中不利于保护小股东利益，同时控股股东缺乏权力制衡，一旦决策失误，就会给公司带来巨大的风险。有限责任公司兼具资合性和人合性，大股东如果出现死亡、意外或刑事案件，公司也将面临无人主持局面的状态，进而影响公司的经营。

对股东个人来说，也需要避免一人持有100%股权（即一人股东）的结构设置，这是因为在一人股东的设置下，账目往来不清就容易出现股东个人财产与公司财产混同的情形，而一人股东如果不能证明公司财产独立于股东自己的财产，就应当对公司债务承担连带责任。

4. 股权结构需有明显梯次，公司应有核心控制人。公司的发展需有科学的股权架构，不仅需要平衡各股东间的权利，更要有一个核心的控制人。科学的模式通常是以核心控制人为决策中心，同时设置一到两位有话语权的小股东，这样股东能互相约束，有意见分歧时也有人能作出决策。根据《公司法》的规定，一般事项只需要有二分之一以上表决权即可通过，而对重大事项的表决权需达到三分之二以上，因此要保障核心控制人的控制权，至少需要赋予其超过50%的股权比例。

在公司章程没有作出特殊约定的情况下，谁拥有更多的股权，谁就掌握更大的控制权。因为小股东只要占比总和在33%以下就无权对公司章程、增减公司注册资本等重大事项作出决定，因此对于希望拥有绝对控制权的初创企业来说，核心控制人的股权比例设置最好为67%，这样就可以保证核心控制人能够把握公司的大局。对于发展阶段的公司，经过资本的稀释，现实中大股东的股权比例想达到67%有一定难度，因此，这类公司可以允许其他股东合计持有股权比例超过33%，但大股东仍需拥有超过50%的股权比例，从而保证其在一般事项上的相对控制权。同时，这类大股东掌握相对控制权的公司，还要注意单个小股东持有的股权比例不超过33%，使得单个小股东在股东会没有办法否决公司重大事项。

法条索引

《中华人民共和国公司法》

第六十六条第一款 股东会的议事方式和表决程序，除本法有规定的外，由公司章程规定。

第一百一十六条 股东出席股东会会议，所持每一股份有一表决权，类别股股东除外。公司持有的本公司股份没有表决权。

股东会作出决议，应当经出席会议的股东所持表决权过半数通过。

股东会作出修改公司章程、增加或者减少注册资本的决议，以及公司合并、分立、解散或者变更公司形式的决议，应当经出席会议的股东所持表决权的三分之二以上通过。

《最高人民法院关于适用〈中华人民共和国公司法〉若干问题的规定（二）》

第一条第一款　单独或者合计持有公司全部股东表决权百分之十以上的股东，以下列事由之一提起解散公司诉讼，并符合公司法第一百八十二条①规定的，人民法院应予受理：

（一）公司持续两年以上无法召开股东会或者股东大会，公司经营管理发生严重困难的；

（二）股东表决时无法达到法定或者公司章程规定的比例，持续两年以上不能做出有效的股东会或者股东大会决议，公司经营管理发生严重困难的；

（三）公司董事长期冲突，且无法通过股东会或者股东大会解决，公司经营管理发生严重困难的；

（四）经营管理发生其他严重困难，公司继续存续会使股东利益受到重大损失的情形。

二、金字塔结构控股模式对公司控制权及降低企业经营风险的作用

股东必知

公司经营发展到一定规模的时候，会出现多业务领域的发展或多部门分支。此时如果公司某一业务领域或某一部门分支要承担法律责任，公司是否可以将法律责任进行有效隔离以避免影响公司其他业务领域或部门分支？另外，若公司下属分支繁多，公司管理权人如何通过股权架构的设计来对下属分支进行有效控制？

---

①　现为《公司法》第231条。

实践中，通过金字塔结构控股模式，公司及管理权人可以有效保持控制权并降低公司经营风险。所谓的金字塔结构控股模式，是指公司的管理权人或总公司持有下属第一层公司过半数的股份，第一层公司再持有下属第二层公司过半数的股份，以此类推，通过这种多层次的控股方式实现总公司只需要控制第一层公司，就能控制下属所有公司的效果。

金字塔结构控股模式目前被许多大型企业（尤其是一些家族企业）所使用，其优势在于：一方面，只要控股股权掌握在家族的手中，就仍然可以引进外部投资者对企业进行投资；另一方面，金字塔控股可以提供产业多元化发展的路径。每一项业务都有独立的子公司（项目公司），如果进行债务融资或者引进投资人进行股权融资，就在该公司层面进行，风险相对隔离，如果该公司的经营状况不佳，甚至家族丧失对该公司的控制，也不会伤及家族企业的其他分支，动摇家族控股公司的根本。[1]

金字塔结构控股模式有利于公司管理权人牢牢掌握公司的控制权，但弊端在于需要让渡被控股分支的部分收益作为代价。

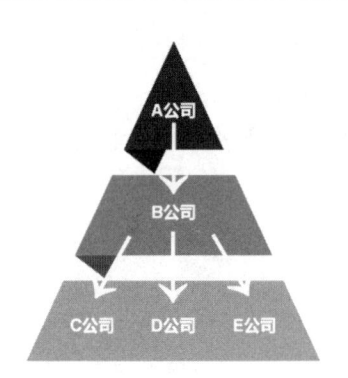

图 3-1　金字塔结构控制模式

如图 3-1 所示，如果 A 公司持有 B 公司 51% 的股份，就可以控股 B 公司；同时 B 公司分别持有 C、D、E 公司 51% 的股份，就可以控股 C、D、E 公司。因此，A 公司通过间接控股的方式，取得了 C、D、E 公司的控制权。

---

[1] 参见龚乐凡：《私人财富管理与传承》，中信出版社 2016 年版，第 382 页。

> 以案说法

1. 公司一体化经营模式容易导致"牵一发而动全身"的法律责任风险

某化工公司集生产与经营于一体。2023年6月，因为化工公司的其中一家工厂在生产过程中出现疏忽，致使工厂的污水未经处理排出，下游土地遭到严重污染，受害的农民向法院提起诉讼要求化工公司赔偿损失，同时化工公司也因为排污面临政府行政部门的巨额罚款。

【律师评析】

在本案中，排污的工厂为化工公司所有，因此化工公司需要为其侵权行为承担责任。如果排污的工厂是一家独立的企业法人，化工公司只是控股经营工厂的公司，其在这次事件中没有过错，那么赔偿责任只需要由经营工厂的公司承担，化工公司无须直接承担责任。

2. 公司多元化经营，应建立金字塔结构控股模式分散经营风险

某饼业公司已成立60余年，在饼干生产和销售领域颇有名气。2017年，公司创始人张甲考虑到自己年事已高，决定退休并将公司交给自己的儿子张乙经营。张乙考虑到公司未来的发展，决定进行产品多元化经营，从原来生产和销售饼干的单一模式，改变为生产和销售方便面、酱料、面包及饮料等，公司同时扩大技术研发的费用。

【律师评析】

笔者担任该饼业公司的法律顾问多年，在公司创始人张甲将企业传承给张乙后，年轻一代的企业家对公司的经营发展理念有不同的观点，多元化的产品生产模式确实是对原本传统模式的突破，有利于增加公司的创收，但也会因此而加大经营风险。在张乙向笔者咨询时，笔者向张乙建议另外设立项目公司来对新产品进行研发、生产和经营，并由饼业公司对各项目公司进行控股，这样一来解决了控制权问题，二来分散了经营风险，若某一项目经营不善，并不会影响其他项目的发展。笔者在建议张乙建立金字塔结构控股模式的同时，也建议其同步咨询财务顾问提前做好税务方面的筹划。

> 律师支招

1. 公司发展到一定规模后，应建立产销分离、总公司控股的集团化经营模式。公司可以根据自己的实际情况设立金字塔结构控股模式，对总公司下辖的不同业务领域或部门分支分别持股管理，各业务领域或部门分支之间相互独立分离。

笔者服务的一家大型食品公司，其一家企业就集研发、生产和销售于一身。研发属于技术型部门、生产属于劳动密集型部门、销售部门则有另一套薪酬体系制度，任何一个部门需承担法律责任都会导致公司整体受到影响。后来食品公司改制，将研发、生产和销售三个部门单独成立公司，由总公司进行分别控股，在公司保留控制权的同时实现了风险隔离。

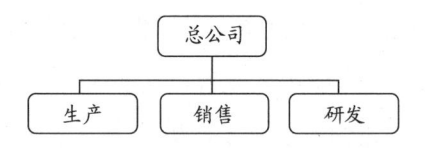

图 3-2　产销分离的集团化经营模式

2. 总公司在控股过程中，需做好财务和法律上的风险隔离，如果股东利用其控制的两个以上公司滥用公司法人独立地位和股东有限责任，逃避债务，严重损害公司债权人的利益，应当对公司债务承担连带责任。

> 法条索引

《中华人民共和国公司法》

第十三条第一款　公司可以设立子公司。子公司具有法人资格，依法独立承担民事责任。

第二十三条第一款、第二款　公司股东滥用公司法人独立地位和股东有限责任，逃避债务，严重损害公司债权人利益的，应当对公司债务承担连带责任。

股东利用其控制的两个以上公司实施前款规定行为的,各公司应当对任一公司的债务承担连带责任。

三、"同钱"不同股——出资比例和股份占有并不必然成正比

股东必知

大多企业管理者会将股东出资额与股份占有额两个概念等同,错误地认为股东出资额有多少,对应的占股比例就是多少。实际上股东的出资与股份占有并不必然成正比。

股东认购的注册资本是公司资本的基础,但公司的有效经营有时还需要其他条件或资源。在注册资本符合法定要求的情况下,我国法律并未禁止股东内部对各自的实际出资数额和占有股份比例作出约定,因为并不影响公司资本对公司债权担保等对外基本功能的实现。这并非规避法律的行为,属于公司股东意思自治的范畴。[①] 例如,甲、乙两人各出资 10 万元成立一家公司,并不意味着他们的股份就必须各占 50%,双方可以通过约定确认各自的持股比例。

出资与股份占有额不成正比,要在股东特殊约定下才能实现,为了防止大股东欺压小股东损害小股东的利益,笔者根据过往经办此类案件的经验认为,若要针对股东持股比例作出特殊约定,需要全体股东一致同意方可。

[①] 《中国指导案例》编委会编:《人民法院指导案例裁判要旨汇览(公司卷)》,中国法制出版社 2013 年版,第 47 页。

> 以案说法

股东占有股份份额及盈利分配可以根据股东之间的约定处理而不受实缴出资的影响

启某公司、国某公司和豫某公司作为股东，共同成立科某投资公司。三方协议约定了出资额、股份比例以及盈利分配等事项，并约定注册资本全部由国某公司投入。协议签订后，国某公司除了自己履行了出资义务外，还代启某公司和豫某公司缴纳了注册资本。在公司的经营过程中，三家公司出现了矛盾，国某公司以启某公司和豫某公司未实际缴纳出资为由起诉到法院，要求法院认定公司的股份全部归自己所有。

【律师评析】

股东认缴的注册资本是构成公司资本的基础，但公司的有效经营有时还需要其他条件或资源，因此，在注册资本符合法定要求的情况下，我国法律并未禁止股东内部对各自的实际出资数额和占有股权比例作出约定。启某公司、国某公司、豫某公司对科某投资公司注册资本投入及股份比例、盈余分配的约定，是各方对各自掌握的经营资源、投入成本及预期收入进行综合判断的结果，是各方当事人的真实意思表示，并未损害他人的利益，不违反法律和行政法规的规定，属于有效约定，当事人应当按照约定履行。

国某公司根据协议将注册资本全部注入科某投资公司，依法进行了验资，故该出资属于有效出资。因此，有效出资形成的股权应按照协议的比例分属启某公司、国某公司、豫某公司，国某公司不得要求公司全部的股份归属于自己。

> 律师支招

1. 笔者的一家顾问单位 A 公司与 B 公司签订了一份协议，约定投资 200 万元共同成立 C 公司，经营双方的合作项目，其中 A 公司出资 150 万元，B公司出资50万元，A公司占股份49%，B公司占股份51%，另外双方还约定A公司、B公司的收益分配为1∶2。A公司负责人因此询问笔者：这样的约定是否合法合理？笔者认为，这样的约定是合法的。在一般情况下，实际经营中往往都是"谁出多少钱，就占多少股份"，但认缴出资额与股份占有额是两个不同的概念，并不能排除出钱多占股少的情况发生。在本案中，A公司、B公司作为股东共同成立C公司，虽然A公司出钱比B公司多，但是B公司对C公司的重要性应该要比A公司大，如掌握了合作项目中的重要人脉资源、品牌等。在公司内部股份的分配上，从各股东占有股份的多少，可以看出各股东在公司中的地位。

2. 法律上以股份决定股东的话语权，出资的多少与公司经营的话语权并无直接关联，因此，股东在注资公司时一定要了解清楚股东协议及投资协议中自己在公司所占股权的份额，切勿有"出资多少比例就占多少股份"的简单想法。

法条索引

《中华人民共和国公司法》

第三条 公司是企业法人，有独立的法人财产，享有法人财产权。公司以其全部财产对公司的债务承担责任。

公司的合法权益受法律保护，不受侵犯。

第四条 有限责任公司的股东以其认缴的出资额为限对公司承担责任；股份有限公司的股东以其认购的股份为限对公司承担责任。

公司股东对公司依法享有资产收益、参与重大决策和选择管理者等权利。

第二百二十七条 有限责任公司增加注册资本时，股东在同等条件下有权优先按照实缴的出资比例认缴出资。但是，全体股东约定不按照出资比例优先认缴出资的除外。

股份有限公司为增加注册资本发行新股时，股东不享有优先认购权，公司章程另有规定或者股东会决议决定股东享有优先认购权的除外。

四、中小企业如何通过股权架构设计达到税务优化目的

>[股东必知]

对中小企业来说，持股主体的比例差异会在企业经营过程中产生不同税务负担。现实中许多企业主、股东在设计股权架构时往往只考虑公司控制权的问题，而忽视通过股权架构来达到税务优化的目的，导致后期需支出较大的税务成本。

>[以案说法]

实际控制人通过公司间接持股可以实现税务优化

某化工企业的实际控制人就拓展商业版图（新设公司等）计划，向笔者咨询其中有关股权架构设计与税务优化的问题。

笔者经了解得知，该化工企业以及其关联企业均由自然人股东控股，实际控制人计划在华东等地区新设公司拓展业务。让自然人股东直接出资设立新公司并非首选，原因在于自然人股东从新设公司分红时，需要缴纳20%的个人所得税（利息股息红利所得），且新设公司会成为扣缴义务人，意味着公司在年度分红时必须先为自然人股东申报并缴纳个人所得税。

【律师评析】

根据《企业所得税法》的规定，如公司作为法人股东，取得的被投资企业的分红无须缴纳企业所得税。如果该化工企业新设公司是为了长期经营，公司法人股东获取红利后可再投资而免交企业所得税，因此笔者建议该化工企业新设公司采用原公司法人持股的出资方式，而非由自然人股东出资成立新公司。

例如，若A有限责任公司的原有自然人股东出资新设立B有限责任公

司，则日后从 B 有限责任公司分红的时候需要再缴纳 20% 的个人所得税。如图 3-3 所示：

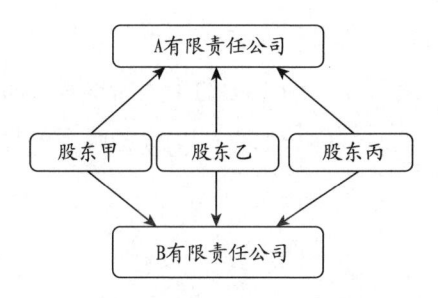

图 3-3 股东直接持股公司的情况

若以原有的 A 有限责任公司作为投资主体，直接投资新设立 B 有限责任公司，原有的 A 有限责任公司作为法人股东，从 B 有限责任公司处分红无须缴纳企业所得税，该方法优化了分红获得渠道，有利于 A 有限责任公司再投资规划。如图 3-4 所示：

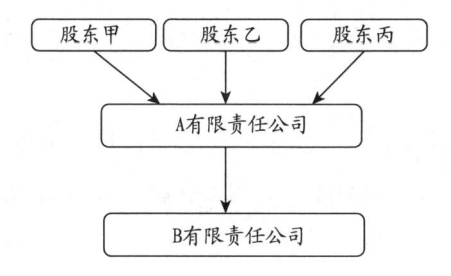

图 3-4 股东通过持股一家公司再投资设立另一家公司的情况

该企业经营范围均与化工有关，由于化工原料和化工制品制造业的产业链上下游联系紧密，若其中一个环节发生断层（包括但并不限于化工原料供应不足、化工工厂制造业停摆等意外事件），则会降低企业的运营效益，最终影响股东分红收益。根据以上分析和化工原料企业的需求，笔者在做股权架构设计时，建议由企业的自然人股东设立有限责任公司作为控股主体（母公司），化工原料企业（早期设立的实体企业）与母公司投资新设的企业作为子公司，形成母—子公司的扇形架构。

这样的股权架构可以实现企业法人对子公司的控制权，且根据《企业所得税法》的相关规定，控股公司作为控股股东从持股的新设公司分回的股息、红利权益性投资收益免征企业所得税，将分回的权益性投资收益用于投资免征企业所得税，比自然人直接架构下的自然人股东从持股的新设公司分回的权益性投资收益节约20%的个人所得税，可见该种母—子公司的扇形架构也达到了利润分红后税负优化以及资金融通等目的。如图3-5所示：

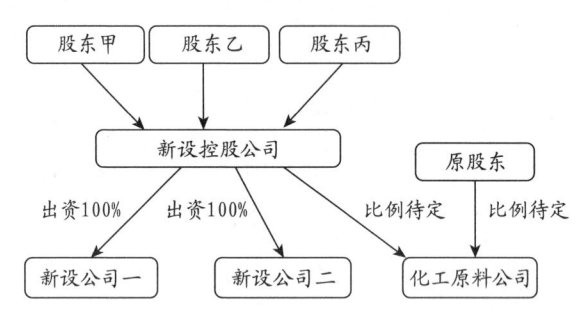

图3-5 律师为某化工企业设计的母—子公司扇形架构

律师支招

中小企业股东通过获得分红实现盈利，是投资者的目的与股权持有价值的体现。因此，股东在投资设立公司之初，就应该充分考虑投资分红的税负成本。持股方式不同，投资分红的税负成本也不同。而现实中，很多股东通常会忽视股权架构的前期设计，认为目前自己经营的企业规模尚小，无须考虑股权架构设计等问题，但后来，随着企业的经营发展、产业延伸，一些潜在的问题就开始慢慢显现出来，比如公司重大事项的决策、股东个人税收等问题。这时候为了解决问题再开始考虑找律师等专业人士提供解决方案，必然产生较大的时间和金钱成本，需要付出一定的代价。

法条索引

《中华人民共和国个人所得税法》

第三条 个人所得税的税率：

......

（三）利息、股息、红利所得，财产租赁所得，财产转让所得和偶然所得，适用比例税率，税率为百分之二十。

《中华人民共和国企业所得税法》

第二十六条　企业的下列收入为免税收入：

......

（二）符合条件的居民企业之间的股息、红利等权益性投资收益；

......

第二节　股权激励

一、干股的赠与

> 股东必知

干股并非法律上的概念，而是一种与股份相区别的称谓，是指未实际对公司进行出资或投资但享有分红的权利。为了公司的发展或者奖励对公司有贡献的人，有的公司会给予他人干股，使其参与分红。公司向他人赠送干股，实际上并不会进行股权变更登记。所以，取得干股的人，并不真正拥有法律意义上的股权，他们只是有权按照干股份额参与公司利润分配而已。

公司向他人赠送干股，双方实际上是一种赠与合同关系，有观点认为："公司赠与他人股份，即所谓干股，原则上有效，赠与人应按赠与合同或者口头赠与意思表示办理，但如在履行中赠与人反悔的，通常根据赠与应当实际履行的原则，赠与人随时有权撤销自己的赠与行为。特别是赠与干股不同于股东实际出资的确认，亦无须在登记机关办理登记手续，赠与人的自主权比较明显，不能对赠与人的撤销行为加以限制。"① 也就是说，干股的赠与，因为不需要在登记机关进行登记，所以公司作为赠与人，在实际赠与前，是随时可以提出撤销赠与、取消干股的。在履行过程中，若没有合同的约定，公司也有权在日后不再向他人赠与干股。

在附条件的赠与干股的协议中，如果条件并未成立，如为了合作某一项目而向他人赠与干股，但项目最终未能谈成；又如，赠与干股的前提是研发某科研项目，但最终研发项目不成功，那么赠与干股的协议就不再产生法律效力。

以案说法

1. 未办理登记、未签订合同约定的干股，公司有权不再赠送

王某自 2010 年开始入职某信息网络科技公司担任高级技术员。因为工作努力以及能力较强，王某在职期间开发了多款网络软件应用，为公司赚了很多钱。2018 年，公司为了鼓励王某留在公司，向他赠与了 5% 的干股，王某凭借干股的比例分取公司一定的利润。双方没有到登记机关办理股权登记，也没有签订明确的协议。

2023 年 3 月，王某因一款软件的知识产权归属问题与公司产生纠纷，双方对簿公堂。公司因此取消了王某的干股，并表示不再向其分配相应的利润。王某向法院起诉要求确认公司撤销自己持有干股的行为无效。

【律师评析】

公司送不送干股，怎么送，都是公司的权利。信息网络科技公司与王某仅存在赠与合同的法律关系，赠送的干股并没有进行登记，王某仅仅是凭借干股份额有权领取相应的利润。对于赠与合同，法律规定在财产的权利转移之前赠与人有权撤销赠与。也就是说，公司有权随时反悔，不再向

---

① 吴庆宝主编：《最高人民法院专家法官阐释民商裁判疑难问题（2009—2010 年卷）》，中国法制出版社 2009 年版，第 17 页。

王某赠送干股。王某认为公司撤销自己持有干股行为无效的主张，不能得到法院的支持。

2. 附带条件的赠与干股合同，条件不成立时，合同不生效

芦甲、何某与芦乙三人签订协议，共同成立新某房产公司，芦甲占股90%，何某和芦乙各占股5%。三人签订的协议中还约定三人共同成立新某房产公司的目的是筹建某大学学院。协议约定，因项目资金紧张，何某再出资不少于250万元，新某房产公司则为何某配送干股250万元，芦乙再出资不少于200万元，新某房产公司则为芦乙配送干股200万元。

新某房产公司成立后，筹建项目因未获批准停工，新某房产公司经营停顿而面临清盘。在公司剩余财产分配问题上，何某和芦乙认为自己除了占有5%股份外，还应该收取干股利益。

【律师评析】

出资协议约定为部分股东配送干股的条款并不是设置"空股"，不违反我国《公司法》的相关规定。但是该协议能否生效，除了要看协议是否具备法律规定的成立和生效要件，还要看协议所附条件是否成就。实际履行中，两个条件均未成就，因此，芦甲、何某、芦乙签订的出资协议中关于配送干股的约定并未生效。

在通常情况下，配送干股是公司为了自身发展的需要，吸收、吸引、激励有特殊身份者，有管理经验、能带来经营项目、对公司有特殊贡献的高级经理人才，或者掌握特殊技能者而采取的措施，但一般情况下干股的配送应以公司的正常运营为前提。本案中，三股东签订出资协议是筹建某大学学院，但项目因未获得相关行政许可已停工，新某房产公司的经营活动也处于停顿状态，各股东签订出资协议的目的已不能实现。在此情况下，在为何某、芦乙配送干股的基础上分配公司没有运行而剩余的财产，不符合公平正义的基本理念。

> 律师支招

由于法律上将公司向他人赠送干股的行为认定为赠与合同的关系,若没有明确的书面合同约定或者约定不清,就可能产生很多纠纷。因此,无论作为公司一方还是受赠一方,都应该签订合同予以明确,及时进行变更登记,以避免纠纷的产生。

> 法条索引

《中华人民共和国民法典》

第六百五十八条第一款 赠与人在赠与财产的权利转移之前可以撤销赠与。

二、用于激励员工的虚拟股份制

> 股东必知

分钱是一门艺术。笔者发现一些企业负责人在为员工发放奖金或激励分红时往往随意性较强,并没有事先制定并向员工公布一个可计算、可预期的利润分配方案。这导致企业负责人向员工发放奖金奖励时缺乏标准,员工在工作时没有目标预期,难以起到激励效果。

笔者有为众多企业设计和完善员工激励方案的经验,根据实践发现虚拟股份制的激励方案较适合一般有限责任公司。所谓虚拟股份制,是指公司授予被激励员工一定数额的虚拟股份作为参与公司当年分红的计算标准。持有虚拟股权的员工不能享受普通股股东的权益(如表决权、分配权等),只有分红权。员工持有公司的虚拟股份,就会更多地关注公司的经营状况及利润情况。虚拟股权既能使员工享受公司税后利润,又能使员工以"股东"的身份去工作,对公司产生归属感和被肯定的荣誉感。

虚拟股份制有很多操作方法,例如可以设计员工的虚拟股持有数量与员工的工资对等（按 1 元 1 份虚拟股计算），先预设年底分红的比例并在年底进行实际核算，以全体员工年底获得的全部股份计算每股的价值，即能计算出每位员工实际应获得的分红数额。

以案说法

虚拟股份制是企业为员工发放奖金设定的一个计算方法

某公司有 15 名员工，假设每名员工每个月工资为 1 万元。公司 2018 年实行虚拟股份制，按照员工的月工资数计算股份数，1 元 1 股，则每位员工在年底时各持有 12 万股，公司在年底总发放虚拟股为 180 万股。

公司在 2024 年年初时便向全员告知全年度分红计划，在年底统计全年度的净利润后，将 2024 年年度净利润的 20% 用于员工的分红。

假设公司在 2024 年年度的公司净利润为 100 万元，那么公司需要拿出 20 万元进行分红。2024 年全年度公司共发出 180 万虚拟股，每份虚拟股价值约 0.11（20 万÷180 万）元，则每位员工分别在年底能获得约 13200 元的分红。

员工所持有的虚拟股在次年不清零，继续累加。

公司预设虚拟发行 500 万虚拟股，当 500 万虚拟股发放完毕后，该轮员工激励方案结束。

【律师评析】

本案公司设计的虚拟股份制，其实是就年底发放奖金设定了一个计算方法。公司年底能赚多少钱，在激励制度公布时是一个未知数，但是将员工的奖金与公司净利润挂钩，并且提前约定了计算标准，也就意味着告诉员工"公司赚得多，你的奖金就多"，从而起到激励员工的作用。

笔者曾服务的一家经营餐厅的小微企业，通过简单的虚拟股份制，在公司营业额只比上年度增长 10% 的情况下，净利润却比上年度增长了 150%，通过虚拟股份制的员工激励方法，达到了公司"节流"的良好效果。

> 律师支招

1. 公司可以制定符合自身实际情况的虚拟股份制。员工所持有的虚拟股份一般不得交易，只能员工自己持有。公司应当同时设置相应的权利剥夺机制，如员工离职或因为违反公司相关制度被开除，将不能获得分红奖励。

2. 公司可以考虑成立虚拟股权监督委员会。由公司内部推选或由负责人指定产生三位成员组成虚拟股权监督委员会，职责范围为对整个虚拟股权激励方案的流程、规则进行监督。此做法可以保证流程的公正、透明，使员工产生信任感，同时能够提升公司员工的参与度和认同度。

三、有限合伙企业是对外融资和股权激励的有力工具

> 股东必知

与普通合伙企业不同，有限合伙企业内部合伙人的组成，除了普通合伙人，还有有限合伙人。有限合伙人，顾名思义，只承担有限责任，而不必像普通合伙人那样需要承担风险巨大的无限责任。根据《合伙企业法》第61条的规定，一般情况下，有限合伙企业由2个以上50个以下合伙人设立，有限合伙企业至少应当有一个普通合伙人为该合伙企业承担连带责任。

在目前的商业社会中，很多公司会基于有限合伙企业的特点，将其作为公司员工股权激励或对外融资的平台。公司如果直接让员工或外来投资人持股，一方面可能产生很多管理上的风险；另一方面，一家公司股东太多，一旦需要作出公司决议即需要每个股东签名，则会使公司决策、管理流程变得异常烦琐，陷入被动的局面。将有限合伙企业作为一个持股的平台用以捆绑需要股权激励的员工或第三方投资人，不仅能达到控制风险的目的，而且不至于过于影响公司企业的经营管理。

有限合伙企业由普通合伙人和有限合伙人组成。根据相关法律的规定，有限合伙人不参与经营管理，可通过合伙协议约定由普通合伙人一票决定合伙企业的所有事项。基于此，第一，可以让获得股权激励的员工作为有限合伙人，合伙企业另设一名普通合伙人，由公司的法人代表或授权代表担任；第二，让有限合伙企业入股公司，成为公司的股东，从而能够达到合伙人与公司分红挂钩的目的，同时又不影响企业的经营和管理。对公司而言，将有限合伙企业作为股东之一，就能以普通合伙人一票决定权控制有限合伙企业。

需要特别说明的是，虽然在有限合伙企业中，普通合伙人仍需承担无限连带责任，但普通合伙人不必过于担忧，因为若有限合伙企业成立的目的仅是捆绑需要股权激励的员工或对外融资的话，那么该有限合伙企业仅是入股母公司，并不对外经营其他业务，所以普通合伙人如无特殊情况是没有任何经营风险的。

以有限合伙企业作为股权激励的员工持股平台，需要注意将合伙协议相关的风险点约定清楚，明确企业、员工双方的权利、义务，甚至约定相应的继承限制和退伙条件等内容。如此一来，既能达到股权激励的目的，最大限度地激励员工，同时又能减少母公司的担忧，保障公司的权益，可谓一举两得。

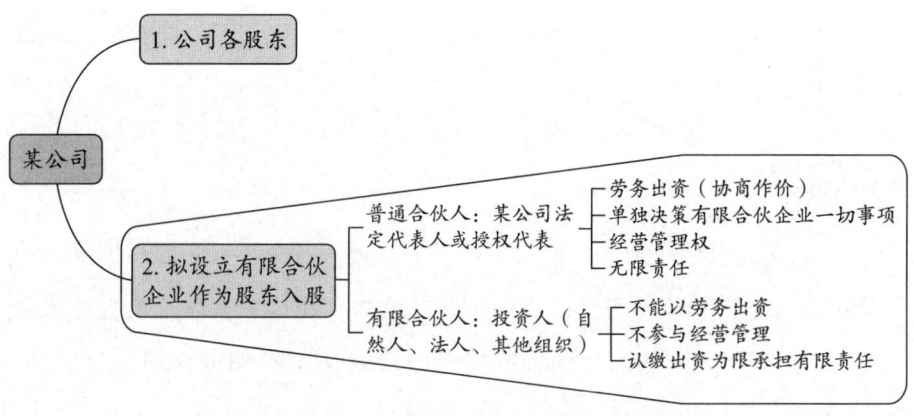

图 3-6　公司将有限合伙人企业作为持股平台示意

> 以案说法

有限合伙企业入股母公司，既能作为融资平台又能维护母公司的稳定

健某生物医药公司研发了一项国内之前尚不存在的医疗技术产品，并在研发完成领取许可证后对外销售。

公司因为拥有颇具前景的知识产权而受到外部资本的青睐，多家投资公司或个人均表示愿意向公司投资，并希望日后项目完成后能够分一杯羹。

公司因处在研发阶段，需要花费大量的资金，确实希望引入资本，但公司的三位股东又担心太多新的投资人入股会削减自身在公司的权利，同时担心投资人的加入会影响公司的经营管理。

【律师评析】

三位股东的担心不无道理，让外界投资人直接做股东入股公司，会稀释原有三位股东的股份，也确实容易使外界投资人在担任新股东后影响公司的正常经营管理。

此时，三位股东可以委派一位股东或其他管理人员担任普通合伙人，来成立一家有限合伙企业，然后由该有限合伙企业入股健某生物医药公司。日后引进投资人或公司实施员工股权激励的时候，均可以将他们作为有限合伙人引入有限合伙企业中，通过有限合伙企业与他们签订协议来保障他们的分红权利。

> 律师支招

1. 成立有限合伙企业，是为了将对外投资人或需要给予股权激励的员工聚拢在一起，整体作为单一股东入股母公司，使这个有限合伙企业成为一个"持股平台"，从而达到融资或股权激励但不影响母公司正常经营、运作的目的。

2. 根据法律规定，有限合伙企业由普通合伙人和有限合伙人组成，有限合伙企业由普通合伙人负责经营管理，有限合伙人不参与管理。为了保证有限合伙企业以及母公司的稳定性，母公司应牢牢控制普通合伙人。一般情况下，普通合伙人由母公司法定代表人担任，普通合伙人可以以劳务出资。投资人或被实施股权激励的员工只需担任有限合伙人即可。

法条索引

《中华人民共和国合伙企业法》

第六十一条　有限合伙企业由二个以上五十个以下合伙人设立；但是，法律另有规定的除外。

有限合伙企业至少应当有一个普通合伙人。

第六十四条　有限合伙人可以用货币、实物、知识产权、土地使用权或者其他财产权利作价出资。

有限合伙人不得以劳务出资。

第六十七条　有限合伙企业由普通合伙人执行合伙事务。执行事务合伙人可以要求在合伙协议中确定执行事务的报酬及报酬提取方式。

第六十八条第一款　有限合伙人不执行合伙事务，不得对外代表有限合伙企业。

四、通过期股与期权激励员工

股东必知

期权与期股是企业所有者对员工进行股权激励的不同手段，由"期"字可知，二者均有时间上的概念，但在运用过程中又有很大区别。期股是指在当期就获赠或购买股票，股票的权益需要在一定时间后兑现，在到期前并不能转让或变现，具有一定的义务性。而期权更像是一种未来的约定，公司已经授予被授予者购买的权利，被授予者可以在将来自由选择是否购买股票，购买之时即为行权之时。

从性质上来看，期股比期权更适合用于一般的股权激励。期股可以通过奖励、赠与和出资购买的方式获得，且股票的权益在未来才能兑现。公司可以根据实际情况选择授予的方式，在行权日之前设置一定的行权条件，既可以有效激励员工，又具有一定的约束力。而期权的主动权在员工，在到达行权日的时候员工可以选择是否购买，在此之前并无任何资金支付，员工放弃行权、个人利益也并未受损，具有共赢的效果。

对于员工来说，二者收益的形式也不同。期股的获益来源于企业利润的增加，按照一定比例来获取收益，所以更有"多劳多得"的感觉。期权主要通过买卖股票的差价赚取利润，获得的更多是真正意义上股东的权利而非股票，比较适合真正想当家作主的员工。

以案说法

公司怠于行权或不当阻碍时，可能会发生股权激励方案实施的效果

2014年11月25日，某公司向沈某出具《聘用信》，载明沈某通过试用期后的股票期权申请周期内，公司将向董事会申请授予沈某公司股票期权共15000股。若通过试用期后，因公司原因未进行股票期权授予，公司将在每年以奖金形式一次性发放37500美元（共计4年）。若沈某离职或当年度被授予期权，额外奖金不再发放。2015年1月7日，沈某与公司签署为期三年的固定期限劳动合同，约定试用期6个月。2016年5月31日，沈某离职。工作期间，公司未授予沈某股票期权。沈某诉请法院判令公司支付相应期权款项，公司抗辩董事会未就授予期权事宜作出决议。

【律师评析】

公司在《聘用信》中明确沈某通过试用期后进行股票期权申请，沈某如想获得期待利益，其前提为公司向其授予股票期权。沈某通过了试用期，其已符合申请条件，未能向沈某进行股票期权授予的原因，系董事会未作出最终的决议。

董事会进行股票期权的授予期限虽在《聘用信》未进行明确约定，但该授予期限应有一定的边界，公司不能以董事会一直未作出最终决议而对抗劳动者权利行使。沈某离职时，双方劳动合同已履行过半，董事会仍未对股票期权授予作出最终决议，导致双方权利义务严重失衡，公司应承担未能对沈某进行股票期权授予的过错责任。沈某已向公司主张权利，要求进行股票期权授予，公司怠于履行义务，应认定为劳动者在离职前公司应授予其股票期权，因公司原因未对劳动者进行股票期权授予的，公司应向劳动者支付额外奖金。

律师支招

1. 法律上，期权的授予属于一种合同关系，是通过合同约定赋予持有人在某一特定日期或该日之前的任何时间以固定价格购进或售出一种资产的权利。用于股权激励的期权属于赋予员工真正股东身份，使其享有股东权利的一种激励方式。

2. 公司在设计股权激励计划时，需注意区分期股与期权。公司采用期权激励，员工只承担很小的风险，是否行权不受任何限制，且可以获得真正的股东身份，影响公司经营决策，这对有能力、有野心的员工可以产生很大的激励作用。公司在进行期权激励时，应在激励对象的选择上更加慎重，并充分理解期权的性质。

3. 股权激励属于风险与收益并存的手段，公司在确定股权激励方案时一定要综合考虑公司的资本、发展规划等情况，以免订立激励方案后陷于被动。同时，在确定股权激励方案时，需对行权条件设置一定门槛，重点在于员工的劳动时长或者绩效考核要求等条件上，从而达到能奖励真正为公司作出重大贡献员工的目的。

法条索引

《中华人民共和国公司法》

第八十四条 有限责任公司的股东之间可以相互转让其全部或者部分

股权。

股东向股东以外的人转让股权的,应当将股权转让的数量、价格、支付方式和期限等事项书面通知其他股东,其他股东在同等条件下有优先购买权。股东自接到书面通知之日起三十日内未答复的,视为放弃优先购买权。两个以上股东行使优先购买权的,协商确定各自的购买比例;协商不成的,按照转让时各自的出资比例行使优先购买权。

公司章程对股权转让另有规定的,从其规定。

《中华人民共和国民法典》

第一百五十八条　民事法律行为可以附条件,但是根据其性质不得附条件的除外。附生效条件的民事法律行为,自条件成就时生效。附解除条件的民事法律行为,自条件成就时失效。

第一百五十九条　附条件的民事法律行为,当事人为自己的利益不正当地阻止条件成就的,视为条件已经成就;不正当地促成条件成就的,视为条件不成就。

第一百六十条　民事法律行为可以附期限,但是根据其性质不得附期限的除外。附生效期限的民事法律行为,自期限届至时生效。附终止期限的民事法律行为,自期限届满时失效。

五、股权激励操作不当的法律风险

股东必知

股权激励作为一种长期性的激励机制,被各类企业广泛应用。但在实施股权激励计划过程中难免会出现各种问题,企业管理者需要对该项目的法律风险进行识别和分析,结合企业实际情况作出正确的选择,减小产生纠纷的概率。

与股权激励有关的纠纷中,劳动争议和股权转让纠纷占比较重,通常是因为在设计股权激励计划时,退出机制(即员工离职情形)模糊不清或设置不合理，以及股权转让的情形、流程、价格等约定不明确。

> 以案说法

1. 股权激励的行权条件或退出机制设置需明确，激励的股权并不依附于劳动关系而存在

林某于 2000 年 6 月入职某实业公司。2006 年 2 月，林某与公司签订《虚拟股权激励确认书》，双方确认公司经对林某的上年度工作业绩和工作能力进行全面考评，决定奖励林某 15 万虚拟股，林某行权的其中一项条件是"在公司工作满五年"。2007 年 4 月，林某向公司提出激励股权行权 4 万股的申请。公司根据林某的申请出具确认书，同意对激励股权进行行权变现，确认行权金额且支付给林某。2010 年 3 月林某提出离职，并就剩余的 11 万虚拟股权的行权问题与公司进行协商，要求公司支付款项。公司认为该款项为股权激励款，现林某离职无权再请求行权，所以拒绝支付。

【律师评析】

公司与林某签订的《虚拟股权激励确认书》明确约定准予认购人行权条件包括"在公司工作满五年"，而林某自 2000 年起即在公司工作，至 2010 年 3 月已在公司工作满 5 年，符合双方约定的准予认购人行权条件中的工作年限要求，况且林某于 2007 年申请行权已实际获得了公司的批准，林某符合行权条件依据充分，应予以确认。

2. 公司可依法按照约定回购股权，但不可要求返还已分配利润

张某为丰某公司早年实股激励的对象，并与公司签订《股权激励管理规定》，约定张某若离职，丰某公司可指定公司实际控制人黄某、汤某对张某持有的股份以每股净资产金额的 50% 计价进行回购。2017 年 7 月，张某离职，与公司之间就股权回购问题产生争议。丰某公司除了要求回购张某持有的股权外，还要求张某返还在职期间因持有股权而获得的分红利益。

【律师评析】

因张某已从公司离职，根据张某与公司签订的《股权激励管理规定》的约定，公司有权对张某名下所受让的激励股份进行回购。为防止股东抽逃出资，损害公司、股东和债权人合法权益，一般情况下公司不得收购本公司股份，但在对回收股权进行再分配或指定股权接收人等制度安排之下，公司可以依法或按照约定对股东股权进行回购，故丰某公司可以指定股东接收案涉回购的张某的股权。根据双方的约定，公司可按照每股净资产金额的50%购回。

《公司法》规定股东按其所持股份享有取得相应分红的权利，故在股份回购之前股东取得的股份分红系基于股东身份对公司享有的权利。丰某公司要求张某返还该部分收益，不符合法律规定，亦违背公平原则。

律师支招

1. 无论是采取实股激励还是虚拟股激励，公司与被激励的员工所签订的股权激励的相关协议文件至关重要，双方应对股权激励的具体操作方法、退出条件等作出明确约定。如果公司希望以工作年限作为行权条件，应当明确计算工作年限的起始时间，避免引发争议。此外，公司还可以根据实际情况降低现金流量的压力，与员工约定现金流量较低时可以延迟支付相关激励奖金的条款。

2. 受实股激励的员工在持股时可能出现因离婚导致夫妻股权分割的情况，最终影响公司经营，公司应通过章程设置受实股激励员工的股权转让限制。

法条索引

《中华人民共和国公司法》

第八十九条 有下列情形之一的，对股东会该项决议投反对票的股东可以请求公司按照合理的价格收购其股权：

（一）公司连续五年不向股东分配利润，而公司该五年连续盈利，并且符合本法规定的分配利润条件；

（二）公司合并、分立、转让主要财产；

（三）公司章程规定的营业期限届满或者章程规定的其他解散事由出现，股东会通过决议修改章程使公司存续。

自股东会决议作出之日起六十日内，股东与公司不能达成股权收购协议的，股东可以自股东会决议作出之日起九十日内向人民法院提起诉讼。

公司的控股股东滥用股东权利，严重损害公司或者其他股东利益的，其他股东有权请求公司按照合理的价格收购其股权。

公司因本条第一款、第三款规定的情形收购的本公司股权，应当在六个月内依法转让或者注销。

第一百五十七条 股份有限公司的股东持有的股份可以向其他股东转让，也可以向股东以外的人转让；公司章程对股份转让有限制的，其转让按照公司章程的规定进行。

第一百六十二条 公司不得收购本公司股份。但是，有下列情形之一的除外：

（一）减少公司注册资本；

（二）与持有本公司股份的其他公司合并；

（三）将股份用于员工持股计划或者股权激励；

（四）股东因对股东会作出的公司合并、分立决议持异议，要求公司收购其股份；

（五）将股份用于转换公司发行的可转换为股票的公司债券；

（六）上市公司为维护公司价值及股东权益所必需。

公司因前款第一项、第二项规定的情形收购本公司股份的，应当经股东会决议；公司因前款第三项、第五项、第六项规定的情形收购本公司股份的，可以按照公司章程或者股东会的授权，经三分之二以上董事出席的董事会会议决议。

公司依照本条第一款规定收购本公司股份后，属于第一项情形的，应当自收购之日起十日内注销；属于第二项、第四项情形的，应当在六个月内转让或者注销；属于第三项、第五项、第六项情形的，公司合计持有的本公司股份数不得超过本公司已发行股份总数的百分之十，并应当在三年内转让或者注销。

上市公司收购本公司股份的，应当依照《中华人民共和国证券法》的规定履行信息披露义务。上市公司因本条第一款第三项、第五项、第六项规定的情形收购本公司股份的，应当通过公开的集中交易方式进行。

公司不得接受本公司的股份作为质权的标的。

《中华人民共和国民法典》

第五百零二条 依法成立的合同，自成立时生效，但是法律另有规定或者当事人另有约定的除外。

依照法律、行政法规的规定，合同应当办理批准等手续的，依照其规定。未办理批准等手续影响合同生效的，不影响合同中履行报批等义务条款以及相关条款的效力。应当办理申请批准等手续的当事人未履行义务的，对方可以请求其承担违反该义务的责任。

依照法律、行政法规的规定，合同的变更、转让、解除等情形应当办理批准等手续的，适用前款规定。

第五百七十九条 当事人一方未支付价款、报酬、租金、利息，或者不履行其他金钱债务的，对方可以请求其支付。

第四章
股东的权责利

导语

在现代企业治理的框架中，股东的权责利构成了公司治理结构的基石，直接影响着企业的稳定与发展。本章将深入剖析股东在企业中的权利、责任与利益分配，特别是围绕股东知情权、查账权等核心议题展开详细探讨。

我们聚焦于股东的知情权，这是股东参与公司管理、监督公司运营不可或缺的基础权利。本章详细阐述了股东知情权是否受入股时间限制的问题，还深入探讨了股东查账权利的行使，这对于股东掌握公司财务状况、防范管理层舞弊具有重要意义。我们不仅分析了股东查账权的行使条件与方式，还通过案例展示了公司在面对股东查账请求时的应对策略及法律救济途径，旨在平衡股东与公司之间的利益冲突，促进公司治理的规范化与透明化。

此外，本章还关注了股东的盈余分配权，即股东作为投资者享有获取公司经济回报的权利。我们分析了股东在何种情况下可以主张分红权利，以及公司盈余分配应遵循的法律原则与实务操作，为股东实现其经济利益提供了法律支持与指导。

第一节 股东利益保护

一、股东的知情权是否受入股时间的限制

股东必知

通过股权转让或者继承、赠与等方式获得公司股权的新股东，能否翻看公司的旧账，查看公司的历史资料呢？笔者认为，这个问题取决于新股东在入股前，公司的财务会计账目、会议记录以及股东会决议等秘密资料，是否与新股东的权益具有关联性。

公司自设立开始，便处于一个动态的、持续的发展过程，正所谓过去决定现在，公司的现状离不开历史的经营管理活动，如果新股东无权查阅公司的历史资料，将导致新股东所获取的公司信息是断层的、片面的，有违股东知情权的立法本意。《公司法》赋予股东通过查阅公司的财务报告、经营决策管理等资料了解公司运营状况的权利，并未对股东的上述权利进行时间上的限制，即只要满足股东的身份资格，便有权查阅公司设立以来的所有秘密文件资料。

以案说法

股东的知情权不受入股时间的限制[①]

2011年12月28日，影业公司依法登记成立。2015年10月29日，股权中心入股成为影业公司的股东。

2017年6月9日，股权中心向影业公司提交查阅公司会计账簿的申

---

① 参见北京市第三中级人民法院（2018）京03民终1465号民事判决书。

请，要求影业公司提供2015年6月11日至2017年6月9日的公司章程、股东会会议记录、董事会会议决议、监事会会议决议和财务会计报告供申请人查阅、复制；提供2015年6月11日至2017年6月9日的会计账簿（包括总账、明细账、日记账和其他辅助性账簿）和会计凭证（含记账凭证、相关原始凭证及作为原始凭证附件入账备查的有关资料）供申请人查阅。

影业公司认为，股权中心在2015年10月29日之前未被登记为公司的股东，无权行使此期限之前的股东知情权，故拒绝提供完整的财务会计报告以及董事会决议的原件供股权中心查阅并复制。于是，股权中心将影业公司起诉到法院。

【判词摘录】

◆法律设立股东知情权的立法本意是为了让股东充分掌握公司信息、管理活动及风险状况，从而监督公司管理层，保护股东的合法权益。只有股东对公司全部的运营状况充分掌握，对公司的历史全面了解，才能有效行使股东的其他权利并履行股东义务。故股权中心有权了解影业公司在此之前的经营管理情况，影业公司关于股权中心自被登记为股东之后方有权行使股东知情权的抗辩意见，法院不予采纳。

【律师支招】

1. 知情权是《公司法》赋予股东的一项基础性的固有权利，新股东只要在登记机关完成股权登记，具备股东的身份，即有权查阅公司设立以来的全部会计账簿等资料。但知情权的行使并非随意、无程序的，新股东行使股东知情权与其他原股东行使股东知情权一样，应满足向公司申请的前置程序。

2. 为了减少入股以后，新股东知情权的行使受阻碍而引发矛盾纠纷，笔者建议，新股东在办理股权转让以及变更《公司章程》的同时，对《公司章程》规定的股东知情权的内容进一步明确，包括股东知情权的行使方式、行使范围及主体资格等，以保障知情权的合法行使。

法条索引

《中华人民共和国公司法》

第五十七条 股东有权查阅、复制公司章程、股东名册、股东会会议记录、董事会会议决议、监事会会议决议和财务会计报告。

股东可以要求查阅公司会计账簿、会计凭证。股东要求查阅公司会计账簿、会计凭证的，应当向公司提出书面请求，说明目的。公司有合理根据认为股东查阅会计账簿、会计凭证有不正当目的，可能损害公司合法利益的，可以拒绝提供查阅，并应当自股东提出书面请求之日起十五日内书面答复股东并说明理由。公司拒绝提供查阅的，股东可以向人民法院提起诉讼。

股东查阅前款规定的材料，可以委托会计师事务所、律师事务所等中介机构进行。

股东及其委托的会计师事务所、律师事务所等中介机构查阅、复制有关材料，应当遵守有关保护国家秘密、商业秘密、个人隐私、个人信息等法律、行政法规的规定。

股东要求查阅、复制公司全资子公司相关材料的，适用前四款的规定。

第一百一十条 股东有权查阅、复制公司章程、股东名册、股东会会议记录、董事会会议决议、监事会会议决议、财务会计报告，对公司的经营提出建议或者质询。

连续一百八十日以上单独或者合计持有公司百分之三以上股份的股东要求查阅公司的会计账簿、会计凭证的，适用本法第五十七条第二款、第三款、第四款的规定。公司章程对持股比例有较低规定的，从其规定。

股东要求查阅、复制公司全资子公司相关材料的，适用前两款的规定。

上市公司股东查阅、复制相关材料的，应当遵守《中华人民共和国证券法》等法律、行政法规的规定。

《最高人民法院关于适用〈中华人民共和国公司法〉若干问题的规定（四）》

第七条 股东依据公司法第三十三条、第九十七条①或者公司章程的规定，起诉请求查阅或者复制公司特定文件材料的，人民法院应当依法予以受理。

公司有证据证明前款规定的原告在起诉时不具有公司股东资格的，人民法院应当驳回起诉，但原告有初步证据证明在持股期间其合法权益受到损害，请求依法查阅或者复制其持股期间的公司特定文件材料的除外。

二、股东行使知情权中的查账权与公司应对方案

股东必知

股东查阅、复制相关公司材料的权利称为"股东知情权"。《公司法》第57条规定："股东有权查阅、复制公司章程、股东名册、股东会会议记录、董事会会议决议、监事会会议决议和财务会计报告。股东可以要求查阅公司会计账簿、会计凭证。股东要求查阅公司会计账簿、会计凭证的，应当向公司提出书面请求，说明目的……"即股东可以通过查阅、复制前述材料的方式行使自己的知情权，公司不能拒绝。同时，股东针对公司的全资子公司也可以行使上述权利。

需要注意的是，所谓行使"股东知情权"，并不是股东可以要求公司出具任何材料，如公司的商业机密文件，项目、业务或客户资料等，公司有权拒绝提供给股东查阅并复制。股东可以查阅及复制的范围仅限于法律所规定的"公司章程、股东名册、股东会会议记录、董事会会议决议、监

---

① 现为《公司法》第57条、第110条。

事会会议决议和财务会计报告"。而其中财务会计报告的查阅和复制、会计账簿和会计凭证的查阅（即俗称的股东查账权）对股东和公司来说都尤为重要。

为了平衡股东与公司的利益，法律规定对于公司会计账簿、会计凭证，股东仅可以有条件地按照法律规定的手续提出申请要求查阅（不允许复制）。实践中，公司和股东往往会因为能否让股东查询会计账簿、会计凭证产生纠纷。因为会计账簿是以会计凭证为依据，对公司全部经济业务进行全面、系统、连续、分类记录和核算的簿籍，其中记载的信息关系到公司的存亡，会计凭证作为记录经济业务发生或完成的书面证明，则可以直观反映企业的经济业务，两相结合即可成为公司经营状况的"晴雨表"。《公司法》还赋予了股东委托第三方中介机构进行查阅的权利，部分股东很可能会利用专业机构发现公司财务"漏洞"，向竞争对手通报信息损害公司合法利益。因此，法律对于股东查询会计账簿、会计凭证设定了较为苛刻的前提条件。

如果公司可以证明股东查阅公司会计账簿、会计凭证具有损害公司合法利益的不正当目的，可拒绝提供会计账簿、会计凭证给股东查阅，反之则不可拒绝。所以证明"股东查询会计账簿具有不正当目的"成为公司在股东知情权诉讼中制胜的关键。

以案说法

1. 股东起诉要求查阅会计账簿，视为向公司提出申请

刘某和屈某是某电器厂的其中两位股东。2006年1月，刘某和屈某向法院提起诉讼要求查阅自2002年起公司的财务资料（包括财务会计报告、会计账簿、原始凭证、销售发票），他们认为公司财务报表中所记载的部分数据与实际经营状况严重不符。电器厂认为，刘某和屈某没有根据法律规定的程序提出申请，因此拒绝两人的查阅申请。电器厂在法庭上并没有说明拒绝两人查阅的理由和提交相应证据证明。

【律师评析】

《公司法》规定股东要求查阅公司会计账簿的，应当向公司提出书面申请，说明目的。公司有合理依据认为股东查阅公司会计账簿有不正当目的，可能损害公司合法利益的，可以拒绝提供查阅，并应当自股东提出书面请求之日起15日内书面答复股东并说明理由。该规定的实质在于给予股东和公司以均衡的权利，在保护股东知情权的同时，给予公司相应的抗辩权。

刘某、屈某在起诉前没有向电器厂提出书面申请，要求查阅该公司的会计报告和会计账簿等财务资料，现刘某、屈某的起诉可视为已经向电器厂提出了书面申请。电器厂在接收起诉状后，在合理的时间内没有向刘某、屈某以"合理的拒绝理由"作出书面答复。同时没有提供财务资料给刘某、屈某。如果要求刘某、屈某重新提出书面要求，则势必会造成累讼及司法资源的浪费。因此，电器厂应向刘某、屈某提供财务账簿以供查阅。

2. 会计报告可查阅、复制，会计账簿和会计凭证只可查阅不可复制[①]

刘某在某设计公司担任给排水专业工程师，早年因工作出色，公司决定奖励其持有2%的公司股权。

几年后，刘某因与设计公司其他股东不和，从公司离职。但离职时并未对其所持有的公司股权进行处理。离职后，刘某认为公司欠发其在职期间的提成，且认为公司欠发提成的原因是公司未向其明确计算提成所依据的合同对应公司的实际收款情况，于是提起劳动仲裁。

劳动争议案件处理期间，刘某以其股东身份，提起了股东知情权诉讼，要求查阅公司2016年6月26日至2021年6月30日的公司会计账簿、股东会决议、财务会计报告等资料，希望能通过查阅公司资料找到对自己劳动案件有利的证据。

[①] 参见广州市中级人民法院（2022）粤01民终8492号民事判决书。

【判词摘录】

◆根据《会计法》第 9 条第 1 款、第 14 条第 1 款、第 15 条的规定，会计账簿是以会计凭证为依据编制，会计凭证包括原始凭证和记账凭证。会计凭证是制作会计账簿的基础，会计账簿是根据会计准则对会计凭证进行综合形成的结果，故会计凭证和会计账簿在内容上具有对应性，二者是对公司同一经营活动过程的两种不同的表现形式。如公司严格按照会计准则制作会计账簿，二者在内容上不应有本质性区别。但相对而言，会计凭证作为公司经营活动过程中形成的原始资料，更为客观。因而，允许股东查阅会计凭证，不会给公司造成重大不利益，反而有利于股东核验会计账簿的真实性和完整性，实质性保障股东知情权的实现，避免立法目的落空。在此限度内，公司负有容忍和配合义务。

◆设计公司应将 2016 年 6 月 26 日至 2021 年 6 月 30 日的公司章程、股东会会议记录、董事会会议决议和财务会计报告（含会计报表、会计报表附注、财务情况说明书、资产负债表、损益表、财务状况变动表、利润分配表）置备于登记住所地，供刘某及其委托的执业律师、会计师查阅，并供刘某复制，查阅、复制时间为自查阅、复制之日起不超过 15 个工作日。

◆设计公司应将 2016 年 6 月 26 日至 2021 年 6 月 30 日的会计账簿（含总账、明细账、日记账和其他辅助性账簿）和会计凭证（含原始凭证、记账凭证及作为原始凭证附件入账备查的有关资料）置备于公司登记住所地，供刘某及其委托的执业律师、会计师查阅，查阅时间为自查阅之日起不超过 15 个工作日。

律师支招

1. 证明股东查阅会计账簿具有不正当目的的关键之一在于证明股东自营或者为他人经营与公司主营业务有实质性竞争关系的业务。一般是指证明股东自身所经营的业务，既包括股东本身所从事的业务，也包括股东投资的其他公司所从事的业务，或者帮助公司的竞争者或第三方经营的业务与公司之间存在利益冲突。实践中一般通过比对两家公司的经营范围是否存在交叉重叠，以及两家公司面对的客户群体是否一致进行判断。若前述两者皆一致，除非公司章程或者全体股东存在特殊约定进行明确，否则股东查阅会计账簿大概率会被认定为存在不正当目的，则公司有权拒绝其查阅。

2. 公司可以提供证据证明股东为了向他人通报有关信息而查阅公司会计账簿且可能损害公司合法利益的，或3年内曾通过查询会计账簿损害公司利益的，有权拒绝股东查阅会计账簿。

因为会计账簿是对公司全部经济业务进行全面、系统、连续、分类记录和核算的簿籍，会计账簿的内容如泄露给竞争者或第三方，容易给公司造成严重损害。

3. 会计账簿、会计凭证的查阅涉及公司经营活动过程中形成的原始资料，因原始凭证和记账凭证具有不可再生性，因此，即便允许股东查阅会计账簿、会计凭证，公司也有权监督其查阅过程，且有权制止股东进行查阅以外的行为，包括但不限于复制、翻拍等。

《公司法》规定"股东知情权"旨在维护公司股东了解公司信息的权利，而非允许股东利用合法权利牟取不正当利益，即便允许股东查询会计账簿、会计凭证，也只是为了让股东了解公司的财务状况，所以股东是无权在查阅过程中复制、翻拍的。因此，公司在执行让股东查阅会计账簿、会计凭证的过程中有权制止股东超出查阅范围外的行为。如果发现股东确实通过查阅会计账簿、会计凭证为自身牟取不正当利益，应通过拍照、录像等方式固定证据，再以股东查阅会计账簿、会计凭证具有不正当目的为由拒绝其查询。

笔者在一宗涉及股东查阅公司会计账簿、会计凭证的执行案件中代理公司一方。在执行前建议公司先对日后股东查阅材料的会议室安装监控摄像头便于取证，在股东查阅材料期间，公司通过监控发现股东有偷拍会计凭证行为，立即向执行法官进行报告，法院暂停执行并向股东告诫查阅纪律，并在后续的执行中要求股东仅能通过摘抄的方式进行查阅。

4. 股东要求行使股东知情权，需要根据法律规定的程序提出申请，当公司违反法定程序时，方可以向法院起诉主张权利。对于股东没有按照程序要求向公司提出书面申请而直接向法院起诉的情况，目前有很多法院会以提起诉讼即视为向公司主张行使知情权且避免诉累为由，认定股东行使知情权的程序有效；但也还是会有法院认为股东没有在诉前行使法定程序而判其败诉。笔者建议股东在诉前还是尽量依据法律的规定和程序提出申请，实在迫不得已且情况紧急需要直接起诉的，为避免败诉，也应尽量向法院提交相关认定"股东起诉即视为提起行使知情权"的案例以争取法官的支持。

法条索引

《中华人民共和国公司法》

第五十七条 股东有权查阅、复制公司章程、股东名册、股东会会议记录、董事会会议决议、监事会会议决议和财务会计报告。

股东可以要求查阅公司会计账簿、会计凭证。股东要求查阅公司会计账簿、会计凭证的，应当向公司提出书面请求，说明目的。公司有合理根据认为股东查阅会计账簿、会计凭证有不正当目的，可能损害公司合法利益的，可以拒绝提供查阅，并应当自股东提出书面请求之日起十五日内书面答复股东并说明理由。公司拒绝提供查阅的，股东可以向人民法院提起诉讼。

股东查阅前款规定的材料，可以委托会计师事务所、律师事务所等中介机构进行。

股东及其委托的会计师事务所、律师事务所等中介机构查阅、复制有关材料，应当遵守有关保护国家秘密、商业秘密、个人隐私、个人信息等法律、行政法规的规定。

股东要求查阅、复制公司全资子公司相关材料的,适用前四款的规定。

第一百一十条 股东有权查阅、复制公司章程、股东名册、股东会会议记录、董事会会议决议、监事会会议决议、财务会计报告,对公司的经营提出建议或者质询。

连续一百八十日以上单独或者合计持有公司百分之三以上股份的股东要求查阅公司的会计账簿、会计凭证的,适用本法第五十七条第二款、第三款、第四款的规定。公司章程对持股比例有较低规定的,从其规定。

股东要求查阅、复制公司全资子公司相关材料的,适用前两款的规定。

上市公司股东查阅、复制相关材料的,应当遵守《中华人民共和国证券法》等法律、行政法规的规定。

《中华人民共和国会计法》

第十三条第一款 会计凭证、会计账簿、财务会计报告和其他会计资料,必须符合国家统一的会计制度的规定。

第十四条第一款 会计凭证包括原始凭证和记账凭证。

三、股东会未作出分红决议,股东能否直接起诉公司要求分红

> 股东必知

公司盈余分配权是股东所享有的一项重要权利,是指股东基于其股东资格和地位依法享有的请求公司按照自己的持股比例向自己分配利润的权利。在实践中,经常会发生股东投资后,即使公司处于盈利状态,仍然无法获得预期的利益分配的情况,例如一些公司的大股东会通过控制股东会决议的方式不通过盈余分配方案。

根据《公司法》第59条第1款第4项、第67条第2款第4项的规定,公司分配利润,由董事会制定分配方案,股东会负责审批。因此,公司是

否分配利润、如何进行分配均属于公司自治的范畴，正常情况下法院无权干涉。根据《最高人民法院关于适用〈中华人民共和国公司法〉若干问题的规定（四）》（以下简称《公司法解释（四）》）第15条的规定，一般情况下如果公司的股东请求公司分配利润，却不能提交公司有关利润分配的决议，法院会驳回该股东的诉讼请求。但大股东排挤、压榨小股东，以及董事会等内部人员控制公司等常见因素，导致公司不分配利润并引发诉讼的情况越来越多，为了保护小股东的利益，《公司法解释（四）》第15条同时也规定如果股东能够证明存在"违反法律规定滥用股东权利导致公司不分配利润，给其他股东造成损失"的情形，股东可以向法院起诉请求公司分配利润。

以案说法

公司股东滥用股东权利损害其他股东利润分配权的，其他股东可起诉要求公司分配利润[①]

陈某、许某、邓某甲、邓某乙是昂某公司的股东。2016年，陈某和许某通过查阅公司的股东会会议记录、财务文件等资料后发现，公司在盈利的状况下通过召开股东会的方式，作出了2014年度和2015年度不分红的决议（股东会决议上只有邓某甲和邓某乙的签名）。陈某和许某以公司损害股东权利为理由向法院提起诉讼，要求公司对2014年度与2015年度的盈利进行分红。

【判词摘录】

◆公司股东会决议上仅有两名股东的签名，昂某公司未举证证明其向全体股东发出过召开股东会的通知，也未举证明确实召开了股东会，故法院认定公司未召开过股东会，相应的股东会决议不成立。

◆公司在陈某行使知情权时设置障碍，导致陈某不得不通过司法救济

---

① 参见深圳市中级人民法院（2018）粤03民终18665号民事判决书。

途径行使知情权,且公司在执行案件中提供与实际经营状况相悖的利润表,制作了并未召开股东会的关于不予分配 2014 年度、2015 年度利润的决议,因此,公司的股东构成滥用股东权利,损害了陈某作为股东所应当享有的利润分配权,故法院认为陈某有权请求公司分配 2014 年度、2015 年度利润。

> 律师支招

1. 股东起诉要求公司分配利润的纠纷案件很常见,但是股东胜诉的概率相对较小,原因在于股东只看到了法律赋予的利润分配权利而忽略了适用条件,即股东提起诉讼必须有前置的内部程序:董事会制定利润分配方案并经股东会表决通过。如果没有股东会决议,股东必须证明公司有可供分配的利润以及存在"违反法律规定滥用股东权利导致公司不分配利润,给其他股东造成损失"的情形。

2. 对于如何判断"违反法律规定滥用股东权利导致公司不分配利润,给其他股东造成损失"的情况,相关专家的观点可供参考:"从司法实践来看,股东控制公司从事下列行为之一的,可以认定为滥用股东权利:给在公司任职的股东或者其指派的人发放与公司规模、营业业绩、同行业薪酬水平明显不符的过高薪酬,变相给该股东分配利润的;购买与经营不相关的服务或者财产供股东消费或者使用,变相给该股东分配利润的;为了不分配利润隐瞒或者转移公司利润的。"[①] 对此,股东需要根据实际情况进行充分的调查与举证,否则将面临败诉的风险。

> 法条索引

《中华人民共和国公司法》

第四条 有限责任公司的股东以其认缴的出资额为限对公司承担责

[①] 杜万华主编、最高人民法院民事审判第二庭编:《商事审判指导》2017 年第 1 辑,人民法院出版社 2018 年版,第 32 页。

任；股份有限公司的股东以其认购的股份为限对公司承担责任。

公司股东对公司依法享有资产收益、参与重大决策和选择管理者等权利。

第五十九条 股东会行使下列职权：

……

(四) 审议批准公司的利润分配方案和弥补亏损方案；

……

对本条第一款所列事项股东以书面形式一致表示同意的，可以不召开股东会会议，直接作出决定，并由全体股东在决定文件上签名或者盖章。

第六十七条 有限责任公司设董事会，本法第七十五条另有规定的除外。

董事会行使下列职权：

……

(四) 制订公司的利润分配方案和弥补亏损方案；

……

第二百二十七条 有限责任公司增加注册资本时，股东在同等条件下有权优先按照实缴的出资比例认缴出资。但是，全体股东约定不按照出资比例优先认缴出资的除外。

股份有限公司为增加注册资本发行新股时，股东不享有优先认购权，公司章程另有规定或者股东会决议决定股东享有优先认购权的除外。

《最高人民法院关于适用〈中华人民共和国公司法〉若干问题的规定 (四)》

第十四条 股东提交载明具体分配方案的股东会或者股东大会的有效决议，请求公司分配利润，公司拒绝分配利润且其关于无法执行决议的抗辩理由不成立的，人民法院应当判决公司按照决议载明的具体分配方案向股东分配利润。

第十五条 股东未提交载明具体分配方案的股东会或者股东大会决

议，请求公司分配利润的，人民法院应当驳回其诉讼请求，但违反法律规定滥用股东权利导致公司不分配利润，给其他股东造成损失的除外。

四、公司增资扩股，原股东股权"被迫"稀释应如何应对

股东必知

公司增资扩股，会让原股东的股权被稀释，所持有的股权比例降低。原股东因股权被稀释而提起诉讼的案件不在少数，该类诉讼案件的发生主要是因为公司增资程序有瑕疵，原股东对公司增资的情况并不知情，在增资后原股东因持股比例减少而导致将来所获得的分红相应减少，且表决权的比例也有所降低。

增加注册资本属于公司的重大事项，需要合法地召开股东会并通过决议作出决定。如果股东会的召集和表决程序有瑕疵，不同意增资的股东可以向法院提起诉讼要求撤销股东会所作出的决议，以确保自己的股权不被稀释。

以案说法

1. 对增资不知情的股东可以起诉要求确认其持股比例并维持增资前的股权比例

2004年，黄某与另外五人共同设立了宏某公司，公司注册资本为400万元，其中黄某出资80万元，持股比例为20%。

2006年，宏某公司向登记机关提交股东会决议，决议中载明现注册资本由400万元变更为1500万元，由新某公司出资1100万元。宏某公司增资后，黄某持股比例从原来的20%降低为5.33%。

黄某在得知自己股权被稀释后向法院起诉，称自己并没有参加公司股东会，股东会决议上的签名并非自己所签，是伪造的，请求法院确认其持有宏某公司20%的股权。

经笔迹鉴定，股东会决议黄某的签名确实并非其本人所签。

【律师评析】

宏某公司设立时，黄某依法持有该公司 20% 股权。在黄某没有对其股权作出处分的前提下，除非宏某公司进行了合法的增资，否则黄某的持股比例不应当降低。

现经过笔迹鉴定，黄某并没有在有关增资的股东会决议文件中签名，不能依据书面的股东会决议来认定黄某知道增资的情况。在没有证据证明黄某明知且在股东会上签名同意宏某公司增资至 1500 万元的情况下，对宏某公司设立时的股东而言，该增资行为无效，且对黄某没有法律约束力，不应以变更登记后的 1500 万元注册资本金额来降低黄某在宏某公司的持股比例，而仍旧应当依照 20% 的股权比例在股东内部进行股权分配。

2. 增资时原股东可按照实缴注册资本的比例主张优先购买权

某公司成立于 2008 年，注册资本为 100 万元，约定全体股东按照实缴的出资比例享受相关权益。其中胡某认缴 10 万元，占 10% 的股权，但胡某仅实缴了 2 万元，约定于 2022 年 12 月 31 日前缴足。2021 年，公司将注册资本增加到 500 万元，胡某在增资事宜的股东会上提出自己有权按照 10% 的比例优先购买新增股权。

【律师评析】

《公司法》第 227 条第 1 款规定："有限责任公司增加注册资本时，股东在同等条件下有权优先按照实缴的出资比例认缴出资。但是，全体股东约定不按照出资比例优先认缴出资的除外。"在本案中，就新增的注册资本 400 万元，公司章程并没有关于全体股东不按照实际出资比例优先认缴出资的特别约定，而胡某在公司注册资本中仅实缴了 2 万元。所以根据法律规定，胡某可以按照 2% 而非 10% 的比例优先认购公司新增股权。

律师支招

1. 公司增加注册资本属于重大事项，《公司法》规定重大事项需要召开股东会且须经三分之二以上表决权的股东同意才能通过。如果股东会决议存在瑕疵,股权被稀释的股东可以向法院起诉确认股东会决议无效并确认维持增资前的持股比例。

2. 公司新增加注册资本时,股东有权优先按照实缴的出资比例认购新增股权以保持自己的股权在公司增资后不被稀释。但需注意的是,主张优先认购新增股权的前提是需实缴原注册资本,所以股东对原公司注册资本实缴到位是保障自己权益的一个重要条件。

> 法条索引

《中华人民共和国公司法》

第六十六条 股东会的议事方式和表决程序,除本法有规定的外,由公司章程规定。

股东会作出决议,应当经代表过半数表决权的股东通过。

股东会作出修改公司章程、增加或者减少注册资本的决议,以及公司合并、分立、解散或者变更公司形式的决议,应当经代表三分之二以上表决权的股东通过。

第二百二十七条 有限责任公司增加注册资本时,股东在同等条件下有权优先按照实缴的出资比例认缴出资。但是,全体股东约定不按照出资比例优先认缴出资的除外。

股份有限公司为增加注册资本发行新股时,股东不享有优先认购权,公司章程另有规定或者股东会决议决定股东享有优先认购权的除外。

五、公司权利受到损害,股东能否代表公司起诉

> 股东必知

一般情况下,公司的权利受到损害,需以公司的名义向法院提出诉讼。但在实践中,往往存在大股东操纵公司董事、监事、高级管理人员损

害公司利益的情形,此时如果要求以公司名义提起诉讼,显然并不可行。于是,法律赋予了股东在特定条件下可以代表公司提起诉讼的权利。

股东代表诉讼是指当公司的合法权益受到侵害,而公司怠于行使诉权时,具有法定资格的股东以自己的名义,为了公司的利益追究责任人的责任而提起的诉讼。

为了防止个别股东随意滥用此项诉讼权利,《公司法》第189条明确规定,有资格提出股东代表诉讼的股东有两个条件:一是有限责任公司的股东,二是股份有限公司连续180日以上单独或者合计持有公司1%以上股份的股东。

同时,股东代表诉讼,还有严格的前置条件,公司董事、高级管理人员损害公司权利的,有权提出股东代表诉讼的股东应当先行书面请求监事会向法院提起诉讼;监事损害公司权利的,前述股东可以书面请求董事会向法院提起诉讼。只有当董事会、监事会收到股东书面请求后拒绝提起诉讼,或者自收到请求之日起30日内未提起诉讼时,股东方能提起股东代表之诉。但是,若情况紧急、不立即提起诉讼将会使公司利益受到难以弥补的损害,相关股东有权直接提起诉讼。当公司董事、监事、高级管理人员或他人损害公司利益时,由于公司内部组织机构失灵,或公司董事、监事怠于行使权利等原因,代表公司进行意思表示的机关拒不以公司名义提起诉讼的,股东可以自己名义直接提起诉讼,维护公司权利。

以案说法

1. 股东代表诉讼,应当经过前置程序

朱某曾为亚某公司董事长,后被免职,任公司董事,甘某任亚某公司董事长。汇某公司是亚某公司的股东,其认为朱某在任职亚某公司董事长期间,损害公司利益,侵占公司财产200多万元。于是,汇某公司向亚某公司董事会及董事长甘某提出,要求起诉朱某,但最终遭到拒绝。汇某公司便直接对朱某提起诉讼,朱某则主张,股东汇某公司未向亚某公司监事会或监事提起书面请求，未履行法定前置程序，无权提起股东代表诉讼。

【律师评析】

《公司法》规定，公司董事、高级管理人员侵害公司权益的，有限责任公司的股东应当首先书面请求监事会或执行监事向人民法院提起诉讼。此处的董事、高级管理人员等系指被控侵权行为发生时的在职董事、高级管理人员等。

本案因汇某公司认为朱某担任董事长期间存在侵害公司利益的行为而发生。故汇某公司的起诉属于上述条款规定的情形，应当适用监事前置程序，汇某公司应当首先提请亚某公司监事提起诉讼。其直接向法院起诉违反《公司法》的规定，不能得到法院的支持。

2. 如"前置程序"客观上无法完成，股东可直接提起股东代表诉讼①

中某公司由李某、周某、刘某三人共同成立，分别占股34%、33%、33%。李某为法定代表人，刘某为董事长兼任财务工作，周某为公司监事兼任总经理，中某公司长期以来由周某、刘某二人实际控制并经营。

后李某发现周某、刘某二人存在损害公司利益的行为，于是向法院提起诉讼。周某、刘某则认为李某未履行前置程序，即先书面要求董事会提起诉讼，无权提起股东代表诉讼。

【判词摘录】

◆《公司法》设定了股东代位诉讼的前置程序。其目的在于，尽可能地尊重公司内部治理，通过前置程序使公司能够了解股东诉求并自行与有关主体解决相关纠纷，避免对公司治理产生不当影响。

◆通常情况下，只有经过了前置程序，公司有关机关决定不起诉或者怠于提起诉讼，股东才有权提起代位诉讼。但中某公司的三名董事，分别是李某与周某、刘某，周某还兼任中某公司监事，客观上，中某公司监事以及除李某之外的其他董事会成员皆为被告，与案涉纠纷皆有利害关系。

---

① 参见最高人民法院（2015）民四终字第54号民事裁定书。

为及时维护公司利益，在本案的特殊情况下，应予免除李某履行前置程序的义务。

◆本案中李某并不掌握公司公章，难以证明自身的法定代表人身份，故其以公司名义提起诉讼在实践中确有困难。如不允许其选择股东代位诉讼，将使其丧失救济自身权利的合理途径。法院确认李某有权提起股东代位诉讼。

律师支招

1. 股东提起代表诉讼需履行法定前置程序，该前置程序属于强制性义务，只有在例外情况下方能免除。司法实践中，大量案件因为未履行法定前置程序而被驳回起诉。因此，笔者建议股东可同时向公司董事会、监事会发出要求起诉的函件，以穷尽公司内部救济措施，以避免影响后续的起诉主体资格。

2. 如果情况紧急、不立即提起诉讼将会使公司利益受到难以弥补的损害，相关股东有权直接提起诉讼，即不需要履行法定前置程序，如"股东不立即提起诉讼将导致诉讼时效经过，来不及履行前置程序"的情形。

3. 股东代表诉讼的前置程序是针对公司治理的一般情况，即在股东向公司提出书面申请时存在有关机关提起诉讼的可能性，如公司有关机关已经被侵害人控制或与侵害人有利害关系，则该前置程序既没有客观实现的基础，亦无履行的必要。此时，也可免除股东前置程序义务。

4. 在情况紧急或客观上无法寻求公司内部救济时，股东可直接以自己的名义代表公司起诉侵害人，但需向法院举证已经符合情况紧急或无法寻求内部救济的条件。

法条索引

《中华人民共和国公司法》

第一百八十九条 董事、高级管理人员有前条规定的情形的，有限责任公司的股东、股份有限公司连续一百八十日以上单独或者合计持有公司百分之一以上股份的股东,可以书面请求监事会向人民法院提起诉讼;监事有前条规定的情形的,前述股东可以书面请求董事会向人民法院提起诉讼。

监事会或者董事会收到前款规定的股东书面请求后拒绝提起诉讼,或者自收到请求之日起三十日内未提起诉讼,或者情况紧急、不立即提起诉讼将会使公司利益受到难以弥补的损害的,前款规定的股东有权为公司利益以自己的名义直接向人民法院提起诉讼。

他人侵犯公司合法权益,给公司造成损失的,本条第一款规定的股东可以依照前两款的规定向人民法院提起诉讼。

公司全资子公司的董事、监事、高级管理人员有前条规定情形,或者他人侵犯公司全资子公司合法权益造成损失的,有限责任公司的股东、股份有限公司连续一百八十日以上单独或者合计持有公司百分之一以上股份的股东,可以依照前三款规定书面请求全资子公司的监事会、董事会向人民法院提起诉讼或者以自己的名义直接向人民法院提起诉讼。

《最高人民法院关于适用〈中华人民共和国公司法〉若干问题的规定(四)》

第二十三条 监事会或者不设监事会的有限责任公司的监事依据公司法第一百五十一条第一款[①]规定对董事、高级管理人员提起诉讼的,应当列公司为原告,依法由监事会主席或者不设监事会的有限责任公司的监事代表公司进行诉讼。

董事会或者不设董事会的有限责任公司的执行董事依据公司法第一百五十一条第一款规定对监事提起诉讼的,或者依据公司法第一百五十一条第三款[②]规定对他人提起诉讼的,应当列公司为原告,依法由董事长或者执行董事代表公司进行诉讼。

---

① 现为《公司法》第189条第1款,下同。
② 现为《公司法》第189条第3款。

六、关联交易损害股东利益的处理方式

股东必知

《公司法》及相关司法解释并没有完全禁止公司之间进行关联交易，关联交易如果程序合法、对价公允且没有侵害股东或第三方合法权益，通常是合法有效的；但如果利用不公允的价格在关联方之间输送利益，会导致公司遭受经济上的损失，进而损害公司股东或第三方的利益，则会被法律所禁止。

2023年修订的《公司法》在2018年《公司法》的基础上扩大了关联交易的内容，增加了关联交易的报告义务和回避表决规则，其中第182条第1款规定："董事、监事、高级管理人员，直接或者间接与本公司订立合同或者进行交易，应当就与订立合同或者进行交易有关的事项向董事会或者股东会报告，并按照公司章程的规定经董事会或者股东会决议通过。"此外，关联交易的主体进一步扩大到董事、监事、高级管理人员的近亲属，董事、监事、高级管理人员或者其近亲属直接或者间接控制的企业，以及与董事、监事、高级管理人员有其他关联关系的关联人，当上述人员实施关联交易损害公司利益时，依照《公司法》及相关司法解释规定，公司其他股东可以请求公司董事会（或不设董事会的执行董事）、监事会（或不设监事会的监事）向法院起诉，若公司怠于行使权利，股东可以提起代位诉讼，要求实施关联交易的人员赔偿公司损失。

在实践操作中，原告最难的是需要举证证明关联交易损害公司或股东的利益。原告如果没有办法举证证明，就会面临很高的败诉风险。

以案说法

股东起诉要求确认关联交易无效,需证明关联交易损害了公司或其他股东的利益[①]

东某公司由A公司、B公司、C公司及D公司四股东成立。东某公司某日召开了董事会并决议通过收购东某公司其中一位董事贾某名下的海某公司的议案,并决议由东某公司法定代表人负责组织收购工作及签署相关收购文件。

A公司和B公司两位股东认为公司的董事会决议侵害了股东的利益,起诉要求确认董事会决议无效。

【判词摘录】

◆东某公司董事会、股东会作出关于收购海某公司并授权法定代表人组织收购工作的决议,参与表决的董事及股东代表与决议事项有关联关系,确属于公司关联交易。但涉及关联交易的决议是否无效,须判定公司决议是否系股东滥用股东权利,以及是否损害公司或其他股东利益。

◆就案涉决议内容而言,其中关于收购海某公司并授权法定代表人组织收购工作的内容并未涉及具体的交易条件等事项,现有证据不能证明该决议内容损害了公司或其他股东的利益。

律师支招

不当的关联交易会给公司造成经济损失,也损害股东的利益。为防止控股股东或公司实际控制人通过关联交易获利而损害公司和其他股东利益,公司应当在章程或者相关制度文件中对关联交易作出特别约定,建立关于关联交易的风险防控方案。例如,可以在公司章程中约定对关联交易事项进行专门的提案和表决程序,确保关联交易能做到公平公正。同时也

[①] 参见最高人民法院(2017)最高法民终416号民事判决书。

可以设置特别的条款明确当关联交易损害股东利益时，股东有哪些救济措施，如赔偿金额的计算方式、回购股权的相关规定等。

法条索引

《中华人民共和国公司法》

第二十二条 公司的控股股东、实际控制人、董事、监事、高级管理人员不得利用关联关系损害公司利益。

违反前款规定，给公司造成损失的，应当承担赔偿责任。

第二百六十五条 本法下列用语的含义：

（一）高级管理人员，是指公司的经理、副经理、财务负责人，上市公司董事会秘书和公司章程规定的其他人员。

（二）控股股东，是指其出资额占有限责任公司资本总额超过百分之五十或者其持有的股份占股份有限公司股本总额超过百分之五十的股东；出资额或者持有股份的比例虽然低于百分之五十，但依其出资额或者持有的股份所享有的表决权已足以对股东会的决议产生重大影响的股东。

（三）实际控制人，是指通过投资关系、协议或者其他安排，能够实际支配公司行为的人。

（四）关联关系，是指公司控股股东、实际控制人、董事、监事、高级管理人员与其直接或者间接控制的企业之间的关系，以及可能导致公司利益转移的其他关系。但是，国家控股的企业之间不仅因为同受国家控股而具有关联关系。

《最高人民法院关于适用〈中华人民共和国公司法〉若干问题的规定（五）》

第一条 关联交易损害公司利益，原告公司依据民法典第八十四条、公司法第二十一条[①]规定请求控股股东、实际控制人、董事、监事、高级

[①] 现为《公司法》第22条。

管理人员赔偿所造成的损失，被告仅以该交易已经履行了信息披露、经股东会或者股东大会同意等法律、行政法规或者公司章程规定的程序为由抗辩的，人民法院不予支持。

公司没有提起诉讼的，符合公司法第一百五十一条第一款①规定条件的股东，可以依据公司法第一百五十一条第二款、第三款②规定向人民法院提起诉讼。

第二条 关联交易合同存在无效、可撤销或者对公司不发生效力的情形，公司没有起诉合同相对方的，符合公司法第一百五十一条第一款规定条件的股东，可以依据公司法第一百五十一条第二款、第三款规定向人民法院提起诉讼。

第二节　股东义务及对公司的影响

一、"对赌协议"中的股东赔偿责任

股东必知

企业，尤其是技术、研发型企业在发展过程中需要资金，除了向银行贷款外，更多的情况下会寻求投资方投资。

投资方向企业投资，当然不会不计回报，因此，投资方会与融资企业及股东签订投资协议，在协议中给融资企业设定具体的"任务"，即融资后需要完成的业绩或应在指定的时间达到某一具体的条件，若融资企业无法完成，则股东需要向投资机构承担合同约定的赔偿责任，这也是大家会

---

① 现为《公司法》第189条第1款，下同。
② 现为《公司法》第189条第2款、第3款、第4款，下同。

将投资协议称为"对赌协议"或将投资协议中的相关条款称为"对赌条款"的原因。

另外，投资方向企业投资，有可能会产生无法获得利益回报甚至无法收回投资本金的风险，因此投资机构会在投资协议中约定有利于自己的退出条款或股权转让条款，以确保自己日后的利益不受损害。

以案说法

1. 融资企业若没有按照投资协议约定完成业绩要求，股东需承担责任

2007年11月1日，海某公司作为投资方与世某公司及股东D签订了《增资协议书》。协议中关于业绩"对赌"部分的内容为：（1）海某公司增资2000万元取得世某公司3.85%的股权。（2）世某公司2008年净利润不低于3000万元；如果世某公司2008年实际净利润完不成3000万元，海某公司有权要求世某公司予以补偿，如果世某公司未能履行补偿义务，海某公司有权要求股东D履行补偿义务。（3）2010年10月20日前上市及相关股权回购约定。

世某公司2008年度实际净利润仅为26858.13元，未达到《增资协议书》约定的该年度承诺净利润额。2009年12月30日，海某公司向法院提起诉讼，要求股东D向其支付补偿款。

【律师评析】

在《增资协议书》中，D对海某公司的补偿承诺并不损害公司及公司债权人的利益，不违反法律法规的禁止性规定，是当事人的真实意思表示，是有效的。D对海某公司承诺了世某公司2008年的净利润目标并约定了补偿金额的计算方法，在世某公司2008年的利润未达到约定目标的情况下，D应当依约应海某公司的请求对其进行补偿。

2. "对赌协议"履行中股东违约，在夫妻共同经营企业的情况下，股东债务属于夫妻共同债务[①]

2011年，某影视公司为了新一轮的融资，与建某文化投资公司签订股权投资协议，约定建某文化投资公司向影视公司投资并持有部分股权，同时影视公司创始人、股东李某与建某文化投资公司签署协议，约定影视公司如果未能在2013年12月31日前实现合格上市，建某文化投资公司有权要求李某一次性收购所持影视公司的股权并另附10%的年复利息。李某与建某文化投资公司签订的这份协议，即"对赌协议"。

2014年，李某突发心梗离世，影视公司陷入混乱，此时与建某文化投资公司的"对赌协议"到期，影视公司"对赌"失败。建某文化投资公司根据协议约定向法院起诉，要求李某的妻子金某为已去世的李某承担2亿元债务。

金某是影视公司的董事，并在李某去世后成了公司的法定代表人。

【判词摘录】

◆"对赌协议"中并未对案涉债务是否属于个人债务进行明确的约定，夫妻关系存续期间，以个人名义所负债务，如约定为个人债务，应当明确写明，在无特别约定的情况下，不能推定为个人债务。

◆金某作为影视公司董事，参与了公司经营，应当知悉李某与建某文化投资公司关于股权回购的协议安排。

◆影视公司的股权是金某与李某婚姻关系存续期间所得的共同所有的财产，建某文化投资公司的投资致使影视公司财产及股东个人的财产同时增值，金某作为配偶一方实际享有了建某文化投资公司投资影视公司所带来的股权溢价收益。李某因经营公司所承诺的回购责任属于夫妻共同债务，符合权利义务一致原则。法院一审、二审终审均判决金某需承担债务。

[①] 参见北京市第一中级人民法院（2016）京01民初481号民事判决书、北京市高级人民法院（2018）京民终18号民事判决书。

律师支招

1. 投资方与融资企业签订投资协议，涉及融资企业股东以个人名义与投资机构进行业绩"对赌"的问题，若融资企业无法完成投资协议中约定的业绩要求，公司债务就会转变为股东个人债务，需要以股东个人的财产进行赔偿。

2. 以股东个人名义签订"对赌协议"，是将公司债务变成股东个人债务，不利于保护股东的个人资产，是一种风险极高的融资方式。一旦项目失败，股东将以个人财产对公司债务承担连带赔偿责任，很有可能涉及夫妻共同债务的承担而导致股东的配偶也一并承担连带赔偿责任。

3. 融资有风险，"对赌"需谨慎。股东在融资前要做好风险评估。在签订投融资协议时，股东应该仔细审查合同条款，不应将焦点只放在金额上面，还应该留意投资方给企业融资所设定的条件以及投资方的退出条款。

4. 为了避免企业融资后股东发生意外事件（如身患重病或意外死亡）而导致投资方撤资或让股东家属承担连带赔偿责任，股东应配置大额的人寿保险，做好风险的对冲，当其意外病逝时，保险公司向股东家属赔付保险金，股东家属则可以通过保险金支付投资方股权转让金或赔偿金，将债务风险有效转移。

法条索引

《中华人民共和国民法典》

第五百零九条 当事人应当按照约定全面履行自己的义务。

当事人应当遵循诚信原则，根据合同的性质、目的和交易习惯履行通知、协助、保密等义务。

当事人在履行合同过程中，应当避免浪费资源、污染环境和破坏生态。

《全国法院民商事审判工作会议纪要》
二、关于公司纠纷案件的审理

......

（一）关于"对赌协议"的效力及履行

实践中俗称的"对赌协议"，又称估值调整协议，是指投资方与融资方在达成股权性融资协议时，为解决交易双方对目标公司未来发展的不确定性、信息不对称以及代理成本而设计的包含了股权回购、金钱补偿等对未来目标公司的估值进行调整的协议。从订立"对赌协议"的主体来看，有投资方与目标公司的股东或者实际控制人"对赌"、投资方与目标公司"对赌"、投资方与目标公司的股东、目标公司"对赌"等形式。人民法院在审理"对赌协议"纠纷案件时，不仅应当适用合同法的相关规定，还应当适用公司法的相关规定；既要坚持鼓励投资方对实体企业特别是科技创新企业投资原则，从而在一定程度上缓解企业融资难问题，又要贯彻资本维持原则和保护债权人合法权益原则，依法平衡投资方、公司债权人、公司之间的利益。对于投资方与目标公司的股东或者实际控制人订立的"对赌协议"，如无其他无效事由，认定有效并支持实际履行，实践中并无争议。但投资方与目标公司订立的"对赌协议"是否有效以及能否实际履行，存在争议。对此，应当把握如下处理规则：

5. ［与目标公司"对赌"］投资方与目标公司订立的"对赌协议"在不存在法定无效事由的情况下，目标公司仅以存在股权回购或者金钱补偿约定为由，主张"对赌协议"无效的，人民法院不予支持，但投资方主张实际履行的，人民法院应当审查是否符合公司法关于"股东不得抽逃出资"及股份回购的强制性规定，判决是否支持其诉讼请求。

投资方请求目标公司回购股权的，人民法院应当依据《公司法》第35条①关于"股东不得抽逃出资"或者第142条②关于股份回购的强制性规定进

---

① 现为《公司法》第53条。
② 现为《公司法》第162条。

行审查。经审查，目标公司未完成减资程序的，人民法院应当驳回其诉讼请求。

投资方请求目标公司承担金钱补偿义务的，人民法院应当依据《公司法》第35条[①]关于"股东不得抽逃出资"和第166条[②]关于利润分配的强制性规定进行审查。经审查，目标公司没有利润或者虽有利润但不足以补偿投资方的，人民法院应当驳回或者部分支持其诉讼请求。今后目标公司有利润时，投资方还可以依据该事实另行提起诉讼。

二、股东为公司融资提供担保的法律风险

股东必知

民营企业、一般的有限责任公司普遍存在融资难、融资贵的问题。公司需要资金，但因为自身实力有限等原因，出资方会要求公司的股东为公司的融资提供担保，通常以股东提供信用担保或者股东提供名下的财产作为抵押物等方式，以达到降低风险的目的，公司也因为有了股东的担保而达到了增加授信额度和降低融资成本的目的。如果股东对公司的融资提供了担保，在公司无法偿还债务时，股东就要为公司的债务承担不可撤销的连带偿还责任；如果股东是自然人且他的担保行为发生在夫妻关系存续期间，股东配偶还会面临承担连带债务的风险。

以案说法

1. 股东为公司借款提供担保，需承担连带偿还责任

新某医药公司于2011年3月向某银行申请贷款3000万元，双方签订《流动资金贷款合同》。合同中约定，如果新某医药公司在贷款期间内出现

[①] 现为《公司法》第53条。
[②] 现为《公司法》第210条。

法律纠纷，银行有权单方面终止贷款并要求新某医药公司提前还贷。

2011年12月，新某医药公司因为与合作伙伴产生经济纠纷，被诉至法院，部分财产被法院冻结。2012年5月7日，银行向新某医药公司主张提前收回贷款，随后向法院提起诉讼。新某医药公司在银行要求提前还贷的当月便没有再按照贷款合同的约定向银行支付利息。

另外在案中，为了帮助新某医药公司顺利取得银行贷款，杨某作为法定代表人的A贸易公司、B贸易公司、科技公司、发展公司四家公司将名下共同拥有的某写字楼的3楼全层的房屋产权作为抵押担保。随后新某医药公司违约无法还贷，银行请求法院判决以产权抵债。

【律师评析】

A贸易公司、B贸易公司、科技公司、发展公司作为某写字楼3楼房产的所有权人，以该房产为新某医药公司与银行的债务作抵押担保，双方之间的抵押关系成立，并合法有效。银行作为上述房产的抵押权人，依法有权从处分上述抵押房产所得的价款中优先受偿。A贸易公司、B贸易公司、科技公司、发展公司承担了担保责任后，有权向新某医药公司追偿。

2. 股东为公司提供担保后，不能单方反悔撤销担保行为

外贸公司为了筹集资金，向资产公司贷款1000万元，陈某是外贸公司的股东，为外贸公司提供等额的担保，并与资产公司签订了《保证合同》，承担连带保证责任。

外贸公司在借款后，因经营上的问题，导致最终无法按照借款合同向资产公司归还欠款，陈某预感资产公司有可能会起诉自己承担连带责任，于是单方向资产公司提出撤销自己的担保责任。

【律师评析】

担保行为在司法审判中适用"禁止反言"原则，股东陈某在之前已经同意提供担保，并签订了《保证合同》。在本案中，除非陈某能证明自己并没有签订《保证合同》，或当初的担保行为是被他人胁迫、因重大误解等原因做出的，否则为了保证债权人的债权，陈某不能撤销自己之前所做出的担保行为。

3. 股东在婚姻关系存续期间为公司债务担保，有被认定为夫妻共同债务的风险[①]

睿某公司因缺少流动资金，向何某借款1000万元，双方签订了借款合同。除了借款合同，何某还与睿某公司的股东陈甲和陈乙签订了担保合同，陈甲与陈乙作为保证人对睿某公司的债务承担连带责任。

后睿某公司未按约归还借款，何某向法院起诉要求睿某公司归还本息，同时起诉陈甲、陈乙及其两人的配偶黄某和姚某承担连带责任。

黄某和姚某认为自己的丈夫在外经营公司及所做的担保行为与自己无关，不应该承担还款责任。

【判词摘录】

◆本案中借款人（即睿某公司）与保证人（即睿某公司股东陈甲与陈乙）间具有关联关系，他们之间的保证不同于普通保证的无偿性。睿某公司的借款虽由陈甲、陈乙担保，但因借款人与保证人间具有关联关系且该担保行为是为了共同生产经营需要，保证人及其家庭亦从该担保行为中受益，故黄某、姚某均应对借款承担连带清偿责任。

律师支招

1. 公司为独立的法人，一般情况下股东无须对公司的债务承担连带责任。股东一旦为公司的债务提供担保，则不得撤销且需要承担连带责任。因此，建议股东先考量公司债务的金额、性质、偿还可能性再决定是否提供担保，以避免加重自身的责任。

2. 因为股东和公司之间具有关联性，在司法实践中法院会认为股东的担保行为是基于共同生产经营的需要，家庭亦从该担保行为中有受益，所以会将该担保责任认定为夫妻共同债务。股东的配偶若不想承担该债务，需要举证证明其于婚姻关系存续期间实行了约定财产制，或者未实际分享

[①] 参见重庆市第一中级人民法院（2016）渝01民申19号民事判决书。

此债务所带来的利益且债权人事先知道其内部约定，或者曾与债权人明确约定案涉担保债务仅是个人债务。

> 法条索引

《中华人民共和国民法典》

第六百八十八条 当事人在保证合同中约定保证人和债务人对债务承担连带责任的，为连带责任保证。

连带责任保证的债务人不履行到期债务或者发生当事人约定的情形时，债权人可以请求债务人履行债务，也可以请求保证人在其保证范围内承担保证责任。

三、股东离婚对公司经营决策的影响

> 股东必知

股东持有的公司股份属于股东的财产，如果股东是已婚人士，则该财产在股东及其配偶未进行特殊约定的情况下，属于夫妻共同财产。如果股东离婚，配偶可以以股份为夫妻共同财产为由要求分割，此时若股东不希望影响公司经营，往往需通过对股权出资折价补偿的方式来解决，如果股东均无资金购买对应的股权，在公司章程无特殊约定的情况下，股东配偶将会成为股东。因此，股东离婚会影响公司的经营和管理。

例如，某网络科技公司在向美国证券交易委员会递交上市申请的第二天，创始人王某的妻子向其提出离婚，为了不影响公司的经营和上市业务，最终王某与妻子达成和解协议，向其支付了700万美元的现金补偿。

夫妻离婚影响公司上市的状况频发，一些投资人在考察投资项目的时候，会把目标项目创始人的婚姻问题作为考察内容之一，并要求创始人签订相应的不离婚或股份为个人财产的协议。因离婚影响公司正常经营而不得不花费巨额金钱弥补的例子还有很多，公司为确保经营稳定，需要防止此类事件的发生。

以案说法

股东离婚分割股份影响公司权力格局

苏某（男）与黎某（女）于2000年结婚。2018年，苏某与合伙人张某、钱某共同出资成立某贸易公司经营进出口食品业务。苏某占股51%，张某占股40%，钱某占股9%。公司因为合伙人团结、有资源，几年来生意做得非常红火，三人赚了不少钱。

2021年4月，贸易公司因为经营良好且有较好的发展前景，被一家投资公司看上，投资公司决定向贸易公司进行投资。在这个时间点上，黎某向苏某提出因为感情不和希望与苏某离婚，并提出离婚应分割苏某在贸易公司51%的股份。

苏某虽然同意离婚，但认为成立贸易公司是自己出资，股份是自己的，与黎某无关。退一步说，如果真的分出一半股份给黎某，则两人各占股25.5%。苏某向黎某提出，这样分股对两人不利，只会让占股40%的张某成为最大的股东。黎某听了苏某的担忧后，也认为苏某说的似乎有道理。

【律师评析】

黎某与苏某离婚，如果分割了苏某在贸易公司的51%股份，两人各占股25.5%，这样做看似两人都成了小股东，让张某"坐收渔人之利"，但实际上张某也仅占股40%，根据《公司法》第66条的规定，张某在公司经营上是无法独立通过一般事项的表决的。

更为关键的是，未分割股权之前，苏某占股51%，可以单方面作出一般事项的表决，然而，如果苏某分割了一半股份给黎某，则四位股东（苏某、黎某、张某、钱某）没有一个人可以单独通过一般事项的经营决策，这就导致日后在公司的经营过程中，股东与股东之间可能出现"联盟"的问题。

黎某与苏某离婚后，如果分到了贸易公司25.5%的股份，苏某或张某任何一方与黎某联合起来都可以拥有超过50%的股份，并有权通过一般事项的表决。也就是说，在公司日后的经营中，黎某很可能会成为大家都希望联合的第三方力量。比如，当苏某和张某就某一经营决策意见不一时，两者都会寻求黎某的支持。

律师支招

1. 在设立公司初期，建议股东们在章程中约定配偶不因离婚财产分割取得股东资格的条款，这样股东离婚时不能将其在公司所享有的股东资格转移给配偶，从而能够保护股东个人和公司其他股东的利益。

2. 若公司章程没有作出上述约定，股东之间可以约定股东的退出机制，明确约定"股东因遭遇离婚而导致配偶向公司主张股权的，该股东应无条件退出公司，其他股东按该股东的出资额回购股份"。

3. 股东可以与自己的配偶签订财产归属协议或由配偶签署同意函，明确公司的股份是股东的个人财产而非夫妻共同财产。签署财产归属协议不只是保护股东自己的权益，更是保护公司的稳定及其他股东的利益。笔者曾服务的一家企业，公司五位股东各自与配偶签订财产协议明确股权的归属问题，协议在签订完成后交由公司保管，这也是股东之间互负责任的表现。

法条索引

《中华人民共和国公司法》

第六十六条 股东会的议事方式和表决程序，除本法有规定的外，由公司章程规定。

股东会作出决议，应当经代表过半数表决权的股东通过。

股东会作出修改公司章程、增加或者减少注册资本的决议，以及公司合并、分立、解散或者变更公司形式的决议，应当经代表三分之二以上表决权的股东通过。

第八十四条 有限责任公司的股东之间可以相互转让其全部或者部分股权。

股东向股东以外的人转让股权的，应当将股权转让的数量、价格、支付方式和期限等事项书面通知其他股东，其他股东在同等条件下有优先购买权。股东自接到书面通知之日起三十日内未答复的，视为放弃优先购买权。两个以上股东行使优先购买权的，协商确定各自的购买比例；协商不成的，按照转让时各自的出资比例行使优先购买权。

公司章程对股权转让另有规定的，从其规定。

四、股东死亡对公司及家族的影响

股东必知

有限责任公司股东之间的关系至关重要。当公司股东死亡时，虽然股东资格按照《公司法》第 90 条的规定可以由死亡股东的继承人继承，但继承人与其他股东之间常会因关系不融洽而产生嫌隙。股东死亡后的股权继承，对公司的未来发展以及死亡股东的家族都会产生重要影响。

股东死亡对公司的影响主要在于：死亡股东的继承人在股东死亡后向公司提出退还原投资款或退股的要求。实践中，中小企业往往现金流紧张，当继承人在股东死亡后向公司提出"套现"要求时，公司难有充裕的资金来满足继承人，继承人与股东之间就股东退出以及退股金额等问题容易产生纠纷。除此之外，继承人之间也会因为继承纠纷给公司造成附带伤害。

股东死亡对家族的影响，主要有两方面。一方面，股东死亡后，股权属于股东的遗产，如果股东没有订立遗嘱，按照《民法典》第 1127 条的规定，由配偶、子女、父母为第一顺序继承人共同继承。而根据《民法典》第 1062 条和第 1063 条的规定，在无遗嘱明确的情况下，继承所得财产归夫妻共同所有。笔者曾经遇到一宗案例：某公司股东 A 死亡后，股权由他的唯一继承人（因 A 的父母、妻子均已先于 A 去世）独生子 B 继承，B 在继承发生时已婚，B 的妻子 C 在 B 继承获得公司股权后提出离婚，法院判决 B 继承所得的股权为夫妻共同财产，C 获得了 B 继承的一半股权。另一方面，死亡股东所欠债务，继承人要在遗产范围内承担责任。公司在日常的对外经营或融资的过程中，难免产生债务，有可能是公司债务，也有可能是股东个人债务。股东死亡后，继承人在继承遗产时发现公司所欠债务巨大而会考虑放弃继承权，最终导致公司面临清算或转手他人。

以案说法

1. 股东死亡，继承人在继承股东资格时容易与公司产生纠纷

某科技公司有 3 名自然人股东 A、B、C，三人在 2019 年公司成立时各出资 100 万元投入运营，资金形态逐步转化成为产成品库存、半成品、原材料、应收账款等，日常账面流动资金只有 50 余万元。2021 年 10 月，股东 B 因病死亡，B 的太太 D 以继承人的身份，向公司以及股东 A、C 两人提出以下要求：（1）撤回当年 A 的原始投资 100 万元；（2）领回公司应分而未分红利 90 万元；（3）因家里急用钱，请求公司给予抚恤金 50 万元。同时 D 还提出，如果公司不能满足她的要求的话，她将会继承 B 的股东资格，然后将股权转让给第三人 E（公司的竞争对手）。

【律师评析】

在本案中，D 作为 B 的继承人，有权继承 B 的股东资格。因为 D 有继承股权的"筹码"，所以 D 会借此机会向公司及股东 A、C 提出自己的要求，无论该要求是否合理合法。而 D 在获得股权后也可以根据法律规定进行股权转让。

2. 股东死亡时所欠债务，继承人应在遗产范围内偿还

某鞋业公司创始人林某，为了公司业务的扩大发展，曾以公司名义向某银行贷款 3 亿元，林某作为法定代表人对该笔债务进行了担保。2023 年 6 月，林某去世，鞋业公司陷入经营危机无法顺利归还贷款，银行向法院

起诉，要求林某的配偶及子女作为第一顺位继承人，在继承遗产范围内承担连带清偿责任。

【律师评析】

林某作为担保人，应为公司债务承担连带责任。而根据《民法典》第1161条的规定，林某死亡后，继承人应当在遗产范围内承担林某生前所欠债务。继承人若想避免背负巨额债务，只能选择放弃继承林某遗产，而林某辛苦创下的产业也因为继承人放弃继承而终结。

律师支招

1. 股东可以通过股东会决议由公司出资为股东购买人寿保险，同时股东之间互相签订协议确认人寿保险购买的目的；股东还需要签订遗嘱或在公司章程中明确规定股权不得继承。这样可以避免在股东死亡时继承人要求公司或股东支付抚恤金、退股等纠纷的出现，同时也可以通过保险的赔付让股东的继承人能够获得一笔费用。对于这种"股东互保"，已有保险公司推出了相关产品，有兴趣的读者可以作进一步的了解。

2. 股东购买人寿保险时，需要明确具体的受益人，受益人在股东死亡后所继承的保险金是不能作为遗产用来偿还已死亡股东的债务的。保险是目前社会上高净值人士做资产配置、财富传承的一项重要的工具。

法条索引

《中华人民共和国民法典》

第一千零六十二条 夫妻在婚姻关系存续期间所得的下列财产，为夫妻的共同财产，归夫妻共同所有：

……

（四）继承或者受赠的财产，但是本法第一千零六十三条第三项规定的除外；

……

第一千零六十三条 下列财产为夫妻一方的个人财产：

……

（三）遗嘱或者赠与合同中确定只归一方的财产；

……

第一千一百二十七条 遗产按照下列顺序继承：

（一）第一顺序：配偶、子女、父母；

……

第一千一百五十九条 分割遗产，应当清偿被继承人依法应当缴纳的税款和债务；但是，应当为缺乏劳动能力又没有生活来源的继承人保留必要的遗产。

第一千一百六十一条 继承人以所得遗产实际价值为限清偿被继承人依法应当缴纳的税款和债务。超过遗产实际价值部分，继承人自愿偿还的不在此限。

继承人放弃继承的，对被继承人依法应当缴纳的税款和债务可以不负清偿责任。

《广东省高级人民法院关于执行案件法律适用疑难问题的解答意见》

问题十一、被执行人的人身保险产品具有现金价值，法院能否强制执行？

处理意见：首先，虽然人身保险产品的现金价值是被执行人的，但关系人的生命价值，如果被执行人同意退保，法院可以执行保单的现金价值，如果不同意退保，法院不能强制被执行人退保。其次，如果人身保险有指定受益人且受益人不是被执行人，依据《保险法》第四十二条的规定，保险金不作为被执行人的财产，人民法院不能执行。再次，如果人身保险没有指定受益人或者指定的受益人为被执行人，发生保险事故后理赔的保险金可以认定为被执行人的遗产，可以用来清偿债务。

……

五、"夫妻档公司"的股东连带责任

股东必知

笔者所称的"夫妻档公司",是指公司只有两名股东且该两名股东为夫妻关系的公司。

一人股东有限责任公司若出现财产混同,即股东个人财产与公司财产混同,股东需要为公司的债务承担连带责任。在目前的司法实践中,法院会将仅有夫妻两人担任股东的公司视为一人股东公司,适用一人股东公司财产混同时的股东责任规定。

以案说法

夫妻两人持股公司视为一人股东公司

泓某公司是有限责任公司,股东为邓某和戴某,二人是夫妻关系。德某公司与泓某公司有生意往来,泓某公司向德某公司购买钢材。

2014年9月28日,双方签订《9月份对账单》,共同确认截至2014年9月28日,泓某公司尚欠德某公司208557.92元的钢材货款。

因为泓某公司一直拖欠货款,德某公司于2016年7月15日向法院提起诉讼,要求泓某公司向德某公司支付货款,股东邓某、戴某对上述债权承担连带责任。

【律师评析】

夫妻关系存续期间,如果没有法律规定或者约定,夫妻双方所得的财产为共同共有。在夫妻以共同财产投资设立公司时,由于夫妻双方对共同共有的股权只能共同享有一个完整的权利,夫妻投资设立公司仅有一个股权,夫妻双方是该单一股权的共同共有人,实质上就成为该公司的唯一股东。此种情形下夫妻投资设立的公司可以认定为实质上的一人公司。

泓某公司是邓某、戴某在夫妻关系存续期间共同出资设立的有限责任公司，且没有证据表明邓某与戴某在设立公司时已经将其夫妻共有的财产处分成为二人各自所有的财产，故可以认定泓某公司为实质上的一人公司。因此，邓某、戴某应对公司的债务承担连带责任。

> **律师支招**

1.《公司法》在一人公司人格混同问题上实际上采取了"举证责任倒置"，这使得一人公司的股东在无法证明其资产与一人公司资产分开的情况下，会被法院认定为公司人格混同，承担连带责任的风险很高。为了规避风险，实践中有人采取了应对措施，比如夫妻中一人欲设立公司，往往会拉上另一人共同设立有限责任公司，以达到有限责任公司以股东出资为限承担责任的"防火墙"效果。我国现行的《公司法》并未就夫妻设立公司制定特殊规则，夫妻共同出资设立有限责任公司符合法律规定，但也应当保证公司财产的独立性，这也是股东以出资为限对公司债务承担有限责任的前提。

2. 相较一般的有限责任公司，夫妻共同设立的有限责任公司的公司行为和股东个人行为界限容易模糊。"夫妻档公司"的法定代表人为夫妻一方，其行为可直接代表公司，而此类型公司不设立监事会又为常见现象，加之无其他股东，导致对公司不能形成有效监督，公司财产被股东挪为私用更加容易，公司账目也容易混乱不清。因此一旦出现债务纠纷，在没有财务账册、审计报告证明股东财产独立于公司财产的情况下，"夫妻档公司"往往会被法院认定为人格混同，夫妻双方应当对公司债务承担连带责任。

3. 如果"夫妻档公司"想要减少股东责任风险，建议在出资时以各自所有的财产作为注册资本，将夫妻的个人财产和公司财产进行分割隔离，必要时夫妻可以签订财产协议明确两人实行夫妻财产分别所有制。另外，夫妻在实际参与公司运营的过程中应重视财务管理，严格区分公司财产与个人财产，否则债权人会要求夫妻双方就公司债务承担连带责任。

法条索引

《中华人民共和国公司法》

第二十三条第三款 只有一个股东的公司,股东不能证明公司财产独立于股东自己的财产的,应当对公司债务承担连带责任。

第二百零八条 公司应当在每一会计年度终了时编制财务会计报告,并依法经会计师事务所审计。

财务会计报告应当依照法律、行政法规和国务院财政部门的规定制作。

第五章

公司董事、监事、高级管理人员及法定代表人的资格与权限义务

导语

在现代公司治理结构中，董事、监事、高级管理人员及法定代表人作为公司的重要组成部分，其资格认定、权限配置及义务履行直接关系到公司的稳定运营与健康发展。本章深入探讨了这些核心角色的法律地位与职责边界，旨在为公司治理提供法律指引与实务参考。

本章开篇即聚焦法定代表人的辞任难题，通过案例分析揭示了实践中法定代表人难以顺利辞任的困境及法律原因。针对这一问题，2023年修订的《公司法》增设了法定代表人辞任后的公司义务条款，明确了公司应在法定代表人辞任后30日内确定新的法定代表人，为法院处理相关纠纷提供了法律依据。同时，本章还详细阐述了董事职务的解除程序及董事被解雇后的补偿权利，平衡了公司与董事之间的利益关系。

在权限与义务方面，本章重点讨论了董事对股东未履行出资义务的催缴义务，以及董事、监事、高级管理人员在公司治理中的忠实义务与勤勉义务。通过法律条文与实际案例的结合，本章明确了董事在股东出资不到位时应采取的催缴措施及未催缴的法律后果，强调了董事、监事、高级管理人员在维护公司利益方面的责任与担当。此外，本章还探讨了法定代表人的权限范围及其与公司之间的实质性联系，为理解法定代表人的法律地位提供了新的视角。

第一节　法定代表人的辞任及董事职务的解除

一、法定代表人在公司不配合的情况下如何解除自己的职务

> 股东必知

公司法定代表人依照公司章程的规定，由董事长、执行董事或者经理担任并依法登记。公司若更换法定代表人，需要由股东会、股东大会或者董事会召开会议作出决议并由公司提出变更登记的申请，办理变更登记。实践中，有些公司的法定代表人由于任期届满等原因不愿再任职，要求公司办理法定代表人的变更登记，公司却以找不到合适的法定代表人承继职位或是法定代表人解除职务将致使公司董事会人数少于法律规定的人数为由，怠于或拒绝办理变更登记，变相逼迫法定代表人继续任职。

法律规定缺失、行政机关登记要求及公司故意不配合找出新的法定代表人等原因，使得法定代表人辞职难的问题一直存在。在最高人民法院审理的王某请求变更公司登记纠纷一案[①]中，一审法院以变更公司法定代表人应当先由公司股东会作出决议，再办理变更登记，法院不能强制公司作出决议变更法定代表人为由，不予受理王某请求变更公司法定代表人的起诉。案件经过一审、二审直至最高人民法院的再审程序时，距王某离开公司已达九年之久。

为了解决法定代表人辞任难的问题，2023年修订的《公司法》新增法定代表人任职资格和辞任后的公司义务的规定，明确公司按照章程约定由执行事务的董事或经理担任，缩限法定代表人的人员范围，而在担任法

---

① 参见最高人民法院（2020）最高法民再88号民事裁定书。

定代表人的董事或者经理辞任时视为同时辞去法定代表人。法定代表人辞任，公司应当在法定代表人辞任之日起30日内确定新的法定代表人。这一规定让法院审理法定代表人辞任案件有了依据，法定代表人若在辞任后遇到公司不配合所导致的变更登记阻碍，可以向法院起诉并在获得胜诉判决后通过强制执行的方式变更登记。

以案说法

对于不符合条件的法定代表人，公司应及时办理变更登记手续

某开发公司的公司章程规定，公司经理兼任公司的法定代表人。张某担任公司的经理，并于2010年12月6日与开发公司签订《法定代表人责权确认协议书》，开始兼任公司的法定代表人，任期为3年。后张某于2011年3月31日向公司提交《辞职信》（加盖公司公章批准），自2011年4月1日起正式辞去经理兼法定代表人的职务。张某提出辞任后，公司迟迟不变更其在登记机关登记的法定代表人事项，导致张某在公司后续涉及的多宗诉讼案件的执行中被法院限制高消费。张某向法院起诉要求公司立即向登记机关办理法定代表人变更登记手续。

【律师评析】

公司法定代表人的选举、任命和登记，属于公司内部治理事项，在一般情况下，只要相应选举程序符合法律规定的条件，司法不应予以介入。但是，当公司内部治理失范，且有证据证实已对相关权利主体利益造成侵害或者存在侵害的可能时，司法可以有条件地介入并提供救济。

开发公司的公司章程规定，公司法定代表人由经理担任，张某辞去经理职务，并获得公司的确认，双方合同关系自该日起解除，已不再具备担任开发公司法定代表人的形式条件。

此外，法定代表人之所以具备对外代表公司的资格，源于公司法人与法定代表人之间存在紧密的、实质性的联系，法定代表人能够知晓并参与公司法人的经营管理，并由此按照法律规定承担法定代表人的责任。但张某自从离职以后，与公司并无实质上的关联，其也不再具备担任公司法定代表人的实质要件。公司应在判决指定的期限内按照《公司法》和公司章程的规定，及时履行变更法定代表人的相关手续。如未及时变更法定代表人，由此可能导致的相关法律风险均应由公司自行承担。

律师支招

法定代表人辞任，公司不得以无法安排新的人选等为由进行拖延，否则将会面临被起诉的风险，法院会认定公司未及时变更法定代表人而由此所产生的法律风险由公司承担。公司需要对法定代表人的人选进行提前准备与考虑，以便于法定代表人辞职后能及时更换。

法条索引

《中华人民共和国公司法》

第十条 公司的法定代表人按照公司章程的规定，由代表公司执行公司事务的董事或者经理担任。

担任法定代表人的董事或者经理辞任的，视为同时辞去法定代表人。

法定代表人辞任的，公司应当在法定代表人辞任之日起三十日内确定新的法定代表人。

二、董事遭解雇可以向公司追讨补偿

股东必知

法律并没有对公司与董事之间的关系作出明确的规定，但在司法实践中，一般认为公司与董事之间是委托关系，所以不论董事任期是否届满，公司均可以撤销对董事的委托、解除董事的职务，因此董事任期届满前，只要经过股东会或者股东大会有效决议解除董事的职务，法院就不会支持董事主张解除不发生法律效力的请求。

考虑到公司可以随时解除董事职务而导致董事的合法权益易受侵害，为了平衡公司与董事双方的利益，《公司法》第 71 条第 2 款和《最高人民法院关于适用〈中华人民共和国公司法〉若干问题的规定（五）》（以下简称《公司法解释（五）》）第 3 条第 2 款特别规定了董事被解任可以获得补偿的权利。

以案说法

公司在任期内解除董事职务，董事有权要求公司支付补偿[①]

2018 年 6 月 28 日，A 公司通过股东会决议通过公司的章程，选举周某为 A 公司执行董事，任期 3 年，任期届满，可连选连任。A 公司的公司章程规定，股东会由全体股东组成，是公司的最高权力机构，行使下列职权：……（2）选举和更换董事、监事，决定有关董事、监事的报酬事项……

公司经营一段时间后，A 公司认为周某不能胜任董事的工作，于 2019 年 3 月 21 日通过股东会决议的方式免去周某的董事职务。周某不认可公司对自己的免职，于是向法院提起诉讼，要求 A 公司对解除其董事一职作出补偿。

【判词摘录】

◆ A 公司股东会议有权根据公司章程规定选举和免去公司董事职务。2019 年 3 月 21 日，A 公司通过股东会议决议解除周某董事职务程序合法，符合公司章程规定。庭审查明，周某、A 公司及 A 公司章程对提前解除公司董事职务的补偿并无约定及规定，周某亦未能提供证据证实 A 公司提前解除其董事职务造成的损失情况，根据已查明的案件事实，周某担任被告董事职务时间较短，庭审过程中 A 公司未能就提前解除其董事职务进行合理说明，综合考虑上述事实、A 公司已支付周某的薪酬情况及周某剩余任

---

① 参见丽江市中级人民法院（2019）云 07 民终 1025 号民事判决书。

期等因素，判决 A 公司向周某支付一定数额的补偿。

律师支招

1.《公司法》和《公司法解释（五）》虽然均赋予了董事获得补偿的权利，但是具体金额要根据董事职务解除的原因、剩余任期、董事薪酬等因素确定。公司与董事可以签订协议或在公司章程中就董事离职的补偿事宜作出明确约定，以避免因补偿金额问题产生争议。

2. 董事在任职期间，应当对公司尽到忠实勤勉的义务，不能做出有损公司利益的行为。否则，被解除职务的董事将不会获得补偿。

法条索引

《中华人民共和国公司法》

第七十一条 股东会可以决议解任董事，决议作出之日解任生效。

无正当理由，在任期届满前解任董事的，该董事可以要求公司予以赔偿。

《最高人民法院关于适用〈中华人民共和国公司法〉若干问题的规定（五）》

第三条 董事任期届满前被股东会或者股东大会有效决议解除职务，其主张解除不发生法律效力的，人民法院不予支持。

董事职务被解除后，因补偿与公司发生纠纷提起诉讼的，人民法院应当依据法律、行政法规、公司章程的规定或者合同的约定，综合考虑解除的原因、剩余任期、董事薪酬等因素，确定是否补偿以及补偿的合理数额。

《中华人民共和国民法典》

第九百三十三条 委托人或者受托人可以随时解除委托合同。因解除合同造成对方损失的，除不可归责于该当事人的事由外，无偿委托合同的解除方应当赔偿因解除时间不当造成的直接损失，有偿委托合同的解除方应当赔偿对方的直接损失和合同履行后可以获得的利益。

第二节　董事、监事、高级管理人员及法定代表人的权限与义务

一、董事具有向未按约定履行出资的股东进行催缴的义务

> 股东必知

自从我国实行注册资本认缴制后，股东未履行或未全面履行出资义务的情况并不鲜见，《公司法》也对股东违反出资义务的责任作出了规定，但董事作为公司执行和管理的一员，2018 年修正的《公司法》没有明确股东未履行出资时，董事的催缴义务和责任。当案件中涉及董事未催缴是否应承担责任时，法院一般都是结合 2018 年《公司法》第 147 条规定的董事对公司负有忠实义务和勤勉义务进行分析，但上述两项义务的界定比较模糊。2023 年修订的《公司法》细化忠实义务的判断依据为"不得利用职权牟取不正当利益"，勤勉义务的判断依据则为"执行职务应当为公司的最大利益尽到管理者通常应有的合理注意"。这也导致对董事违反义务的判断容易引发争议。

2019 年，最高人民法院作出了一份判决[①]，提出了"股东全面履行出资是公司正常经营的基础，董事监督股东履行出资是保障公司正常经营的需要""股东欠缴的出资即为公司遭受的损失，股东欠缴出资的行为与董事消极不作为共同造成损害的发生、持续，董事未履行向股东催缴出资义务的行为与公司所受损失之间存在法律上的因果关系"的观点，对董事催缴义务和责任的认定具有指导意义。

---

① 详见本节案例。

《公司法解释（三）》中规定，股东未履行或者未全面履行出资义务，提起诉讼的原告请求未尽公司法规定的忠实义务或勤勉义务而使出资未缴足的董事、高级管理人员承担相应责任的，人民法院应予支持；董事、高级管理人员承担责任后，可以向股东追偿。该解释并非法律规定，且并未明确董事何种情形属于违反忠实、勤勉义务，适用存在一定难度。2023 年修订的《公司法》进一步提高了董事、监事、高级管理人员的要求和责任，细化了他们维护公司资本充实的责任。其中第 51 条明确规定了董事对股东欠缴出资的维护责任，董事发现股东未按期足额缴纳公司章程规定的出资，就应当催缴，未履行催缴义务给公司造成损失的，负有责任的董事应当承担赔偿责任。

以案说法

股东未履行出资义务，董事未进行催缴违反勤勉义务，应对股东所欠出资承担赔偿责任[①]

某科技公司成立于 2005 年 1 月 11 日，系外国法人独资的有限责任公司，股东为某境外企业，认缴注册资本额为 1600 万美元。科技公司章程规定，公司成立后 90 天内股东应缴付出资 300 万美元，第一次出资后一年内出资 1300 万美元，董事会由六名成员组成。

股东多次出资后，仍欠缴出资 5000020 美元。2011 年，科技公司因案件被强制执行，一审法院裁定追加股东为被执行人，在欠缴范围内对科技公司债权人承担清偿责任。经强制执行，股东仍欠缴出资 4912376.06 美元，因没有其他可供执行的财产，执行程序被终结。

后深圳市中级人民法院裁定受理对科技公司的破产清算。管理人在接管科技公司后，向深圳市中级人民法院提起诉讼，请求胡某等六名董事对科技公司股东欠缴出资所造成科技公司的损失 4912376.06 美元承担连带

[①] 参见最高人民法院（2018）最高法民再 366 号民事判决书。

责任。

一审法院、二审法院均以胡某等六名董事消极未履行追缴股东欠缴出资的勤勉义务，与股东欠缴出资、公司所受损失之间无直接因果关系驳回科技公司的诉讼请求。后经提审，最高人民法院撤销了一、二审判决，判决胡某等六名董事连带赔偿科技公司4912376.06美元。

【判词摘录】

◆本案系损害公司利益责任纠纷，争议焦点是胡某等六名董事是否应对科技公司股东所欠出资承担赔偿责任。

◆董事、监事、高级管理人员应当遵守法律、行政法规和公司章程，对公司负有忠实义务和勤勉义务。法律规定并没有列举董事勤勉义务的具体情形，但是董事负有向未履行或未全面履行出资义务的股东催缴出资的义务，这是由董事的职能定位和公司资本的重要作用决定的。根据董事会的职能定位，董事会负责公司业务经营和事务管理，董事会由董事组成，董事是公司的业务执行者和事务管理者。股东全面履行出资是公司正常经营的基础，董事监督股东履行出资是保障公司正常经营的需要。《公司法解释（三）》第13条第4款规定："股东在公司增资时未履行或者未全面履行出资义务，依照本条第一款或者第二款提起诉讼的原告，请求未尽公司法第一百四十七条第一款规定的义务而使出资未缴足的董事、高级管理人员承担相应责任的，人民法院应予支持；董事、高级管理人员承担责任后，可以向被告股东追偿。"本案科技公司是外商独资企业，实行注册资本认缴制，董事、监事、高级管理人员执行公司职务时违反法律、行政法规或者公司章程的规定，给公司造成损失的，应当承担赔偿责任。

◆胡某等六名董事作为科技公司的董事，同时又是法人股东的董事，对公司资产情况、运营状况均应了解，具备监督股东履行出资义务的便利条件。胡某等六名董事未能提交证据证明其在股东出资期限届满后向股东履行催缴出资的义务，以消极不作为的方式构成了对董事勤勉义务的违反，故胡某等六名董事应向科技公司连带赔偿4912376.06美元。

律师支招

1.《公司法》进一步提高了对董事的要求和责任，董事作为公司的管理者，应对公司的经营情况有所掌握，同时应谨慎对待并履行法律规定的忠实、勤勉义务。如果本身并不实际参与公司经营管理，应尽量避免挂名董事等在法律上被认定为具有管理权和决策权的职位。

2. 董事对公司股东欠缴出资负有催缴义务，当公司股东出资期限届满时，董事应予以催告，建议采取书面形式并通过邮寄方式进行，保存好相应的催缴凭证，避免日后被债权人或公司追责。必要时，董事应召集股东会会议，向全体股东报告情况，由股东会就是否解除或限制欠缴出资股东的股东资格作出决议。

3. 公司应结合法律法规，在章程中对董事的职权以及应尽的义务进行明确，尤其要对董事履行忠实义务的禁止性行为以及应履行的勤勉义务作出详细列举，以督促董事及时履行义务，若董事违反义务，公司应及时追究董事的责任。

法条索引

《中华人民共和国公司法》

第五十一条 有限责任公司成立后，董事会应当对股东的出资情况进行核查，发现股东未按期足额缴纳公司章程规定的出资的，应当由公司向该股东发出书面催缴书，催缴出资。

未及时履行前款规定的义务，给公司造成损失的，负有责任的董事应当承担赔偿责任。

第一百八十条 董事、监事、高级管理人员对公司负有忠实义务，应当采取措施避免自身利益与公司利益冲突，不得利用职权牟取不正当利益。

董事、监事、高级管理人员对公司负有勤勉义务，执行职务应当为公司的最大利益尽到管理者通常应有的合理注意。

公司的控股股东、实际控制人不担任公司董事但实际执行公司事务的，适用前两款规定。

第一百八十一条 董事、监事、高级管理人员不得有下列行为：

（一）侵占公司财产、挪用公司资金；

（二）将公司资金以其个人名义或者以其他个人名义开立账户存储；

（三）利用职权贿赂或者收受其他非法收入；

（四）接受他人与公司交易的佣金归为己有；

（五）擅自披露公司秘密；

（六）违反对公司忠实义务的其他行为。

二、董事、监事、高级管理人员的忠实与勤勉义务

股东必知

董事、监事、高级管理人员由公司的股东会选举产生，或受聘于公司的董事会，他们的薪酬与公司的经营效益密切相关。但董事、监事、高级管理人员并非股东，他们仅代理股东经营公司，享有公司经营的决策权、监督权等权利。作为独立的个体，他们的利益与股东的利益存在差异，因此可能出现董事、监事、高级管理人员为了一己私利而损害公司利益的情况。在巨大利益的驱动下，仅仅凭借董事、监事、高级管理人员的职业道德和操守等自我约束机制来防范其损害公司利益的行为是远远不够的，还需要通过法律对其行为予以规制。

《公司法》规定董事、监事、高级管理人员应当遵守法律、行政法规和公司章程，负有忠实义务与勤勉义务。忠实义务是指董事、监事、高级管理人员应当忠诚地履行公司职责，采取措施避免自身利益与公司利益冲突，不得利用自己的权力损害公司利益、为自己或第三人谋利。勤勉义务是指董事、监事、高级管理人员在管理公司事务时应当尽职尽责、勤勉谨

慎，执行职务应当为公司的最大利益尽到管理者通常应有的合理注意，保护公司利益。同时，《公司法》还规定公司的控股股东、实际控制人不担任公司董事但实际执行公司事务的，适用前述有关忠实勤勉义务的规定。

董事、监事、高级管理人员执行职务违法时，股东在一定条件下可以自己的名义向法院起诉，对董事、监事和高级管理人员起到监督和制约作用，从而维护公司的权益。《公司法》还进一步完善了董事、监事、高级管理人员与公司进行管理交易的规范，扩大了关联人的范围，增加了关联交易报告义务和回避表决规则。

以案说法

法定代表人代表公司签署合同不应损害公司和股东的利益

陈某是某贸易公司的法定代表人，占有公司70%的股份。2019年，陈某作为隐名股东，以自己丈夫蒋某的名义成立物业公司经营厂房租赁业务。2020年2月，陈某代表贸易公司与物业公司签订厂房租赁合同，以超过相同地段同类厂房市场价格的30%承租物业公司名下的厂房作为货物存放之用。

贸易公司的股东吴某及李某等人认为陈某代表公司承租物业公司厂房的行为以及陈某分别于2018年、2019年与其他单位签订人事代理协议、法律顾问合同、支出部分费用等行为侵犯了公司的利益，遂向法院起诉，要求陈某承担相应的赔偿。

【律师评析】

《公司法》规定董事、监事、高级管理人员负有忠实与勤勉义务，不得利用职权牟取不正当利益，其近亲属直接或者间接控制的企业，以及与董事、监事、高级管理人员有其他关联关系的关联人，与公司订立合同或者进行交易，应当就与订立合同或者进行交易有关的事项向董事会或者股东会报告，并按照公司章程的规定经董事会或者股东会决议。本案中，陈某作为法定代表人，代表公司签订厂房租赁合同，而她寻找的合作方是自己丈夫所开的物业公司，且租赁价超过了相同地段同类厂房的价格，陈某的行为属于"利益输送",间接获取非法利益而损害了公司利益。

至于陈某与其他单位签订人事代理协议、法律顾问合同以及支付部分费用等行为,则属于法定代表人行使企业内部的人事权等管理权,若支付相关服务费、顾问费合法合理且无利益输送,则并不违反法律、行政法规和公司章程的规定,应认定为合法。

律师支招

1. 公司中的管理人员在履行对公司的职责时,法律要求他们应当像一个合理而谨慎的人所应表现出的谨慎、勤勉一样,要采取合理的防范措施以防止公司利益遭受损失,以实现公司最大利益。否则,给公司造成损害的,应当承担赔偿责任。

2. 现实中许多公司的人员在多家公司身兼数职,如既担任A公司的董事长,又担任B公司的监事等,在这种情况下判断此人是否忠诚,主要看他身兼数职的公司是否有竞争关系,或者说这几家公司经营的业务是否一致,如果没有冲突,法律一般不会禁止,若有证据证明几家公司之间的交易是由该人员利用职务之便促成的,从而使公司利益受损或自己收取佣金好处,则其需要承担法律规定的赔偿责任。

3. 董事、监事、高级管理人员或控股股东等违反法律、行政法规或者公司章程的规定,侵害公司利益,而公司在上述人员控制下不能或怠于以自己的名义主张权利,导致其他股东利益受到损害的,其他股东为维护自身合法权益以及公司的利益,有权向人民法院提起诉讼。

法条索引

《中华人民共和国公司法》

第一百七十九条 董事、监事、高级管理人员应当遵守法律、行政法规和公司章程。

第一百八十条 董事、监事、高级管理人员对公司负有忠实义务,应当采取措施避免自身利益与公司利益冲突,不得利用职权牟取不正当利益。

董事、监事、高级管理人员对公司负有勤勉义务,执行职务应当为公司的最大利益尽到管理者通常应有的合理注意。

公司的控股股东、实际控制人不担任公司董事但实际执行公司事务的,适用前两款规定。

第一百八十一条 董事、监事、高级管理人员不得有下列行为:

(一)侵占公司财产、挪用公司资金;

(二)将公司资金以其个人名义或者以其他个人名义开立账户存储;

(三)利用职权贿赂或者收受其他非法收入;

(四)接受他人与公司交易的佣金归为己有;

(五)擅自披露公司秘密;

(六)违反对公司忠实义务的其他行为。

第一百八十二条 董事、监事、高级管理人员,直接或者间接与本公司订立合同或者进行交易,应当就与订立合同或者进行交易有关的事项向董事会或者股东会报告,并按照公司章程的规定经董事会或者股东会决议通过。

董事、监事、高级管理人员的近亲属,董事、监事、高级管理人员或者其近亲属直接或者间接控制的企业,以及与董事、监事、高级管理人员有其他关联关系的关联人,与公司订立合同或者进行交易,适用前款规定。

第一百八十三条 董事、监事、高级管理人员,不得利用职务便利为自己或者他人谋取属于公司的商业机会。但是,有下列情形之一的除外:

(一)向董事会或者股东会报告,并按照公司章程的规定经董事会或者股东会决议通过;

(二)根据法律、行政法规或者公司章程的规定,公司不能利用该商业机会。

第一百八十四条 董事、监事、高级管理人员未向董事会或者股东会报告，并按照公司章程的规定经董事会或者股东会决议通过，不得自营或者为他人经营与其任职公司同类的业务。

第一百八十六条 董事、监事、高级管理人员违反本法第一百八十一条至第一百八十四条规定所得的收入应当归公司所有。

第一百八十八条 董事、监事、高级管理人员执行职务违反法律、行政法规或者公司章程的规定，给公司造成损失的，应当承担赔偿责任。

第一百九十条 董事、高级管理人员违反法律、行政法规或者公司章程的规定，损害股东利益的，股东可以向人民法院提起诉讼。

三、法定代表人在一般情况下可以代表公司签订合同

> 股东必知

一般情况下，公司在签订合同时，会在合同上加盖公章（或经备案的合同专用章）。公章是公司处理事务的印鉴，盖了公章的文件在形式上反映了公司的意志。法定代表人是依法律或法人章程规定代表法人行使职权的负责人，其与公司之间并非代理关系，而是代表关系，不需要另行出具授权书。一般情况下，公章与法定代表人所代表的意思都是统一的。但在实践中，经常会出现以下问题：在法定代表人与公司公章分离时，对外合同上只有法定代表人签字而并未加盖公司公章或者加盖的公章是假章的情况下，合同的法律效力该如何认定？若法定代表人与公章确认文件的意思相冲突，在法律上哪一方更能对外代表公司意志？

《民法典》关于公章的规定仅出现在第490条第1款："当事人采用合同书形式订立合同的，自当事人均签名、盖章或者按指印时合同成立。"此外，并无法律条文明确公章能代表公司意志。但自古以来，印章均是权力的象征，这也使得"章即权威"的认知延续至商业场上。在（2019）最高法民申2898号判决书中，最高人民法院就仅加盖公司公章而无法定代

表人或授权人签字的合同效力如何认定作出了阐述:"尽管公章是公司对外作出意思表示的重要外在表现形式,但法律并未规定法定代表人以外持有公司公章的人仅凭其持有公章的事实就能够直接代表公司意志,持有公章是一种客观状态,某人持有公章只是反映该人可能有权代表公司意志的一种表象,至于其是否依授权真正体现公司意志,仍需进一步审查。"也就是说,公章仅是对外表现形式,是否依法发生效力,需要根据具体签订的经办人员是否具有公司的授权而定。

而根据《民法典》第 61 条第 2 款的规定,法定代表人以法人名义从事的民事活动,其法律后果由法人承受。从该条规定可以看出法定代表人仅是以公司名义去从事的活动才能代表公司,因此在法院审理涉及公司否认法定代表人签名效力的案件中,会审查区分法定代表人在作出意思表示时代表的是个人意志还是公司意志。最高人民法院在(2018)最高法民再161 号案件中认为,如果缺少对方公司盖章,那么另一方就有义务证明法定代表人签字的行为是代表公司的职务行为,而不是私人行为。在此案中,最高人民法院也提醒我国的公司类市场主体在签订合同时,如果对方没有加盖公章,那么应当想方设法要求对方加盖,否则己方宁愿相信对方签字是个人行为,不能代表公司,因为仅有签名而缺少盖章的合同极易引发纠纷,而且己方在诉讼中会处于很不利的地位。

以案说法

1. 公司法定代表人代表法人行使职权,其在合同上签字的行为代表法人的意思表示[①]

2006 年年初,顺某公司委托三某公司对自己公司内的环保设备进行改造。顺某公司与三某公司签订两份《环保治理施工合同》,两份合同的施工项目、施工内容基本一致,合同总价款分别为 128 万元和 258.96 万元。

---

① 参见最高人民法院(2015)民申字第 885 号民事裁定书。

其中，总价款为 128 万元的合同，仅有法定代表人签字，双方公司并未加盖公章。

三某公司组织完成施工后，顺某公司向其支付 1280670.25 元，三某公司的法定代表人、顺某公司的法定代表人及财务人员在最后一期付款单上签名确认了顺某公司环保设备改造货款已经结清。

后顺某公司与三某公司产生矛盾，三某公司认为合同总价款为 128 万元的《环保治理施工合同》未加盖公章，未达生效条件，应按总价款 258.96 万元的合同履行，顺某公司并未付清工程款，于是将顺某公司诉至法院，请求判决顺某公司向三某公司支付剩余款项及违约金合计 139 万余元。法院最终驳回了三某公司要求顺某公司支付剩余款项及违约金的请求。

【判词摘录】

◆约定价款为 128 万元的《环保治理施工合同》成立并生效。根据该合同约定，合同经双方当事人签章后生效，但并未明确要求合同生效需要同时具备当事人的签字、盖章。公司法定代表人代表法人行使职权，其在合同上签字的行为代表法人的意思表示，并不要求再加盖公司公章而使合同成立。

◆本案款项实际支付情况与两份合同约定的付款时间及数额均不相符，故款项支付情况不能单独作为认定双方实际履行合同事实的依据。但在顺某公司向三某公司支付最后一笔工程款的付款单上，双方法定代表人及顺某公司财务人员均签字确认，双方关于本案案涉设备款项已全部结清，该数额与价款为 128 万元的合同约定基本一致。

2. 法定代表人签字与加盖公章作出的意思表示相反，以法定代表人的意思为准[①]

某餐饮公司因一宗股东确认纠纷案件败诉，不服当地高级人民法院作

[①] 参见最高人民法院（2018）最高法民申 51 号民事裁定书。

出的民事判决，向最高人民法院申请再审。

在最高人民法院审查的过程中，餐饮公司的法定代表人王某向法院提交由自己亲笔签名的撤回再审申请，称案件的再审申请书是餐饮公司其中一名股东擅自加盖公司印章所形成，餐饮公司并不同意就本案申请再审。

【判词摘录】

◆《民事诉讼法》规定"法人由其法定代表人进行诉讼"，王某作为餐饮公司的法定代表人，其撤回餐饮公司再审申请的请求，不违反法律规定，法院应予准许，裁定准许餐饮公司撤回再审申请。

律师支招

1. 公司应慎重选择法定代表人，法定代表人则应认真谨慎对待自己的签名。法定代表人有权代表公司，在法定代表人签署文件时，相对人应当核实法定代表人的身份，确定与登记的法定代表人一致。最好由法定代表人亲笔签名，而非加盖"名章"，以免"名章"真伪难以识别。

2. 公章是公司对外作出意思表示的重要外在表现形式，但法律并未规定法定代表人以外持有公章的人仅凭其持有公章的事实就能够直接代表公司意志，因此建议在交易时同时取得公章与法定代表人签名。但是，如果持有公章的人对善意第三人构成表见代理，法律行为有效，加盖公章的法律后果也由公司承担。公司应当做好公章管理，按公司内部印章管理制度保管、使用公章。

3. 如出现"人章分离"的情形，应根据不同情况采取措施使得"人章统一"。若原因出现在公章持有人身上，如公章被强抢等，法定代表人可以公司的名义，对公章持有人提起"公司印章返还之诉"；若原因出现在法定代表人身上，如法定代表人仅是挂名，股东会作为公司的权力机构，应及时通过股东会决议变更法定代表人。

4. 法定代表人代表公司作出的意思表示与公章确认的意思表示不一致时，原则上应当以法定代表人的意思为准。股东应在章程中明确法定代表人的权限以及超越权限的责任承担，如果是公司内部发生冲突，法定代表人作出的超越权限的意思表示通常被认定为无效。但是，公司章程或者公司权力机构对法定代表人代表权的限制，不得对抗善意相对人。

5. 法定代表人以外的其他人以公司名义对外实施民事法律行为需要由法定代表人代表公司授权，适用有关委托代理的法律规定。因此，在与授权代表签订合同时，合同相对方需合理审查授权代表人的权限，确保其有权代理。

法条索引

《中华人民共和国民法典》

第六十一条　依照法律或者法人章程的规定，代表法人从事民事活动的负责人，为法人的法定代表人。

法定代表人以法人名义从事的民事活动，其法律后果由法人承受。

法人章程或者法人权力机构对法定代表人代表权的限制，不得对抗善意相对人。

第四百九十条　当事人采用合同书形式订立合同的，自当事人均签名、盖章或者按指印时合同成立。在签名、盖章或者按指印之前，当事人一方已经履行主要义务，对方接受时，该合同成立。

法律、行政法规规定或者当事人约定合同应当采用书面形式订立，当事人未采用书面形式但是一方已经履行主要义务，对方接受时，该合同成立。

四、公司涉诉被执行，法定代表人是否要承担责任

股东必知

在公司经营过程中，很多人会将法人和法定代表人混淆。事实上，法人是具有民事权利能力和民事行为能力，依法独立享有民事权利和承担民

事义务的组织,其中最常见的就是公司;而法定代表人则由自然人担任,对外代表法人。虽然两者不同,但由于法人并不是真正意义上的人,需要有人实现法人的意志,所以法定代表人就成了关键。《民法典》第61条第1款规定:"依照法律或者法人章程的规定,代表法人从事民事活动的负责人,为法人的法定代表人。"可见,法定代表人具有非常大的权限。但权利与义务往往是对等的,如果公司被起诉至法院并进入强制执行程序,公司拒绝报告、虚假报告或者无正当理由逾期报告财产情况的,人民法院可以根据情节轻重对主要负责人或者直接责任人员予以罚款、拘留;构成犯罪的,依法追究刑事责任,首当其冲的就是法定代表人。

当公司成为被执行人时,法院会对其名下的财产采取查封、扣押等措施,虽然基于法人的独立性,法院并不会直接查封、扣押法定代表人名下的财产,但若公司最后因未履行生效法律文书确定的义务而被纳入失信被执行人名单,法定代表人同样面临被执行法院采取限制高消费措施、限制出境的困境,对生活造成一定影响。

现实生活中,进入执行程序后出现法定代表人更名的情形也不少见,有的是因为这些公司的法定代表人仅是被借来"挂名"甚至是"冒名",并未参与公司经营,直到被限制高消费时才知道自己"背了锅";有的则是将原法定代表人刻意更换成本身就无资产的人员,以此"金蝉脱壳",躲避法院的限制高消费措施。因此,执行后变更法定代表人是否可以解除限制措施,法院通常会考量原法定代表人是否为实际控制人、是否为影响债务履行的直接责任人员,变更法定代表人是否有逃避执行的目的等因素。

以案说法

执行期间法定代表人变更,并不代表原法定代表人可以免责[①]

信托公司因与置业公司等人出现合同纠纷诉至法院,判决发生法律效

[①] 参见最高人民法院(2021)最高法执监7号执行监督裁定书。

力后，信托公司向法院申请强制执行。重庆市第五中级人民法院于2018年12月27日作出（2019）渝05执1299号限制消费令，对置业公司及其法定代表人杨某采取限制消费措施。

杨某对决定不服，向重庆市第五中级人民法院提出书面异议称，其已于2018年6月21日从置业公司离职，置业公司怠于向公司登记机关申请变更法定代表人，导致重庆市第五中级人民法院作出限制消费令，对其采取限制消费措施。置业公司也于2019年3月25日将法定代表人变更为陈某某，其已不再是置业公司的法定代表人，请求依法撤销（2019）渝05执1299号执行决定，解除对其的限制消费令。

本案经重庆市第五中级人民法院、重庆市高级人民法院审理，均驳回杨某的请求，杨某向最高人民法院申诉，最高人民法院也驳回了杨某的申诉请求。

【判词摘录】

◆本案的审查重点是，在杨某已不再担任被执行人置业公司法定代表人的情形下，应否解除对其采取的限制消费措施。

◆本案中，在重庆市第五中级人民法院作出限制消费令，对置业公司及其法定代表人采取限制消费措施时，杨某为该公司法定代表人，故重庆市第五中级人民法院对杨某采取限制消费措施于法有据。此后，虽然置业公司将其法定代表人变更为陈某某，杨某已不再担任该公司法定代表人，但参照《最高人民法院关于在执行工作中进一步强化善意文明执行理念的意见》的规定，杨某仍须举证证明其并非置业公司的实际控制人、影响债务履行的直接责任人员，否则，其关于解除或者暂时解除限制消费措施的申请不能得到人民法院准许。而本案中，杨某所举证据尚不足以证实其并非置业公司的实际控制人、影响债务履行的直接责任人员。因此，原审法院结合杨某在被采取限制消费措施后较短时间内不再担任置业公司法定代表人等事实，裁定不予准许其关于解除限制消费措施的申请，并无不当。

第五章　公司董事、监事、高级管理人员及法定代表人的资格与权限义务

> 律师支招

1. 公司与法定代表人在法律上均为独立的个体，公司被申请强制执行后，法院虽无法直接查封、扣押法定代表人的财产，但法定代表人应按照法律规定和法院要求配合执行，例如接受调查询问、进行公司财产申报、执行到场等，不得协助公司虚假申报财产，否则有可能面临罚款、拘留等惩罚甚至承担刑事责任。

2. 公司作为被执行人未履行还款义务的，法院不会直接将法定代表人纳为失信被执行人，但会对法定代表人出具限制消费令，其不得有限制消费令规定的高消费及非生活和工作必需的消费行为，如果因私以个人财产消费，可以向执行法院提出申请。

3. 法定代表人身份认定，通常以登记机关登记的信息为准，应避免出现挂名法定代表人的情形。如果发现登记信息有误，法定代表人应及时通过法律途径解决，若未办理法定代表人的变更登记，实践中即使举证自己并非公司实际经营者，一般也无法免责。若执行期间原法定代表人已进行变更登记，应收集如股东会决议、相关会议纪要、离职证明以及实际控制人的交易文件或确认书等证据，提交给法院，证明自己已并非单位的实际控制人、影响债务履行的直接责任人员，以此解除消费限制。

> 法条索引

《中华人民共和国民事诉讼法》

第二百五十二条　被执行人未按执行通知履行法律文书确定的义务，应当报告当前以及收到执行通知之日前一年的财产情况。被执行人拒绝报告或者虚假报告的，人民法院可以根据情节轻重对被执行人或者其法定代理人、有关单位的主要负责人或者直接责任人员予以罚款、拘留。

第二百五十六条　人民法院查封、扣押财产时，被执行人是公民的，应当通知被执行人或者他的成年家属到场；被执行人是法人或者其他组织的，

应当通知其法定代表人或者主要负责人到场。拒不到场的,不影响执行。被执行人是公民的,其工作单位或者财产所在地的基层组织应当派人参加。

对被查封、扣押的财产,执行员必须造具清单,由在场人签名或者盖章后,交被执行人一份。被执行人是公民的,也可以交他的成年家属一份。

《最高人民法院关于民事执行中财产调查若干问题的规定》

第九条 被执行人拒绝报告、虚假报告或者无正当理由逾期报告财产情况的,人民法院可以根据情节轻重对被执行人或者其法定代理人予以罚款、拘留;构成犯罪的,依法追究刑事责任。

人民法院对有前款规定行为之一的单位,可以对其主要负责人或者直接责任人员予以罚款、拘留;构成犯罪的,依法追究刑事责任。

第十五条 为查明被执行人的财产情况和履行义务的能力,可以传唤被执行人或被执行人的法定代表人、负责人、实际控制人、直接责任人员到人民法院接受调查询问。

对必须接受调查询问的被执行人、被执行人的法定代表人、负责人或者实际控制人,经依法传唤无正当理由拒不到场的,人民法院可以拘传其到场;上述人员下落不明的,人民法院可以依照相关规定通知有关单位协助查找。

《最高人民法院关于适用〈中华人民共和国民事诉讼法〉执行程序若干问题的解释》

第二十四条 被执行人为单位的,可以对其法定代表人、主要负责人或者影响债务履行的直接责任人员限制出境。

被执行人为无民事行为能力人或者限制民事行为能力人的,可以对其法定代理人限制出境。

《最高人民法院关于限制被执行人高消费及有关消费的若干规定》

第三条 被执行人为自然人的,被采取限制消费措施后,不得有以下高消费及非生活和工作必需的消费行为:

（一）乘坐交通工具时，选择飞机、列车软卧、轮船二等以上舱位；

（二）在星级以上宾馆、酒店、夜总会、高尔夫球场等场所进行高消费；

（三）购买不动产或者新建、扩建、高档装修房屋；

（四）租赁高档写字楼、宾馆、公寓等场所办公；

（五）购买非经营必需车辆；

（六）旅游、度假；

（七）子女就读高收费私立学校；

（八）支付高额保费购买保险理财产品；

（九）乘坐G字头动车组列车全部座位、其他动车组列车一等以上座位等其他非生活和工作必需的消费行为。

被执行人为单位的，被采取限制消费措施后，被执行人及其法定代表人、主要负责人、影响债务履行的直接责任人员、实际控制人不得实施前款规定的行为。因私消费以个人财产实施前款规定行为的，可以向执行法院提出申请。执行法院审查属实的，应予准许。

《最高人民法院关于在执行工作中进一步强化善意文明执行理念的意见》

17. 解除限制消费措施的几类情形。人民法院在对被执行人采取限制消费措施后，被执行人及其有关人员申请解除或暂时解除的，按照下列情形分别处理：

（1）单位被执行人被限制消费后，其法定代表人、主要负责人、影响债务履行的直接责任人员、实际控制人以因私消费为由提出以个人财产从事消费行为，经审查属实的，应予准许。

（2）单位被执行人被限制消费后，其法定代表人、主要负责人确因经营管理需要发生变更，原法定代表人、主要负责人申请解除对其本人的限制消费措施的，应举证证明其并非单位的实际控制人、影响债务履行的直接责任人员。人民法院经审查属实的，应予准许，并对变更后的法定代表人、主要负责人依法采取限制消费措施。

(3) 被限制消费的个人因本人或近亲属重大疾病就医,近亲属丧葬,以及本人执行或配合执行公务,参加外事活动或重要考试等紧急情况亟需赴外地,向人民法院申请暂时解除乘坐飞机、高铁限制措施,经严格审查并经本院院长批准,可以给予其最长不超过一个月的暂时解除期间。

上述人员在向人民法院提出申请时,应当提交充分有效的证据并按要求作出书面承诺;提供虚假证据或者违反承诺从事消费行为的,人民法院应当及时恢复对其采取的限制消费措施,同时依照民事诉讼法第一百一十一条从重处理,并对其再次申请不予批准。

第六章

公司治理机构与开会表决机制

导语

在现代企业治理体系中，构建高效、透明的公司治理机构与科学的开会表决机制是确保公司稳健运行、维护股东权益的关键。本章围绕股东会、董事会、监事会这三大核心治理机构，详细阐述了它们的基本职权、设置原则以及相互之间的关系，同时深入探讨了开会表决机制的运作规则与实践应用。

股东会作为公司的最高权力机构，其职权行使直接关系到公司的重大决策与发展方向。本章首先明确了股东会的九项主要职权，并特别指出了《公司法》在2023年修订后，对股东会与董事会职权分工的调整。通过案例分析，本章揭示了股东会决议的重要性及其对公司解散、清算等事项的决定性作用，强调了股东依法参与公司治理、维护自身权益的必要性。

董事会作为股东会的执行机构，负责公司日常经营管理与重大决策的制定。本章详细列举了董事会的九项法定职权，并介绍了意定职权的概念，即股东会可通过公司章程或特别授权赋予董事会的额外职权。通过案例分析，本章强调了董事会职权不得超越法律与章程规定的界限，特别是不得行使本应由股东会行使的法定职权。

监事会是公司治理中的监督机构，负责对公司财务、董事及高级管理人员的行为进行监督。本章分析了监事会的设置原则、成员构成及职权范围，并指出了监事在公司治理中的重要作用。尽管现实中监事可能面临独立行使职权的困难，但《公司法》赋予监事的检查公司财务、提起代表诉讼等职权，仍是保障公司治理合规性的重要手段。

本章还深入探讨了公司治理中的开会表决机制，包括股东会、董事会的会议召集、议程设置、表决方式等。通过介绍相关法律法规及实践案例，本章强调了会议召开程序的合法性与表决结果的公正性对于公司治理的重要性。同时，本章还提出了优化开会表决机制的建议，如采用电子投票、提高会议透明度等，以提升公司治理效率与决策质量。

第一节　股东会、董事会、监事会的基本职权与设置

一、股东会的职权

股东必知

股东会是公司的最高权力机构，由全体股东组成，并通过选举的方式产生董事会来负责执行公司的具体经营方案。股东会主要把握公司的"大方向"，比如《公司法》第59条列举的选举和更换董事、监事，决定有关董事、监事的报酬事项，审议批准董事会的报告，审议批准监事会的报告，审议批准公司的利润分配方案和弥补亏损方案等九项职权。

应特别注意的是，2023年修订的《公司法》对股东会职权作出了一些变动，删除了"决定公司的经营方针和投资计划"与"审议批准公司的年度财务预算方案、决算方案"两项职权，并将该两项具体的经营事项和管理职权交由董事会行使，进一步明确股东会和董事会的分工，规范公司治理体系。

以案说法

部分股东未经股东会决议擅自解散公司被判赔偿

廖某、谢某为某公司创始股东，分别持股90%、10%。2002年7月，经廖某委托，谢某与马某签订股权转让协议。协议约定，股权转让完成后，谢某持股65%，马某持股35%并担任总经理。

2003年3月，公司被廖某、谢某申请注销，截至此时，马某尚未全部支付转让金，且未办理股权变更登记。马某认为，廖某、谢某擅自注销公

司，损害其股东利益，请求廖某、谢某返还出资并赔偿损失。

【律师评析】

马某虽未支付全部转让金给谢某和廖某，但各当事人已在转让协议中确认马某从2002年7月起即享有公司35%的股权，谢某和廖某向马某实际转让了股权，马某亦取得了二人所转让的股权，且马某支付了部分出资，并已出任公司总经理，行使经营管理权。故马某具备股东资格，依法享有股东权，并承担相应的义务。

除了公司章程规定的营业期限届满或者公司章程规定的其他解散事由出现和公司违反法律、行政法规被依法责令关闭而解散外，公司的解散事项必须由股东会作出决议方可解散和清算。廖某与谢某没有证据证明已依法召开股东会并通过了解散公司的决议，且无证据证明公司具有其他解散的原因，两人解散公司的行为不符合法律规定。

廖某、谢某申请注销公司并侵占公司财产的行为，损害了公司股东马某的合法权益，应当赔偿。

律师支招

1. 股东需要了解法律赋予股东会的法定职权有哪些，并通过合法且符合章程规定的流程对公司的经营管理所涉及的事项进行表决。

2. 股东要提前做好股权架构，合理分配股东会的表决权。

法条索引

《中华人民共和国公司法》

第五十九条　股东会行使下列职权：

（一）选举和更换董事、监事，决定有关董事、监事的报酬事项；

（二）审议批准董事会的报告；

（三）审议批准监事会的报告；

（四）审议批准公司的利润分配方案和弥补亏损方案；

（五）对公司增加或者减少注册资本作出决议；

（六）对发行公司债券作出决议；

（七）对公司合并、分立、解散、清算或者变更公司形式作出决议；

（八）修改公司章程；

（九）公司章程规定的其他职权。

股东会可以授权董事会对发行公司债券作出决议。

对本条第一款所列事项股东以书面形式一致表示同意的，可以不召开股东会会议，直接作出决定，并由全体股东在决定文件上签名或者盖章。

第六十五条 股东会会议由股东按照出资比例行使表决权；但是，公司章程另有规定的除外。

第二百二十九条 公司因下列原因解散：

（一）公司章程规定的营业期限届满或者公司章程规定的其他解散事由出现；

（二）股东会决议解散；

（三）因公司合并或者分立需要解散；

（四）依法被吊销营业执照、责令关闭或者被撤销；

（五）人民法院依照本法第二百三十一条的规定予以解散。

公司出现前款规定的解散事由，应当在十日内将解散事由通过国家企业信用信息公示系统予以公示。

二、董事会的职权

股东必知

《公司法》第67条对董事会职权作出了详细规定，具体而言可以分为两类，一类是"法定职权"，明确规定在《公司法》第67条第2款的第1项至第9项，分别为（1）召集股东会会议，并向股东会报告工作；（2）执行股东会的决议；（3）决定公司的经营计划和投资方案；（4）制订公司的利润分配方案和弥补亏损方案；(5) 制订公司增加或者减少注册资本以及发行公司债券的方案；(6) 制订公司合并、分立、解散或者变更公司形式的方案；(7) 决定公司内部管理机构的设置；(8) 决定聘任或者解聘公司经理及其报酬事项，并根据经理的提名决定聘任或者解聘公司副经理、财务负责人及其报酬事项；(9) 制定公司的基本管理制度。另一类是"意定职权"，即第67条第2款第10项，公司章程规定或者股东会授予董事会的其他职权。

以案说法

公司不得通过章程或其他途径，规定由董事会行使股东会的法定职权[①]

徐某与A公司共同出资，设立了B宾馆公司，章程由双方共同订立。

其中，章程第七条规定：宾馆设董事会，行使下列权利：……对宾馆增加或者减少注册资本作出决议对宾馆合并、分立、变更、解散和清算等事项作出决议；修改宾馆章程。章程同时还规定，董事会可以决议解散公司。

B宾馆公司在经营了一段时间后，徐某与A公司之间产生矛盾，B宾馆公司的董事会通过开会决议B宾馆公司解散。徐某提出反对，并向法院起诉，认为B宾馆公司董事会有权决议解散公司等部分权利应由股东会行使，公司章程赋予的部分董事会权力无效。

【判词摘录】

◆《公司法》规定"股东会会议作出修改公司章程、增加或者减少注册资本的决议，以及公司合并、分立、解散或者变更公司形式的决议，必须经代表三分之二以上表决权的股东通过"。从此条规定中的法律表述用语"必须"可以看出，修改公司章程、增加或者减少注册资本的决议，以

[①] 参见贵州省高级人民法院（2015）黔高民商终字第61号民事判决书。

及公司合并、分立、解散的决议有且只有公司股东会才有决定权,这是股东会的法定权利。

◆B宾馆公司章程将股东会的法定权利规定由董事会行使,违反了上述强制性法律规定,应属无效。

律师支招

1. 实践中,许多公司的章程会采用登记机关所提供的范本,范本会在董事会职权章节中复述《公司法》所规定的董事会的法定职权,该部分职权是董事会固有的权利,不可随意变动。

2. 股东会可将自己法定职权以外的事项授予董事会执行,但需要有公司章程的明确规定或者股东会明确的授权文件,且不得授予董事会本应由股东会行使的法定职权。有的公司为了程序方便、决策简单,将股东会的全部职权都授予董事会执行,这种情形会被法院认定为无效从而影响公司的经营管理活动,所以在授予董事会特殊职权时,股东应审查授权事项的合法性,需要避免授予的职权与股东会的法定职权相冲突。

法条索引

《中华人民共和国公司法》

第六十七条 有限责任公司设董事会,本法第七十五条另有规定的除外。

董事会行使下列职权:

(一)召集股东会会议,并向股东会报告工作;

(二)执行股东会的决议;

(三)决定公司的经营计划和投资方案;

(四)制订公司的利润分配方案和弥补亏损方案;

(五)制订公司增加或者减少注册资本以及发行公司债券的方案;

(六)制订公司合并、分立、解散或者变更公司形式的方案;

（七）决定公司内部管理机构的设置；

（八）决定聘任或者解聘公司经理及其报酬事项，并根据经理的提名决定聘任或者解聘公司副经理、财务负责人及其报酬事项；

（九）制定公司的基本管理制度；

（十）公司章程规定或者股东会授予的其他职权。

公司章程对董事会职权的限制不得对抗善意相对人。

三、监事的作用及其代表公司诉讼的职权

股东必知

根据《公司法》的规定，为了合规经营，公司应当设立监事作为监督机构。规模较大、股东人数较多的公司，一般应设立监事会作为监督机构，监事会成员不少于3人。监事会成员包括股东代表及公司职工代表，其中股东代表由股东选举产生，一般由小股东担任，而职工代表则是通过公司职工代表大会等民主选举的方式产生。规模较小或者股东人数较少的公司，可以不设立监事会，只设立一名监事。经全体股东一致同意，也可以不设监事。通常情况下，因为小公司的股东人数少，且股东一般都身居要职，参与公司的经营管理，无法满足担任监事职务的条件。《公司法》并未强制规定监事一定要由股东担任，对小公司来说，可以聘请股东信任的非董事、高级管理人员职位的人担任，监事行使职权所需的费用由公司承担。

虽然监事是公司组织架构中不可缺失的一部分，但因为监事不参与公司的实际经营管理，对公司的运作过程及董事、高级管理人员的执行职务的行为难以起到实际的监督作用。现实中大部分的中小微企业的董事、高级管理人员都由股东自己担任，而非由职工代表担任的监事通过股东会选举产生，这使得监事在公司的地位非常尴尬，难以独立地行使监督董事、高级管理人员的职权，同时由于监事是任期制，其在很大程度上是附属于董事、高级管理人员的。

虽然监事在公司的日常运作中难以起到实际的监督作用，但《公司法》赋予监事的职权也是不容小觑的，在必要的时候监事是股东打破公司僵局的有力工具。监事最重要的职权包括：第一，监事在发现公司经营情况异常时，有权进行调查，必要时还能聘请会计师事务所协助调查，费用由公司承担。第二，董事、高级管理人员在违反法律、公司章程的规定损害公司利益的情况下，持股超过180日或者持股1%以上的股东可以书面请求监事会对董事、高级管理人员提起诉讼。简而言之，董事、高级管理人员利用职务便利控制公司并做出损害公司利益的行为时，其他利益受损的股东可以通过监事起诉董事、高级管理人员。

以案说法

1. 监督机构的缺失容易导致公司经营陷入僵局

某大学的科研室主任张教授，与儿子张甲共同设立了一家技术公司，并建立工厂生产高新技术原材料。在建厂的过程中，因为资金有缺口，他们与盖厂房的包工头石某协商，由石某以部分工程款折现入股技术公司。石某对张教授父子的高科技生意非常感兴趣，同意入股，并到登记机关正式办理了登记备案。公司由张甲担任法定代表人，张教授、张甲与石某为股东，石某的妻妹是公司的出纳，负责公司公章的使用登记。

在之后的经营过程中，因为张教授、张甲与石某的经营理念不和，工厂管理无序，都希望对方退出，但因为厂房有产权且工厂有资产保值，因此各股东均不愿退出，公司陷入僵局无法继续运作。

【律师评析】

本案发生之后，当事人张教授与儿子张甲找到笔者寻求帮助。成长经历、工作环境截然不同的两方，因为生意上的共同目标走到一起，但要达成共同的经营理念并非易事。张教授一方，一切均是按规则办事，且心思大部分都放在科研生产上；而石某一方，则安插自己的亲属进入公司。其实石某对公司的生产和经营也并不精通，其之所以入股，只是因为盖厂房时张教授一方资金不足。从这件案子可以看出这家技术公司缺乏监督机制，没有一个独立且有效的监事机构参与管理，使得双方股东无法共同参与公司的经营。

笔者与同事接受案件委托后认为，既然任何一方均不愿意退出公司，且若将公司解散对双方都没有好处，因此办案律师积极介入公司内部事务，参与调解。另外，还帮助该公司建立监督机构，使运行管理机制恢复正常，同时建立起清晰的人事管理、财务管理制度。

2. 监事起诉股东侵害公司利益，应当以公司为原告[①]

博某公司于 2014 年 4 月注册成立，股东李某认缴出资 600 万元人民币，占出资总额的 60%，同时李某担任公司董事长、总经理及技术总监，负责管理公司和技术工作。A 公司认缴出资 400 万元人民币，占出资总额的 40%，A 公司法定代表人朱某担任博某公司副董事长。谢某接受博某公司两股东的共同委派，担任监事职务。

2014 年 7 月，朱某和谢某在检查公司公章使用登记情况时，发现负责公章保管的员工梁某冒用朱某名义审批公章使用，同时李某私自审批签署了与某公司的技术合同。虽经多次交涉，李某均对此问题拒绝给予解释。经调查发现，李某还利用职务之便私自复制、删除公司服务器技术数据，转移并损毁公司财产。

公司认为股东李某的上述行为已经给公司造成严重损失，应依法责令其恢复删除的技术数据，并赔偿由此给公司造成的经济损失。故 A 公司请求监事谢某起诉李某，2015 年 1 月 26 日，谢某以本人的名义向法院提起诉讼。

【判词摘录】

◆公司监事有权依照法律规定对董事、高级管理人员提起诉讼，但监事提起代表诉讼的具体程序，目前尚无法律或司法解释的明确规定，本院

---

① 参见广东省珠海横琴新区人民法院（2015）珠横法民初字第 116-2 号民事判决书。

认为，原告谢某作为公司监事应当以公司名义提起本案诉讼。理由如下：第一，从公司治理结构来看，公司监事（会）是公司内设的法定监督机关，其提起诉讼是代表公司履行职务行为，应该以公司名义提起诉讼。第二，监事（会）代表诉讼与董事会（执行董事）代表诉讼一样，属于公司内设机关履行职务行为，对外应当以公司名义进行。第三，监事会是公司内设机关，依据公司法和公司章程的规定行使职权，不具有对外独立承担民事责任的能力。综上，应当认为在监事（会）代表诉讼中，监事（会）应以公司名义起诉。

◆谢某以个人名义而不是以公司名义提起本案诉讼，本院不予支持，其起诉依法应予驳回。

律师支招

1. 监事在股东的书面请求下，有权代表公司对董事、高级管理人员提起诉讼。但监事代表公司起诉董事、高级管理人员应当以谁的名义提起，争议较大，故监事在向法院起诉前，应当先查看当地对此的既往裁判观点，以此决定诉讼主体，避免起诉后被法院驳回。

2. 《公司法》明确规定公司的董事、高级管理人员不得兼任监事，但在实践中公司不规范操作的情况并不罕见。监事会或监事的任命和指派切不可随随便便，监事应该发挥好监督的作用，才能制约公司的大股东及高级管理人员，以防止其损害公司和股东的利益。

3. 当公司的监督机制运行不佳甚至失灵的时候，往往可以从另一个角度寻求解决问题的方法，即如前述案例1中的情况，由律师作为第三方进入公司，以客观中立的角色担任公司的监督机构，确保公司运作顺畅。

4. 在公司的运作与经营过程中，股东之间或公司与股东之间，一定要制定好"游戏规则"。对于股东如何参与公司的经营等重大问题，均应该作出相应的约定，且一定要细致，这是预防纠纷的最好办法。

法条索引

《中华人民共和国公司法》

第七十六条 有限责任公司设监事会，本法第六十九条、第八十三条另有规定的除外。

监事会成员为三人以上。监事会成员应当包括股东代表和适当比例的公司职工代表，其中职工代表的比例不得低于三分之一，具体比例由公司章程规定。监事会中的职工代表由公司职工通过职工代表大会、职工大会或者其他形式民主选举产生。

监事会设主席一人，由全体监事过半数选举产生。监事会主席召集和主持监事会会议；监事会主席不能履行职务或者不履行职务的，由过半数的监事共同推举一名监事召集和主持监事会会议。

董事、高级管理人员不得兼任监事。

第七十七条第一款 监事的任期每届为三年。监事任期届满，连选可以连任。

第七十八条 监事会行使下列职权：

（一）检查公司财务；

（二）对董事、高级管理人员执行职务的行为进行监督，对违反法律、行政法规、公司章程或者股东会决议的董事、高级管理人员提出解任的建议；

（三）当董事、高级管理人员的行为损害公司的利益时，要求董事、高级管理人员予以纠正；

（四）提议召开临时股东会会议，在董事会不履行本法规定的召集和主持股东会会议职责时召集和主持股东会会议；

（五）向股东会会议提出提案；

（六）依照本法第一百八十九条的规定，对董事、高级管理人员提起诉讼；

（七）公司章程规定的其他职权。

第八十三条 规模较小或者股东人数较少的有限责任公司，可以不设监事会，设一名监事，行使本法规定的监事会的职权；经全体股东一致同意，也可以不设监事。

第一百八十八条 董事、监事、高级管理人员执行职务违反法律、行政法规或者公司章程的规定，给公司造成损失的，应当承担赔偿责任。

第一百八十九条第一款 董事、高级管理人员有前条规定的情形的，有限责任公司的股东、股份有限公司连续一百八十日以上单独或者合计持有公司百分之一以上股份的股东，可以书面请求监事会向人民法院提起诉讼；监事有前条规定的情形的，前述股东可以书面请求董事会向人民法院提起诉讼。

四、临时股东会的作用

股东必知

法律将股东会的召开分为两种，一种是"定期会议"，另一种是"临时会议"。

依《公司法》的规定，定期会议根据公司的章程所规定的方式召开。但实际上，以笔者所接触的公司及所服务的顾问单位为例，没有几家公司会真正按照公司章程所约定的时间定期召开股东会。因为对一些公司来说，并没有那么多"大事"需要开定期会议作出决议。另外，一些公司属于中小企业，股东只有两三个人，平日上班也常见到，一些经营管理等决策上的事见面讨论的机会很多，甚至有些股东发几个短信就可以把事情商议好。

一般来说，定期会议都不会在股东之间引发太大争议，往往是临时股东会会引发种种矛盾。笔者总结自己经办的案件以及查阅法院公开的案例发现，法院处理的关于召开股东会的纠纷，基本上都是以部分股东不满公司召开临时股东会及产生的相关决策所引发的。

临时股东会的召开，是公司运作中的重要事项。正如笔者在前文所述，一般公司在正常管理和经营的时候，股东之间往往都是私下商讨相关事项并作出决策，基本上是不会有人提出召开临时股东会的；只有在公司运营出现异常情况时，才会有人提出"要马上开会"的意见。

以案说法

临时股东会的召开违反法定程序，所作决议会被撤销

2006年10月，刘某和喻某共同出资成立科某公司并制定了章程。刘某担任监事，喻某担任执行董事。2008年6月23日，喻某通知刘某其将于6月25日在公司召开临时股东会并告知了相关的议题。刘某接到通知后告知喻某，自己25日没空，并提出将会议调整到26日，喻某同意。

2008年6月26日，科某公司召开临时股东会，刘某与喻某参加，会议由喻某主持，讨论早已约定好的议题。在会议的最后，因为刘某与喻某意见不合，刘某提前离开。喻某在会议上临时增加决议：即日起免去刘某执行董事及经理的职务，公司一切业务由喻某负责管理。会议记录只有喻某签字，刘某因提前离开没有签名。

刘某不满科某公司的临时股东会决议，向法院提起诉讼，认为临时股东会没有提前15天发出通知，且喻某主持会议及临时增加议题不合法，要求撤销临时股东会对撤销自己职务的决议。

【律师评析】

《公司法》将召开临时股东会议的通知期限规定为提前15日，是为了保障股东有足够的时间对股东会审议的事项进行相应准备，确保股东有效行使权利。违反提前15天通知的时限，是否影响股东会决议的效力，还需根据实际情况加以衡量和判断。倘若虽未提前15天通知，但通知时间得到股东认可，或者股东在会议召开前通过其他渠道已经知道召开会议事宜，并且没有对此提出异议，或者股东知道会议时间后，通过其他方式对会议时间予以变通，则通知时间上的瑕疵即得到救济，并不影响股东会决议的效力。

《公司法》规定了股东会的召集和主持程序。就不设董事会的有限责任公司而言，股东会会议由执行董事召集和主持；执行董事不能履行或者不履行召集股东会会议职责的，由监事召集和主持。喻某如果要求召开临时股东会，其权利为就此问题向刘某提议，并由刘某召集和主持临时股东会。只有刘某未响应喻某的提议，不能履行召集和主持会议的职责时，喻某才可以自行召集和主持会议。喻某的行为违反了现行法律关于股东会召集和主持程序的强制性规定，该次临时股东会所作决议应当被撤销。

律师支招

1. 董事、监事、股东应当按照《公司法》规定的人员顺序召集临时股东会。股东会的召集顺序依次为董事会（执行董事）、监事会（监事）、股东。在前一顺位的人员不存在不能或者不履行召集股东会职责的情况下，后一顺位的人员不能替代履行，否则就违反了规定，决议将有被撤销的风险。

2. 有限责任公司召开股东会，会议召集人应当于会议召开 15 日前通知全体股东，若未提前 15 日通知，但通知时间得到股东认可，召集人应当保留好股东认可的证据，以免股东以程序违法主张撤销股东会作出的决议。

法条索引

《中华人民共和国公司法》

第六十二条 股东会会议分为定期会议和临时会议。

定期会议应当按照公司章程的规定按时召开。代表十分之一以上表决权的股东、三分之一以上的董事或者监事会提议召开临时会议的，应当召开临时会议。

第一百一十五条第一款 召开股东会会议，应当将会议召开的时间、地点和审议的事项于会议召开二十日前通知各股东；临时股东会会议应当于会议召开十五日前通知各股东。

第二节 股东会与董事会的议事及表决

一、股东会与董事会议事规则的优化建议

> 股东必知

随着信息技术的发展和网络的普及，许多公司的股东会、董事会开始采用电子通信的方式召开会议并表决事项。2023年修订的《公司法》第24条明确规定，公司股东会、董事会、监事会召开会议和表决可以采用电子通信方式。在此之前，《公司法》虽未规定电子通信的表决方式，但因通过电子通信表决的方式具有其独特价值，所以这种表决方式在实践中早已被广泛使用，成为公司召开会议和表决的一种常见方式。

> 以案说法

股东可以通过线上方式召开股东会并表决事项

2022年3月某日，A公司在会议室以线下与线上（腾讯会议）结合的方式召开股东会，参会股东认为B股东日常的行为严重损害了公司经营和利益，于是表决通过了"解除B股东资格"的决议。该股东会决议作出后，B股东不服，向法院起诉，认为A公司的股东会决议不符合法律程序。法院判决中并没有否定股东通过线上开会并进行表决的方式，经法院审理后查明，线上和线下占有表决权90%的股东同意解除B股东的资格，决议有效。

【律师评析】

本案中，股东通过腾讯会议视频开会和表决，在诉讼时并没有被法院认定为开会形式存在瑕疵，通过线上会议进行表决符合目前司法裁判的要求。

律师支招

1. 为了便于公司股东会、董事会的开会通知顺利地送达每一位参会人员，避免部分应参会人员因不满决议而提出开会通知程序存在瑕疵的情况发生，公司章程可以事先对股东会、董事会线上开会的方式进行约定，并由股东、董事签订确认书事先明确自己的电子邮箱，同意公司的开会通知可以通过电子邮件的方式进行送达。事先确认线上通知方式，可以有效避免应参会人员拒收文件或通知不到位的弊端，减小开会通知程序出现瑕疵的法律风险。

2. 许多公司的股东、董事图自己方便，往往通过微信群议事，但微信群聊存在信息难以长期保存且无法留存等弊端，容易导致开会事实、表决事项难以证明等情况。对于涉及重要事项的会议和表决，建议公司采用"腾讯会议"进行。就目前的办公软件而言，腾讯会议具有全程屏幕录像以及线上事项投票表决等功能，便于公司和股东取证。同时建议公司在开会时为所有人统一设置有"××年××月××日××公司股东会会议"字样的背景图。

法条索引

《中华人民共和国公司法》

第二十四条 公司股东会、董事会、监事会召开会议和表决可以采用电子通信方式，公司章程另有规定的除外。

二、股东会和董事会开会的程序出现瑕疵会导致决议无效

> 股东必知

股东会的召开,需要有明确的议题和具体的决议事项。《公司法》第64条第1款规定,召开股东会会议,应当于会议召开15日前通知全体股东,如果章程全体股东对于股东会召开的通知期限另有规定,则按照章程中规定或全体股东的约定进行处理。第一次股东会会议,由出资最多的股东召集和主持。其他时候召开股东会会议,一般情况下由董事会召集,不设董事会的有限公司则由执行董事召集,会议根据上述两种情况分别由董事长或执行董事进行主持。除了定期会议,《公司法》第62条第2款规定:"……代表十分之一以上表决权的股东、三分之一以上的董事或者监事会提议召开临时会议的,应当召开临时会议。"这里的"以上"包括本数。

董事会的议事规则和投票程序与股东会略有不同。董事会决议的表决方法,采取一人一票、人数多数决(相对于股东会资本多数决而言)的形式,而股东会决议的票数则并非按人数计算。董事会开会时需要作会议记录,且出席会议的董事都必须在董事会会议记录上签名,缺少签名或冒签的,董事会会议无效。

关于董事会召集的时间、董事如果缺席能否委托他人出席、投票通过的基数是全体董事还是到会董事、表决事项是全票通过还是多数决通过等问题,《公司法》第73条第1款规定,若《公司法》没有作出强制性规定,则以公司章程的约定为准。《公司法》对一般的内资有限责任公司董事会的召集时间、缺席委托、投票基数等问题均没有明确规定,因此公司章程的约定非常重要。除此之外,公司通知开会也应该尽可能客观、中立地通知到所有参会人,不能故意让参会人不知道开会的时间,否则董事会的决议有被法院撤销的风险。

> 以案说法

1. 董事会的召开违反法律强制性规定，会被认定为无效[①]

谢某是持有岩某公司 29.64%股份的股东，原任岩某公司董事长和法定代表人。2009 年 10 月 20 日，谢某委托律师到登记机关调查时发现，公司已于 2009 年 9 月 2 日通过董事会决议免去了其董事长和法定代表人职务，改任陈某为董事长和法定代表人。谢某向法院提起诉讼，认为自己从未收到董事会会议的召开通知，未参加过上述董事会会议，也没有委托其他董事参加会议，董事会决议的签名也是他人仿冒，要求法院认定董事会决议无效。

【判词摘录】

◆董事会应当对所议事项的决定作成会议记录，出席会议的董事应当在会议记录上签名。董事会的会议召集程序、表决方式应不违反法律、行政法规或者公司章程，否则，股东可以请求人民法院撤销。因此，岩某公司召开董事会更换董事长应符合其章程的相应规定，并且应该承担相应的举证责任。

◆关于谢某参加董事会会议和在董事会决议上签名的真实性，谢某不予确认，岩某公司亦不能确认其董事会决议文件上的签名系谢某本人所签，只是认为有可能是谢某自己委托他人签名，对此，没有相关证据予以证明。

◆岩某公司没有证据证明董事会会议的召集程序符合公司章程规定以及董事会决议的真实性。谢某作为股东，在法定期限内请求撤销董事会决议有事实和法律依据，本院予以支持。

[①] 参见广东省深圳市中级人民法院（2010）深中法民四终字第 146 号民事判决书。

2. 公司通知召开董事会应通过章程进行约定，且应尽到合理的通知义务

某餐饮公司的章程规定："三分之二董事通过本人出席、电话会议或委托代理人的方式出席会议，即构成董事会会议的法定人数；但是，如果召开董事会会议的通知已经适当发出，而一方指定的董事未能通过本人出席、电话会议或委托代理人的方式出席董事会会议，使会议不能达到前句所述的法定人数，则该等董事会会议应被押后并于15日之后在同一地点和时间重新召开；如果在重新召开的董事会会议上，上述董事仍未能通过本人出席、电话会议或指定代理人的方式出席会议，则重新召开的董事会会议主持人应被视为上述董事指定的代理人代其出席会议并就有关决议投票（上述决议的草案应已与董事会会议的通知一并发送给董事）；以上述方式通过的决议应具有完全的法律效力。"章程还规定："章程的修正应有全体五名董事（本人或派代理人出席）在按规定程序召开的董事会会议上一致投赞成票方可通过。"

2013年12月9日，餐饮公司在某市召开2013年度第一次临时董事会。会前，公司以快递的方式向法定代表人蔡某户籍所在地邮寄送达会议通知及会议提案。当时蔡某已因涉嫌刑事犯罪被羁押在某市第一看守所内，无法签收公司所寄快递。

会议召开当日，董事潘某、方某、王某亲自到会，蔡某本人因在看守所没有收到通知也无法派代表参加。会议最终决议修改公司章程并撤销陈某董事长的职务，由潘某担任董事长。

蔡某认为公司明知他在看守所且知道他的代理人情况，却故意向自己的户籍所在地寄送开会通知，是故意不让他知道董事会的召开，于是向法院起诉要求撤销该次董事会所作出的决议。

【律师评析】

对于"适当发出"的标准，本案中的章程中并未作出具体明确的约定，章程条款也未明确各董事的通知送达地址，仅在章程首部记载了各股

东的住所地。故在章程无明确约定的情况下，对于"适当发出"的解释应按通常理解进行。依照通常的理解，所谓适当发出，即要求当事人从善意、中立的立场出发，根据已知的信息通过合理方式发出有关通知，以使通知内容尽可能被对方知晓。

本案中，公司在明知蔡某因被羁押而不在户籍所在地居住的情况下，仍向蔡某的户籍所在地邮寄会议通知，显然蔡某本人不可能收到该通知。在公司知道蔡某存在的其他多种联系方式（如联系刑事案件中蔡某的代理人转交或通过被羁押的场所转交等）的情况下，公司仍然仅向蔡某本人确定不在的户籍所在地地址邮寄，显然不符合"适当发出"的要求。

涉案董事会的提案中有多项内容与蔡某本人的切身利益紧密相关，故该董事会会议通知是否适当送达给蔡某是保证其合法行使董事权利、保障其基本权利的重要程序。涉案董事会提案涉及多项公司章程修改的内容，根据当时的公司章程的规定，章程的修正应有全体五名董事（本人或派代理人出席）在按规定程序召开的董事会会议上一致投赞成票方可通过。由此可见，蔡某未能得到合法的通知而未能出席涉案董事会会议行使表决权，必然对该决议的通过与否产生实质的影响。

律师支招

1.《公司法》规定了股东会开会需有15天的通知时限，但是即便没有按照规定的时限通知，只要股东没有提出反对的意见，也不会有太大的问题。公司在提出召开股东会的时候，关键是要做到"通知到位"，即使提前通知的时间不是15天，只要"通知到位"而其他股东没有反对，也不会有太大影响。

关于"通知到位"，有如下两个方面的要求：一是"是否通知"，二是"是否通知到具体的股东"。而对于上述两方面的事实，法院会要求公司承担举证责任。一般来说，公司股东之间和谐相处，便不会产生什么纠纷，而一旦产生纠纷，在法庭上，那些不配合开会的股东就会否认公司已经尽到了通知义务。因此，建议公司在通知的时候务必注意方式方法，目前大多数公司是以邮政 EMS 快递的形式通知，那么对于 EMS 快递底单的填写方法，就需要格外注意。

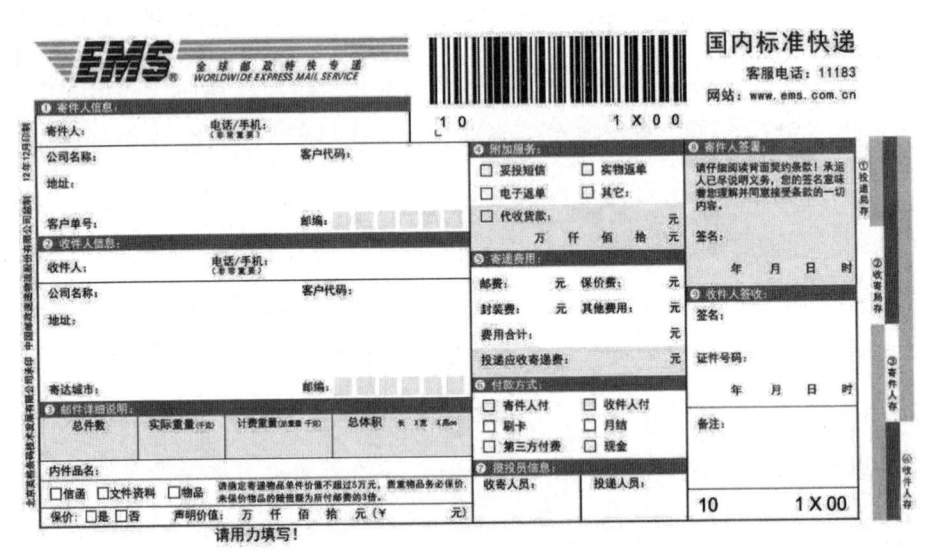

图 6-1 用以通知股东的 EMS 快递单示例

通知股东召开临时股东会，采用邮政 EMS 快递的形式发出通知，是比较便捷有效的一种做法，因为邮政 EMS 可以向寄件人提供快递的妥投证明，寄件人也可以自行上网输入单号查看快递是否妥投及签收情况。寄件人寄出快递后，需要妥善保管快递底单。诉讼中，寄件人提交快递底单，并同步提交妥投证明或网上投递情况打印件，快递投递的真实有效性是会得到法院认可的。

快递底单的填写也是有严格要求的。例如，在寄件人一栏中，若定期股东会的召开根据法律规定是由董事会或不设董事会的执行董事召集，寄件人应填写"董事会"或具体执行董事的姓名；若是临时股东会，则填写提议召开临时股东会的股东名称，且需要完整填写公司名称和地址。在收件人一栏中，收件人应填写需要通知的股东，不能填写股东的秘书、助理等其他人。

"内件品名"一栏填写的内容非常重要。一些公司发快件通知开会，仅仅在上面写"通知"等简单的词句，这是不符合证据举证要求的。例如，有人会质疑：只写"通知"二字，到底是通知什么？没有明确即属于约定不明，收件的股东如果存心刁难，在庭上否认快递里面的内容是"召开临时股东会的通知"，那么法院会因为书写内容不明确而认定快递邮寄的内容并非开会通知。

2. 《公司法》对股东会会议的召集人有严格的限制。根据《公司法》第63条的规定，股东会召集人的顺序依次是"董事长（或执行董事）—监事—股东"，监事和股东没有优先召集的权利。因此，召开股东会不能"越俎代庖"，只有当享有召集权的人失职时，后面的人才能够代替他召开股东会。

3. 对于有限责任公司召开股东会会议，《公司法》第64条第1款规定："召开股东会会议，应当于会议召开十五日前通知全体股东；但是，公司章程另有规定或者全体股东另有约定的除外。"而对于股份有限公司召开股东会会议，《公司法》第115条第1款则规定："召开股东会会议，应当将会议召开的时间、地点和审议的事项于会议召开二十日前通知各股东；临时股东会会议应当于会议召开十五日前通知各股东。"一些股东提出召开临时股东会，通知时不告知议题甚至是告知一个其他的议题，待开会的时候临时增加议题，让部分参会的股东措手不及以达到自己的目的。从上述两款法律规定中可以发现，股份有限公司召开股东大会，需要提前告知会议的审议事项，而有限责任公司则没有这方面的强制性规定。因此，有限责任公司在开股东会的时候临时增加审议事项是符合法律规定的。虽然《公司法》第64条第2款还规定，股东会应当对所议事项的决定作成会议记录，出席会议的股东应当在会议记录上签名或者盖章，但仍然会有股东不配合，参加会议却拒绝在会议记录上签名，为的就是阻挠股东会决议的通过。笔者建议在股东会正式开始前，在股东出场时就强制要求其签到，拒绝签到的股东可以不准其进入会场。前来开会签到的股东，若随后拒绝在会议记录上签名，其他股东就可以通过签到表证明该股东已到场参加会议，即使他未参与投票，也不会直接导致股东会的召开因出现瑕疵而无效。

4. 股东人数少的公司股东不实际开会的情况较为普遍，但一定要符合股东会决议召集和表决程序在形式上的要件，尤其是在股东不实际出面签名的情况下，一定要要求股东出具委托手续授权他人代为签名，不能出现冒签或没有代理手续代股东签名的情况。若出现这种情况，则属于股东会会议程序有瑕疵，决议会被撤销。

5. 与股东会会议的召开不同的是，法律对董事会会议召开的通知程序没有严格的规定，董事会开会召集程序存在瑕疵的，所作出的决议并不一定会产生无效的法律后果。

6. 董事会是公司的最高决策机构，但是，当一家公司是个人独资企业，决策者只有老板一个人时，公司没有其他股东的约束，没有董事会的决策，公司的运作就有可能受决策者的知识和认知所限，而导致决策出现问题。若一家公司的决策出了问题，往往会导致公司出现大的损失。

为避免出现此类问题，笔者曾帮助几家个人独资企业设立了一种新的管理模式：模拟董事会。笔者认为，个人独资公司可以考虑组建这种"模拟董事会"，该模式是聘请相关管理层或优秀员工为"模拟董事"，由他们对公司的决策（如公司投资某一项目）进行审议和提出建议。"模拟董事"若对公司决策提出异议，决策者依然可以最终作决定。设立"模拟董事会"的好处在于让公司决策者多听他人意见，冷静地考虑和处理公司问题，同时也可以培训和发掘管理人才，减轻决策者的负担。

法条索引

《中华人民共和国公司法》

第六十一条 首次股东会会议由出资最多的股东召集和主持，依照本法规定行使职权。

第六十二条 股东会会议分为定期会议和临时会议。

定期会议应当按照公司章程的规定按时召开。代表十分之一以上表决权的股东、三分之一以上的董事或者监事会提议召开临时会议的，应当召开临时会议。

第六十三条 股东会会议由董事会召集，董事长主持；董事长不能履行职务或者不履行职务的，由副董事长主持；副董事长不能履行职务或者不履行职务的，由过半数的董事共同推举一名董事主持。

董事会不能履行或者不履行召集股东会会议职责的，由监事会召集和主持；监事会不召集和主持的，代表十分之一以上表决权的股东可以自行召集和主持。

第六十四条 召开股东会会议，应当于会议召开十五日前通知全体股东；但是，公司章程另有规定或者全体股东另有约定的除外。

股东会应当对所议事项的决定作成会议记录，出席会议的股东应当在会议记录上签名或者盖章。

第七十二条 董事会会议由董事长召集和主持；董事长不能履行职务或者不履行职务的，由副董事长召集和主持；副董事长不能履行职务或者不履行职务的，由过半数的董事共同推举一名董事召集和主持。

第七十三条 董事会的议事方式和表决程序，除本法有规定的外，由公司章程规定。

董事会会议应当有过半数的董事出席方可举行。董事会作出决议，应当经全体董事的过半数通过。

董事会决议的表决，应当一人一票。

董事会应当对所议事项的决定作成会议记录，出席会议的董事应当在会议记录上签名。

第七十五条 规模较小或者股东人数较少的有限责任公司，可以不设董事会，设一名董事，行使本法规定的董事会的职权。该董事可以兼任公司经理。

第一百一十五条 召开股东会会议，应当将会议召开的时间、地点和审议的事项于会议召开二十日前通知各股东；临时股东会会议应当于会议召开十五日前通知各股东。

单独或者合计持有公司百分之一以上股份的股东，可以在股东会会议召开十日前提出临时提案并书面提交董事会。临时提案应当有明确议题和具体决议事项。董事会应当在收到提案后二日内通知其他股东，并将该临时提案提交股东会审议；但临时提案违反法律、行政法规或者公司章程的规定，或者不属于股东会职权范围的除外。公司不得提高提出临时提案股东的持股比例。

公开发行股份的公司，应当以公告方式作出前两款规定的通知。

股东会不得对通知中未列明的事项作出决议。

三、股东会的表决机制

股东必知

有限责任公司的全体股东组成股东会，股东会是公司的"最高权力机构"，公司的一切重大问题、重大决定，都必须按照《公司法》的相关规定由股东通过表决作出决议。

股东参加股东会，通过投票表决来体现自己的意志，而《公司法》上对于决议的形成是采取"资本多数决"的原则。"资本多数决"原则又有简单多数和绝对多数之分。这是根据股东会决议可分为普通决议和特别决议所作的划分。普通决议，是指股东会会议就法律或者公司章程专门规定之外的事项所作的决议。这些事项一般只需要出席股东表决权的简单多数通过即可。特别决议，是指法律或者公司章程专门规定事项作出的决议，这类事项往往需要出席规定表决权股东的绝对多数通过。[①]

《公司法》将公司的决议事项分为一般事项的决议和重大事项的决议。根据该法第66条第3款的规定，重大事项的决议，是指修改公司章程、增加或者减少注册资本的决议，以及公司合并、分立、解散或者变更公司形

---

① 刘兰芳主编：《新公司法疑难案例判解》，法律出版社2009年版，第284页。

式的决议，除此之外，公司章程也可以专门增加除上述几种情形外的其他重大事项决议。除重大事项外，其他事项则称为一般事项。重大事项决议必须经代表三分之二以上表决权的股东通过，一般事项的决议则只需要经代表过半数表决权的股东通过。

根据上述法律规定，表决权与股东的股权并非直接挂钩。《公司法》第65条规定，除非章程有特别的约定，否则股东会会议由股东按照出资比例行使表决权。所谓的出资比例，其实就等同于占股比例，因为在目前的登记中，占股是与认缴出资比例挂钩的，也就是说，在章程没有特别约定的情况下，原则上股东占股多少就有多少比例的表决权。例如，某公司注册资本为100万元，有甲、乙两个股东，甲占股60%，乙占股40%，在公司章程对表决权没有特殊约定的情况下，甲有60%的表决权，乙有40%的表决权。

一些公司的创始人股东为了控制公司的经营管理决策权，往往会通过公司章程将股权和表决权分离，以达到自己的股权虽然不能占据绝对控股地位，却拥有三分之二以上的表决权的目的。

以案说法

公司具体事项的决议方式，可以在章程中明确作出特别约定

峰某电子公司有股东四人，分别为张某、谢某、蒋某与王某，张某为法定代表人，并且为公司的执行董事。张某占股40%、谢某占股20%、蒋某占股35%、王某占股5%。2021年6月，公司召开临时股东会，会议事项是罢免张某法定代表人的职务，并由蒋某担任执行董事及法定代表人职务。会议中，谢某与蒋某支持，张某反对，王某弃权，最终决议通过。张某不服，认为罢免法定代表人属于重大事项，必须三分之二以上表决权通过才可以，于是向法院提起诉讼要求撤销公司决议。

【律师评析】

更换法定代表人，在公司章程没有明确约定的情况下是否属于重大决议事项？法院对此认定不一。若章程中没有特别的重大事项约定，那么根据《公司法》第66条第3款的规定，只有修改公司章程，变更注册资本，变更公司形式，公司合并、分立或解散事宜的决议，才需要三分之二以上的表决权通过。

在本案中，判断撤销张某法定代表人及执行董事职务是否属于重大事项，关键要看公司制定的章程中，是否将张某担任法定代表人及执行董事的情况写入其中，如果上述事项被写进了章程，则意味着撤换了张某让蒋某任职，势必要更改原来的章程，那么修改章程就属于《公司法》第66条第3款规定的情况之一，自然也就属于重大事项。反过来，若章程中没有对张某的任职情况作出说明，那么由蒋某担任新职则无须对原来的章程作出修改。

律师支招

1. 除了《公司法》第66条第3款所规定的几种决议事项属于重大事项外，公司在章程中也可以自行约定哪些决议事项属于重大事项。因此，笔者建议，哪些属于重大事项，哪些属于一般事项，股东应该在公司章程中予以明确，如果章程中没有对此作出约定，也应该另行订立相关的公司股东会议事规则，通过书面的约定把重大事项确定下来，以免在实际的投票表决中出现不必要的纠纷，引发争议。

2. 股权和表决权可以通过公司章程约定予以分离。持有过半数表决权的股东可以作出一般事项的决策，而持有超过三分之二表决权的股东可以作重大事项的决策。表决权对公司的创始股东来说尤为重要。发展稳定的公司涉及融资的时候，创始股东的股权难免会被稀释，如果创始股东想继续控制公司的经营管理权，也只能从牢牢抓住表决权入手。

第五章 公司注册资本、股东、认缴出资额、出资方式、出资时间

1. 公司认缴注册资本：人民币　万元。（可调整，无下限限制）
2. 股东名称、认缴的出资额、出资方式、出资时间

股东姓名或名称	出资比例	缴资期数	出资数额（万元）	出资方式	出资时间
甲方	70%	1期	最少20%	实缴	注册时
		2期	剩余80%	认缴	自拟截止时间
乙方	30%	1期	最少20%	实缴	注册时
		2期	剩余80%	认缴	自拟截止时间

3. 股东的权利和义务
3.1 股东的权利
3.1.1 按出资额所占比例享有股权和分取红利。
3.1.2 参加股东同意对公司重大事项决策（修改公司章程，增加或者减少注册资本的决议，以及公司的合并、分立、解散或者变更公司形式的决议），甲方持有70%的表决权，乙方持有30%的表决权。

图 6-2　某初创企业成立时股东在章程中对表决权作出特别约定

法条索引

《中华人民共和国公司法》

第六十五条　股东会会议由股东按照出资比例行使表决权；但是，公司章程另有规定的除外。

第六十六条　股东会的议事方式和表决程序，除本法有规定的外，由公司章程规定。

股东会作出决议，应当经代表过半数表决权的股东通过。

股东会作出修改公司章程、增加或者减少注册资本的决议，以及公司合并、分立、解散或者变更公司形式的决议，应当经代表三分之二以上表决权的股东通过。

四、董事会的"一票否决权"表决机制能否保证公司稳定发展

> 股东必知

公司融资引入投资人,持有一定比例股权的投资人会提出自己或委派的人在公司的董事会中享有"一票否决权"的要求。我国法律上其实并没有"一票否决权"这一明确的概念,但在日常公司治理中,"一票否决权"通常会被投资人作为表决机制运用于董事会议事规则中。通过这一设置,投资人委派的董事仅以一票就可以达到否决整个董事会决议的效果。

一般情况下,董事会决议的表决采取一人一票、人数多数决(相对于股东会资本多数决而言)的形式。但是《公司法》并没有禁止有限责任公司董事会设置"一票否决权"。董事的"一票否决权"是对"一人一票"传统表决机制的突破,这样的设置赋予了特定董事享有特殊的权利,使持股比例较少的投资人也能够在公司董事会的决策中发挥决定性作用。

从投资人的角度看,为保护投资安全,投资人委派的董事在董事会的决议事项中拥有"一票否决权"能更好地保护投资人的相关权利;但从公司治理的角度看,如果企业赋予董事"一票否决权",各董事之间基于各自利益,很有可能互不让步,多方董事利益无法达成一致的意见,最终无法作出决议,导致公司陷入僵局。

> 以案说法

"一票否决权"易让公司的决议、决策机制陷于僵局

经营公司有A、B、C三名股东。公司设董事会,有五名董事,其中A、B各委派两名董事,C委派一名董事。公司的章程规定,出席董事会会议的法定人数为全体董事的三分之二,且应包含各方至少一名董事,不够三分之二人数或缺少一方时,其通过的决议无效。

2008年6月12日,经营公司就承租工业公司的厂房租金每年上涨100

万元一事召开董事会，A委派的两名董事未参与董事会，与会的其他三名董事均同意厂房房租上涨事宜，并达成与工业公司签订《厂房租赁合同补充协议》的议案。A认为董事会开会人数不符合章程规定，故其提出董事会决议无效。

【律师评析】

经营公司章程明确规定"出席董事会会议的法定人数为全体董事的三分之二，且应包含各方至少一名董事，不够三分之二人数或缺少一方时，其通过的决议无效"。由于本案争议的董事会决议缺乏股东一方公司董事的参与及事后同意，该董事会决议可撤销。

公司章程的此种规定，导致只要有一方股东不同意公司的经营决策，公司的决议决策机制就易陷于僵局，但是此为公司各方股东的自愿约定，法院无权干预。

律师支招

1. 随着企业的发展，被投资企业释放股权的比例会逐渐受限，但融资的资金规模却比较大，投资人作为资金投入方，获得股权比例过小会直接影响其在股东会的地位，这就导致投资人会在其他方面争取对自己更优的条款。在目前的实践中，公司往往会将股东会行使的部分职权下放到董事会职权中，此时投资人委派的董事在董事会中享有怎样地位，其重要性不言而喻。因此，为了获得对公司更强的控制权，在融资谈判的博弈中，投资人争取获得"一票否决权"是无可厚非的，也不失为保护资本的好办法。

2. 如果公司允许投资人委派的董事享有"一票否决权"，那么投资人之间如何平衡利益就成了难题。投资人委派的董事背后分别是不同的立场与利益方，允许任意决策一方都可以单方否定决策的话，很容易形成公司僵局。因此，在具体的"一票否决权"谈判中，需要根据目前公司融资的紧迫性以及投资人的综合实力进行评估，再决定是否可以接受该投资人提出的"一票否决权"这一条件。同时,面对多轮融资时,公司应当尽量保持后轮次与前轮次"一票否决权"条件的一致,有多名投资人的,可协商后共同确认部分委派董事拥有"一票否决权"。

3. "一票否决权"很大程度上是投资人和企业融资谈判博弈的产物,对急需资金的融资企业来说很难避免,但如果允许投资人在所有事项的表决中都享有"一票否决权",就意味着投资人只需用小股权比例就能实际掌控公司的控制权,这对公司的长远发展和创业者来说都是不利的。如果需要赋予董事"一票否决权",公司可通过在具体条款上设置条件来限制"一票否决权"的范围,例如允许对修改公司章程、增减资本等直接涉及投资人重大利益事项上设置"一票否决权",但对于决定企业战略发展或日常经营的事项,如业务转型、经营管理人员聘用等公司应谨慎给出"一票否决权"。

法条索引

《中华人民共和国公司法》

第二十六条 公司股东会、董事会的会议召集程序、表决方式违反法律、行政法规或者公司章程,或者决议内容违反公司章程的,股东自决议作出之日起六十日内,可以请求人民法院撤销。但是,股东会、董事会的会议召集程序或者表决方式仅有轻微瑕疵,对决议未产生实质影响的除外。

未被通知参加股东会会议的股东自知道或者应当知道股东会决议作出之日起六十日内,可以请求人民法院撤销;自决议作出之日起一年内没有行使撤销权的,撤销权消灭。

第七十三条 董事会的议事方式和表决程序,除本法有规定的外,由公司章程规定。

董事会会议应当有过半数的董事出席方可举行。董事会作出决议,应当经全体董事的过半数通过。

董事会决议的表决，应当一人一票。

董事会应当对所议事项的决定作成会议记录，出席会议的董事应当在会议记录上签名。

五、股东认缴的出资未届履行期限，未缴纳部分的出资是否享有表决权

股东必知

自从《公司法》将注册资本实缴登记制改为认缴登记制后，原则上公司股东可以在法律规定的期限内自主约定认缴出资额、出资方式、出资期限，这一制度使得股东的积极性提高，有利于中小企业的发展。但在公司经营过程中，股东的实缴出资与认缴出资不一致，也可能会造成公司资本严重不足的情形。在同一公司中，不同股东实缴认缴的比例、数额不一致的情况并不少见，而很多公司又未在创立初期对认缴出资未实缴股东的权利作出规定，导致公司在召开股东会会议作出决策时各股东之间对表决权比例问题经常发生争议。

一般来说，股东认缴出资未实缴有两种情形。第一种情形是认缴期限已到但未履行实缴义务，此时股东已经违反了出资义务，属于瑕疵出资，除了需要承担违约责任外，《公司法解释（三）》还明确了这类股东权利受限制的问题：在股东未出资或者未完全履行出资义务的情形下，其余没有出资瑕疵的股东，可以根据公司章程或者股东会决议的方式对瑕疵出资股东的权利作一定的限制。第二种情形则是认缴期限未到无须履行实缴义务，这类股东具有期限利益，其未实缴的行为具有合法性，亦不存在违反约定出资义务的情形。但从公平角度来看，认缴出资未到期的股东在未实际投入前就能享受与已经实缴出资的股东同等的表决权并对公司事务作出决策，似乎并不能令人信服。从司法实践来看，认缴资本的股东在公司章程没有规定的情况下，有权在出资期限未届满前要求按认缴出资的比例享

有相应的表决权。

以案说法

股东认缴期限未届满，其表决权在无约定情况下不应受到限制

云某公司有六位股东，各自持股比例分别为：梁某占股51%、俞某占股26.166%、李某占股10.9025%、郑某占股5.39%、华某占股4.361%、范某占股2.1805%。根据公司章程约定，梁某出资300万元，第一期130万元已实际出资，第二期170万元需要在2011年5月9日前缴纳。

2011年1月26日，云某公司召开临时股东会，对变更公司法定代表人及执行董事、修改公司章程等事项进行决议，各股东均参加了会议，其中梁某、李某、郑某同意选举梁某为公司执行董事及法定代表人，股东俞某、华某反对上述决议。俞某认为，梁某享有的51%股权应当在足额缴付300万元出资后方可享有，否则按梁某实缴出资比例计算，其仅享有22.1%（130/300×51%＝22.1%）的股权，加上李某、郑某的表决权仅为38.3925%，不足表决权的2/3，故2011年1月26日的股东会决议无效。

【律师评析】

如何确定梁某享有的表决权数？《公司法》规定除公司章程另有约定外，股东会会议由股东按照出资比例行使表决权。法律允许出资与表决权适度分离的同时赋予了公司更大的自治空间，依据出资比例还是依据股权比例来确定股东表决权，可归于公司自治权。本案中，通过公司章程等可以确认梁某出资300万元、按股权比例51%行使股东权利的约定应是各股东的真实意思表示，应当作为确定梁某表决权的依据。

那么，梁某在未足额出资前其表决权的行使应否受到限制呢？首先，梁某认缴出资300万元，第一期已实际出资，第二期缴纳期限是2011年5月9日，本案争议的股东会决议作出之日是2011年1月26日，即梁某在行使其表决权时第二期出资期限尚未届满，其在行使表决权时不属于瑕疵出资股东，不具备限制表决权的前提。其次，公司章程、股东会决议或者股东会协议书，均未作出有关梁某在出资期限届满前应按其实际出资比折算股权比例来行使表决权等类似规定，不具有限制其表决权的依据。

因此，俞某主张梁某剩余 28.9% 股权因未实际出资而应受到限制缺乏前提和依据，无法得到法院支持。如果梁某在第二期出资期限届满后仍未出资，俞某可另行主张权利。

> 律师支招

1. 认缴资本的股东在公司章程没有规定的情况下，有权在出资期限未届满前要求按认缴出资的比例享有相应的表决权。

按期足额缴纳注册资本是每个股东应尽的法定义务，但在认缴注册制的推行下，股东已经不必实际缴纳注册资金，在各股东达成一致的情况下，股东之间可以约定认缴期限，股东对此具有期限利益，只要认缴期限未到期，股东就不存在违反出资义务的情形，换言之，即不属于瑕疵出资股东，不具备限制表决权的前提。

2019 年，最高人民法院在《九民会议纪要》中明确了表决权的推定规则，即公司章程没有规定的，应按照股东认缴出资的比例确定行使表决权。因此，一旦成为公司的股东，在认缴出资期限届满前股东是否履行出资义务并不影响股权比例的认定，股东仍依法享有参与重大决策和选择管理者等权利，有权要求按认缴出资的比例享有表决权。

2. 对于全体股东而言，如果希望约束未出资的股东行使表决权，应事先在公司章程中对认缴出资期限未到的股东表决权作出约定。

根据《九民会议纪要》第 7 条的规定，公司章程如果对未缴纳部分的出资是否享有以及如何行使表决权等问题有规定，在不违反法律强制性规定的情况下，优先适用公司章程的规定。

为了避免日后产生纠纷，公司在成立初期设计公司章程时，应当预先对出资期限、认缴出资期限未到的股东权利作出约定。如果公司既有认缴资本也有实缴资本的股东，认为按认缴比例享有表决权不公平的，可以明确约定股东按照实缴出资比例行使表决权,如果担心引起争议,也可以直接约定各股东分别享有具体比例的表决权。如果公司股东均是认缴,在公司章程中可以设置全体股东的出资期限相同,同时保持各自未认缴出资占注册资本的比例一致,这样的约定对各股东来说是公平的,也更容易被股东接受。

3. 在公司章程没有规定的情况下,如果实缴出资的股东希望按照实缴出资比例行使表决权,需要根据法律规定召开股东大会并按修改公司章程的股权比例通过决议。

也就是说,如果股东会作出不按认缴出资比例而按实际出资比例确定表决权的决议,实际上限制了认缴出资期限未到的股东表决权,也和原有的章程产生了冲突。那么在公司章程已经通过并登记后,股东要通过股东会的方式作出认缴出资股东表决权限制,必须按照修改公司章程的标准,即经代表三分之二以上表决权的股东通过决议。如果股东会决议不符合修改公司章程所要求的表决程序,即便股东会作出按实际出资比例来确定表决权的决议,股东仍可以请求人民法院确认该决议无效。

法条索引

《中华人民共和国公司法》

第四条 有限责任公司的股东以其认缴的出资额为限对公司承担责任;股份有限公司的股东以其认购的股份为限对公司承担责任。

公司股东对公司依法享有资产收益、参与重大决策和选择管理者等权利。

第二十五条 公司股东会、董事会的决议内容违反法律、行政法规的无效。

第四十七条 有限责任公司的注册资本为在公司登记机关登记的全体股东认缴的出资额。全体股东认缴的出资额由股东按照公司章程的规定自公司成立之日起五年内缴足。

法律、行政法规以及国务院决定对有限责任公司注册资本实缴、注册资本最低限额、股东出资期限另有规定的，从其规定。

第六十六条 股东会的议事方式和表决程序，除本法有规定的外，由公司章程规定。

股东会作出决议，应当经代表过半数表决权的股东通过。

股东会作出修改公司章程、增加或者减少注册资本的决议，以及公司合并、分立、解散或者变更公司形式的决议，应当经代表三分之二以上表决权的股东通过。

《最高人民法院关于适用〈中华人民共和国公司法〉若干问题的规定（三）》

第十六条 股东未履行或者未全面履行出资义务或者抽逃出资，公司根据公司章程或者股东会决议对其利润分配请求权、新股优先认购权、剩余财产分配请求权等股东权利作出相应的合理限制，该股东请求认定该限制无效的，人民法院不予支持。

第十七条第一款 有限责任公司的股东未履行出资义务或者抽逃全部出资，经公司催告缴纳或者返还，其在合理期间内仍未缴纳或者返还出资，公司以股东会决议解除该股东的股东资格，该股东请求确认该解除行为无效的，人民法院不予支持。

《全国法院民商事审判工作会议纪要》

7. [表决权能否受限] 股东认缴的出资未届履行期限，对未缴纳部分的出资是否享有以及如何行使表决权等问题，应当根据公司章程来确定。公司章程没有规定的，应当按照认缴出资的比例确定。如果股东（大）会作出不按认缴出资比例而按实际出资比例或者其他标准确定表决权的决议，股东请求确认决议无效的，人民法院应当审查该决议是否符合修改公司章程所要求的表决程序，即必须经代表三分之二以上表决权的股东通过。符合的，人民法院不予支持；反之，则依法予以支持。

第三节　公司内部的冲突及解决

一、章程——公司的"宪法"

>[股东必知]

公司需要依据章程规定的规则来运作和经营。《公司法》第 45 条规定："设立有限责任公司，应当由股东共同制定公司章程。"第 46 条规定："有限责任公司章程应当载明下列事项：（一）公司名称和住所；（二）公司经营范围；（三）公司注册资本；（四）股东的姓名或者名称；（五）股东的出资额、出资方式和出资日期；（六）公司的机构及其产生办法、职权、议事规则；（七）公司法定代表人的产生、变更办法；（八）股东会认为需要规定的其他事项。股东应当在公司章程上签名或者盖章。"

公司章程对公司、股东、董事、监事、高级管理人员都具有约束力。章程是公司"宪法"，也是股东之间在设立公司时所订立的一致决议，内容具有制度性和普遍性的特点。章程绝对、排他的效力，使得法律在一定程度上给予其很大的尊重，如《公司法》中有的条款会在最后加一句"公司章程另有规定的除外"。

正因为公司章程的重要性，所以目前我国各地的登记机关都会制定公司章程模板以供参考。在一些地区，要成立公司的公民在向登记机关填写和递交申请资料的时候，登记机关甚至会派发章程模板要求公民使用。

>[以案说法]

1. 公司章程的制定与修改程序应合法，否则会有章程无效的法律风险

某化工厂注册资本 600 余万元，共有股东 50 人。化工厂在 1998 年成立时订立了章程并向登记机关备案，章程中对化工厂的表决方式实行一人一票，章程载明："股东大会是企业的权力机构，股东大会行使下列职权：……修改企业章程等，股东大会应有三分之二以上股东出席才能召开；股东出席股东大会，每一位股东有一次表决权，作出的决议必须经出席会议的股东所持表决权的半数以上通过方才有效，但对企业合并、分立或解散，以及修改企业章程，必须经出席会议的股东所持表决权的三分之二以上通过方才有效。"

2000年，化工厂召开股东会宣布修改公司章程，表决方式由原来的"一人一票"改为"一股一票"，会上对新章程进行了现场表决后在未进行点票的情况下宣布新章程获得通过。2007年，化工厂召开临时股东会，提出对企业经营等问题进行表决，表决方式按"一股一票"进行，包括陆某、冯某、黄某等在内的部分股东对此提出异议，认为2000年的章程根本未通过，表决方式不能按"一股一票"进行，要求继续执行1998年章程中的"一人一票"表决。为此，部分股东与化工厂发生纠纷，陆某、冯某、黄某向法院提起诉讼。

【律师评析】

1998年经股东大会制定并通过的章程是经过合法程序订立的，并在登记机关登记备案，合法有效。

1998年的章程对修改企业章程这一重大事项规定了特别程序，化工厂主张2000年通过的章程合法有效，在陆某、冯某、黄某等否认的情况下，化工厂应当提供证据予以证实其已通过了原章程规定的修订章程的特殊程序。工厂未能提交其就修改章程制作了符合上述要求的证据。因此，2000年修订章程在内部通过程序中存在瑕疵，不能发生法律效力。

2. 公司章程中对相关事项有特殊规定的，应从其规定

2010年9月，某车辆公司成功改制为有限责任公司，王某是原始股东之一，出资占注册资本的1%。

2016年，某车辆公司修改章程，新章程中规定："公司注册资本中的权益只能转让给公司现有股东。除现有股东外，任何人不得受让公司股权。无论因何种原因，无论股东自愿出让还是被强制出让其股权的，受让人均只能是现有股东。股东要求转让股权但无任何现有股东愿意受让股权的，由公司回购，回购价格按回购日上一年度经审计机构审计确定的公司净资产计算。"

2019年年初，某车辆公司年度股东大会以97%的比例通过了《股东会决议》，王某参加了股东会会议但拒绝在股东会决议及章程修改案上签字。2019年4月，王某向法院提起诉讼，认为股东会决议侵犯了股东的合法财产权、公平退出股份的权利等，要求法院确认股东会决议无效。

【律师评析】

《公司法》第84条第2款规定，股东向股东以外的人转让股权的，应当将股权转让的数量、价格、支付方式和期限等事项书面通知其他股东。但法律尊重"公司自治"原则，因此，章程中所规定的事项与法律规定相冲突时，法律规定以章程约定为准。《公司法》第84条第3款规定："公司章程对股权转让另有规定的，从其规定。"

本案中，车辆公司不准王某对外转让股权看似不合理、不公平，侵犯了他的权利，但是公司章程转让股权的禁止性约定并不违反《公司法》的相关规定，是合法有效的，王某是公司的股东，要受到章程的约束。因此，王某的诉讼请求不能得到法院的支持。

3. 只要不违反法律的强制性规定，章程的内容均有效[①]

安某财务顾问有限公司的章程第36条约定："股东退出分为自愿退出和强制退出。任何股东有下列行为之一出现时，必须全部转让其在公司的股份，由股东会强制取消其股东身份：（一）主观故意侵占或损害公司利益者；（二）利用在公司的地位和职权为自己谋私利者；（三）利用职权

[①] 参见"南京安某财务顾问有限公司诉祝某股东会决议罚款纠纷案"，载《最高人民法院公报》2012年第10期。

收受贿赂或者其他非法收入者；（四）私自动用公司资金或者将公司资金借贷给他人或者用本公司资产为个人债务提供担保者；（五）不按本章程的议事规则和国家有关法律、法规解决股东间有关公司发展和公司治理的分歧，而采取非法手段者；（六）违反公司同业禁止约定者；（七）受公司除名处分者；（八）其他有损公司利益，董事会决议强制退出者。此种情况下转让股份的价值按当时公司账面净值折算后扣除给公司造成的损失及股东会决议的罚款后的余额计算。"

祝某是安某财务顾问有限公司的股东之一，公司调查发现祝某在公司经营过程中存在严重的违纪行为，如具有主观故意侵占或损害公司利益、利用在公司的地位和职权为自己谋私利、违反公司同业禁止等行为。祝某于 2008 年 7 月 24 日辞职，公司于 2009 年 1 月 5 日召开股东会，根据公司章程的规定作出对祝某处以 5 万元罚款的股东会决议。在祝某拒绝支付罚款的情况下，公司向法院提起诉讼要求祝某缴纳罚款。

【判词摘录】

◆在公司章程未作另行约定的情况下，有限公司的股东会并无对股东处以罚款的法定职权，如股东会据此对股东作出处以罚款的决议，则属超越法定职权，决议无效。

◆安某财务顾问有限公司章程第 36 条虽主要是关于取消股东身份的规定，但该条第 2 款明确记载有"股东会决议罚款"，根据章程本身所使用的文义进行解释，在出现该条第 1 款所列八种情形时，安某财务顾问有限公司的股东会可以对当事股东进行罚款。鉴于上述约定是安某财务顾问有限公司的全体股东所预设的对违反公司章程股东的一种制裁措施，符合公司的整体利益，体现了有限公司的人合性特征，不违反《公司法》的禁止性规定，被告祝某亦在章程上签字予以认可，故包括祝某在内的所有股东都应当遵守。据此，安某财务顾问有限公司的股东会依照《公司法》第 38 条第 1 款第 11 项之规定，享有对违反公司章程的股东处以罚款的职权。

◆祝某违反了公司章程,安某财务顾问有限公司股东会可以对祝某处以罚款。根据我国《行政处罚法》的规定,对违法行为给予行政处罚的规定必须公布;未经公布的,不得作为行政处罚的依据,否则该行政处罚无效。本案中,安某财务顾问有限公司在修订公司章程时,虽规定了股东在出现第36条第1款的八种情形时,股东会有权对股东处以罚款,但未在公司章程中明确记载罚款的标准及幅度,使得祝某对违反公司章程行为的后果无法作出事先预料。安某财务顾问有限公司股东会对祝某处以5万元的罚款已明显超出了祝某的可预见范围。故安某财务顾问有限公司临时股东会所作出对祝某罚款的决议明显属法定依据不足,应认定为无效。

> 律师支招

1. 章程对公司来说是非常重要的。在法律没有禁止性规定的前提下,股东在章程中可以对相关事项根据自己的意愿予以约定。例如,在《公司法》中,我们可以看到在一些条款中有"公司章程对×××另有规定的,从其规定"的说法。但如果法条中对某一事项有具体、明确的规定,则必须严格依照法律的规定行事,而不能按章程的约定处理。

2. 使用登记机关提供的章程模板,优点在于登记机关可以根据《公司法》的规定将一些重要的条款在章程中列明,避免公民因为不懂法律而对章程中的条款约定不明确从而导致章程无效的情况发生,减轻了公民在成立公司时的负担,同时也方便了登记机关对公司登记资料的管理。使用模板的缺点则在于每个公司的成立都有其特殊的情况,股东之间对公司未来的经营和运作会有自己的约定,完全使用模板有时并不能满足股东的需要。股东提交的章程内容有时并非各方之间在成立公司时的真实约定。使用范本,容易在公司的治理过程中产生一些本可不必要出现的纠纷。

3. 对于一些登记机关强制要求提交章程范本的情况,股东应该另行签订投资协议,对章程中没有约定或约定不清的事宜作更详细的约定。

4. 要想制定一份好的章程,首先,要考虑到公司重大事项表决的程序、通过比率，不宜比《公司法》更严格，否则，容易导致股东会难以召开，重大事项难以表决通过。其次，要注重保护各个股东的合法权益，即公司连续3年以上盈利时，要给全体股东分红；一般分红比率可为公司当年盈利的35%—40%。要充分保护股东对公司经营管理的知情权、发言权、表决权，不能忽略股东对公司的利益表达诉求。因此，公司陷入僵局时应有妥善的化解办法，如应当规定详细的股权转让、股东退出、股权剥夺机制，最大限度地保护公司权益，妥善保护各个股东的合法权益。最后，要充分保护公司资本维持原则。各个发起人股东应当带头履行出资承诺，履行对公司的各项责任和义务，履行对其他股东应当承担的义务，维护好公司整体利益。[①]

法条索引

《中华人民共和国公司法》

第五条 设立公司应当依法制定公司章程。公司章程对公司、股东、董事、监事、高级管理人员具有约束力。

第四十六条 有限责任公司章程应当载明下列事项：

（一）公司名称和住所；

（二）公司经营范围；

（三）公司注册资本；

（四）股东的姓名或者名称；

（五）股东的出资额、出资方式和出资日期；

（六）公司的机构及其产生办法、职权、议事规则；

（七）公司法定代表人的产生、变更办法；

（八）股东会认为需要规定的其他事项。

股东应当在公司章程上签名或者盖章。

[①] 吴庆宝主编：《最高人民法院专家法官阐释民商裁判疑难问题（2012—2013年卷）》，中国法制出版社2013年版，第43页。

《中华人民共和国市场主体登记管理条例》

第十六条 申请办理市场主体登记,应当提交下列材料:

......

(四)公司、非公司企业法人、农民专业合作社(联合社)章程或者合伙企业合伙协议;

......

二、股东协议与章程之间存在冲突时如何适用

> 股东必知

在成立公司时,发起设立的股东应就成立公司的相关事宜作出约定并签订协议,法律上称该协议为发起人协议。而在公司的经营过程中,公司的股东有可能出现增减,也有可能因特殊情况需要股东之间专门另行签订相关协议。

那么,当公司章程与股东协议的内容存在冲突的时候,如何适用主要分两种情况。

1. 公司章程与股东协议都对某一事项作出约定,但两者的约定不一致

例如,A公司的章程规定了公司的股东为甲、乙、丙三人,而甲、乙、丙、丁四人当初在成立公司的时候,约定公司由四人出资,四人皆为股东。

在公司成立时需要提交一份公司章程供登记机关备案,日后公司的章程修改如增加股东、增资等,均需要提供修改版。任何第三方都可以通过向登记机关提出申请并查询内档的方式了解公司章程的内容。而股东协议是股东之间私下签订的,并不能对抗第三人,因此,当公司章程与股东协议的内容存在冲突时,一般情况下应以公司章程中规定的内容为准。

因目前设立公司采取认缴资本制,有一些公司的股东会私下协商缴纳出资的时间,这与实际的登记备案时所提交的章程约定有冲突。在这种情

况下，有观点认为，在认缴制下，强调对外以认缴资本承担责任，暗含了章程对外的法律效力，即如涉及公司以外的债权人利益，应当以章程为准；如涉及股东之间的出资纠纷，应当以股东订立的符合其真实意思的合同为准。①

未经登记备案的公司章程，笔者认为也属股东的内部协议，若已备案的公司章程和未备案的公司章程在内容上存在冲突，处理公司与外部纠纷时，备案章程效力一般优于未备案章程，应以备案的公司章程为准；处理公司或股东内部纠纷时，公司内部治理纠纷以股东的真实意思为准，需要其他证据辅助判断以哪个章程为准。

2. 公司章程中没有约定的内容，在股东协议中作出了约定

例如，B 公司的股东有甲、乙、丙三人，公司章程并没有约定若股东出现了出资不能的情况该如何承担违约责任的问题。但股东协议明确约定，三人中若有出资不能的情况，不但要在指定的期限内出资，还需要向守约的股东承担相应的违约金。

在这种情况下，由于股东协议只约束签订协议之人，并不约束第三方，因此股东协议只对在协议上签字的股东产生效力。但是章程不同，章程对公司、股东、董事、监事、高级管理人员都具有约束力，上述人员无论何时加入公司，都必须无条件服从章程中约定的事宜。

以案说法

1. 股东协议约定了章程中没有约定的事项，协议条款有效

范某与罗某两人于 2019 年成立了一家项目公司，双方签订协议约定由范某出资 80 万元，占 80%股权；罗某出资 20 万元，占 20%股权。在公司的日常管理运作模式上，约定由范某负责公司的内部事务，罗某对外负责管理业务，合作期限至协议约定的项目完成之日时止，双方在经营的过

---

① 参见王冬青：《认缴资本制下股东出资义务应以实际约定为准》，载《人民法院报》2016 年 2 月 18 日，第 6 版。

程中任何一方不得单方终止合作，否则违约方需要向守约方支付守约方投资额200%的赔偿金。

项目公司成立时，范某与罗某制定了公司章程，章程的内容沿用了登记机关提供的范本，条款均是成立有限责任公司的格式条款，如章程中约定"股东会会议作出修改公司章程、增加或者减少注册资本的决议，以及公司合并、分立、解散或者变更公司形式的决议，必须经代表三分之二以上表决权的股东通过"。

2021年3月，因经济不景气，公司持续亏损，范某单方面提出停止合作，罗某不同意，要求范某支付违约金40万元。范某认为，公司章程没有对违约事项作出规定，因此拒绝赔偿。

【律师评析】

公司章程范本的格式条款大多是从《公司法》中的法律条款中直接引用过来的，范某与罗某制定的章程中对于合作过程中的违约该如何赔偿的问题没有作出规定。但是，双方在成立公司的时候签订了发起人协议，约定了章程中所没有的违约责任，该违约责任也属于公司成立和解散所遇到的事项之一，可以看作对章程的一种补充，因此是合法有效的。虽然范某依据自己的股份占有额，可以提出解散公司终止合作，但是罗某要求范某对其赔偿，是可以得到法院的支持的。

2. 多份公司章程内容不一致，原则上以备案章程条款为准[①]

红某公司由股东东某公司、朱某、刘某、许某等10位自然人组成。

2004年6月5日，红某公司全体股东制定了一份公司章程，规定东某公司以土地使用权进行出资，占股60.57%，享有公司的利润分配权但没有表决权。

2004年6月8日，红某公司全体股东又制定了一份公司章程，章程中

[①] 参见广西壮族自治区南宁市兴宁区人民法院（2012）兴民二初字第569号民事判决书、广西壮族自治区南宁市中级人民法院（2014）南市民二终字第339号民事判决书。

的条款与6月5日签订的大致相同，但是在公司表决条款中规定公司股东按照出资比例行使表决权。该份公司章程被红某公司提交到登记机关登记备案。

2012年8月28日，红某公司召开股东会，股东经过表决免去了朱某的董事职务，东某公司在这次表决中投了赞成票，使得表决同意票数超过了50%。投反对票的朱某、许某等股东认为公司的表决程序有误，根据2004年6月5日的公司章程规定，东某公司是没有表决权的，2004年6月8日的公司章程仅仅是用于备案之用，所以8月28日的公司决议无效，应当撤销。

【判词摘录】

◆本案中，红某公司在登记机关备案的2004年6月8日章程规定"股东会议由股东按照出资比例行使表决权"，与红某公司2004年6月5日章程的规定不相一致。朱某等10人和东某公司在两个版本的章程上均签名盖章，而2004年6月8日章程的签订时间在后，且2004年6月5日章程亦规定"公司登记事项以公司登记机关核定的为准"，故2004年6月8日章程为红某公司各股东最终合意的结果，是当事人的真实意思表示，不违反法律和行政法规的规定，亦未损害他人的利益，应属有效。根据2004年6月8日章程的规定，东某公司占注册资本比例60.57%，享有根据出资份额行使表决权的股东权利。

3. 股东协议的约定不能对抗善意第三人

张某与李某于2017年分别出资50万元占60%股权和25万元占40%股权成立了某贸易公司，公司提交备案的章程是格式条款，对于股权转让事宜规定："股东向股东以外的人转让股权，应当经其他股东过半数同意。股东应就其股权转让事项书面通知其他股东征求同意，其他股东自接到书面通知之日起满三十日未答复的，视为同意转让。其他股东半数以上不同意转让的，不同意的股东应当购买该转让的股权；不购买的，视为同意转让。"公司成立后，张某与李某另行签订了一份合作协议，对股权转让事宜，双方又约定为"李某对外转让股权，若张某不同意，李某只能将股权以作价的八折价格转让给张某"。

2020年，李某希望将自己名下的20%股权转让给第三人吴某，李某将此事告知张某，张某不同意，并要求李某将股权按照转让股权价格的八折转让给自己。随后因李某与张某之间就转让价格的问题谈不拢，李某与吴某签订协议，约定李某将自己名下20%的股份以100万元的价格转让给吴某，随后因张某的阻挠，公司一直不为吴某办理股东变更事宜。吴某不服，向法院起诉。

【律师评析】

第三人购买公司股东的股份而公司其他股东阻挠、拒绝办理股东变更登记的情况十分常见，因此引发的纠纷也很多。对于此类案件该如何处理，不同法院可能会作出不同的判决。笔者认为，公司的章程在登记机关备案，可以供外界进行查阅，存在公示的性质，第三人可以通过章程了解公司的治理规则。股东之间的协议仅对在协议中签名确认的股东产生约束力，并不能对抗善意第三人。

本案中的吴某在与李某商谈购买股权事宜时，并不能知悉李某与张某之间存在折价转让股份的约定，吴某只能在登记机关查阅登记资料看到公司章程的内容，而章程中并没有李某与张某折价转让的约定。吴某购买股份的行为应该认定为有效，而张某只能以李某存在违约行为主张相应的违约责任。

4. 涉及股东之间的出资纠纷，公司章程规定与股东内部协议约定不一致的，以股东内部协议的约定为准[①]

2014年4月19日，丁某、同某公司与沈某、钱某和王某签订了一份《合作协议书》，约定共同设立某中医门诊部，注册资本500万元。五方又

---

① 参见王冬青：《认缴资本制下股东出资义务应以实际约定为准》，载《人民法院报》2016年2月18日，第6版。

私下约定：丁某以办理公司各类证件为出资方式，同某公司以提供经营住所及企业名号等为出资方式，沈某以现金500万元为出资方式，钱某以落实沈某资金和提供药物配方等无形资产为出资方式，王某以智力投入为出资方式。五方协商，沈某将首付款200万元汇入公司开办账户，剩余300万元按公司经营需求逐步到账。

基于登记机关登记的要求，五方在公司章程中约定各股东按约定的股份比例以现金出资，丁某认缴50万元、同某公司认缴115万元、沈某认缴150万元、钱某认缴145万元、王某认缴40万元。公司于2014年5月14日成立，并取得《医疗机构执业许可证》。

2015年，丁某、同某公司与钱某和沈某因为在门诊部的经营和管理过程中出现矛盾，关系恶化，8月27日，由钱某提议，在丁某和同某公司未到会的情况下，钱某、沈某和王某召开了临时股东会会议，并形成股东出资、出资期限等相关决议。丁某和同某公司不服股东会决议，于是向法院起诉，要求钱某和沈某立即向公司账户存入之前未缴纳的300万元出资款。

【律师评析】

有限责任公司的注册资本为在公司登记机关登记的全体股东认缴的出资额。股东未履行或者未全面履行出资义务，公司或者其他股东有权请求其向公司依法全面履行出资义务。在不违反法律、行政法规等关于股东出资的强制性规定的前提下，具体出资时间属公司自治行为。

因此，丁某、同某公司的诉讼请求不能得到支持。

律师支招

1. 股东协议中约定了在公司章程中没有约定的内容，这种情况可以看成股东协议中的该条款是对公司章程的一种补充性约定，因此，股东协议中约定的内容只要不是法律禁止的事项，都应该是有效的。在目前公司章程普遍使用范本的情况下，公司不同股东之间也有各自的约定，因此，股东之间经常签订相关的股东协议是非常有必要的。

2. 未备案的公司章程仅为股东协议的性质，如果条款与已备案的公司章程存在内容上的冲突，司法实践中倾向认定已备案的公司章程条款效力优先，除非股东可以证明未备案的公司章程条款应优先适用。所以股东可以通过内部协议明确提交登记机关的公司章程仅为备案之用，若条款存在冲突，以某个具体时间签订的公司章程或股东协议内容为准。但需要注意的是，内部未经备案的公司章程或股东协议，不能约束签名股东之外的第三方。

3. 股东在成立公司时签订的协议是股东协议，协议仅对在上面签字的股东产生法律效力，因此，在公司设立后的经营过程中，如若有新股东的加入，需要对一些章程中没有明确的问题作出约定的，应该重新签订股东协议。

4. 股东协议中约定的内容，不能与《公司法》规定的内容相冲突，也不能约定法律禁止性的事项，否则会被认定为无效。

5. 与公司进行交易合作（如注资入股、购买股权）的第三方当事人，应该在与公司交易之前认真了解公司股东之间对于该特定的事项是否作出了特别的约定，必要时应到登记机关查看公司章程。在进行交易合作时，签订协议应该尽量征得公司全体股东的同意并签字，这样可以尽量避免不必要的纠纷发生。

法条索引

《山东省高级人民法院关于审理公司纠纷案件若干问题的意见（试行）》

4. 发起人之间在设立公司过程中产生的纠纷按照发起人协议或投资协议处理，未订立发起人协议或投资协议的，按照公司章程处理。发起人协议或投资协议被确认无效的，按照有关法律规定处理。

公司成立后，发起人协议或投资协议与公司章程规定不一致的，以公司章程规定为准。但发起人之间有特殊约定的除外。

《浙江省高级人民法院民事审判第二庭关于公司法适用若干疑难问题的理解》

2. 公司设立协议与公司章程何者优先适用？

公司章程通常是在设立协议的基础上根据法律的规定制成，在没有争议和符合《公司法》的前提下，设立协议的基本内容通常都为公司章程所吸收，甚至设立协议的条文为公司章程原封不动地搬用，一般不会发生二者间的矛盾和冲突。但是，如果对于相同的事项，设立协议与公司章程有不同的规定，甚至产生冲突。出现此情形时，设立协议应让位于公司章程。如果设立协议中有公司章程未涉及但又属公司存续或解散之后可能会遇到的事项，相应的条款可继续有效，但效力只应限于签约的发起人或原始股东。

三、公司的公章该由谁持有

股东必知

在目前的司法实践中，对材料真实性的认定，适用"认章不认人"的做法。在一些中小型民营公司中，一般情况下公章由法定代表人或公司实际控制人持有；而在一些更为规范的企业，公章则由专门的行政职员管理，需要根据公司的具体规定来使用。签名在司法实践中的作用和价值都不大，而公章则是认定材料内容真实性的重要依据，具有"至高无上"的意思表示功能。也正因如此，才会出现某一控制公司的大股东或者法定代表人控制了公司的公章，当与其他股东之间存在矛盾时，不经其他股东的同意便使用公章对外代表公司，从而引发其他股东向法院起诉的案件。

加盖公章是公司意思表示的象征，而公章必然由个人持有。因此，有权掌管和占有公章的自然人一旦被解除授权（多数情况下为解除其原职务），其就无法继续掌管和占有公章，应当交还公司；如果不交还，即转化为非法持有,并构成对公司的有形物权利和其代表的公司的人格权和其他合法民事权益的侵害,同时妨害公司进行正常的经营活动。

因为公章的重要性及特殊性,因此要求返还公章的案件,实际上是股东之间对公司控制权的纠纷。

> 以案说法

1. 公章的所有权归属应当根据公司制定的相关规章制度认定

东方公司是由水产品公司、农产品公司及水产市场经营管理公司共同成立的。2007年,东方公司制定了《印章管理制度》,明确公章由总裁办公室专人负责保管,公司领导或法定代表人授权委托人签字批准并登记后方可盖章或带出使用。2009年,因为法院的强制执行,农产品公司及水产市场经营管理公司所拥有的股份转让给了禹某投资公司,禹某投资公司成为大股东并委派张某担任东方公司的总裁,但未进行法定代表人的变更。

股权转让后新、旧股东之间的关系并不融洽,常常出现纠纷,随后东方公司的公章一直由原来的法定代表人胡某所控制,张某向法院起诉要求胡某交出公章。法院判决张某胜诉并要求胡某交出公章。随后,水产市场经营管理公司以东方公司股东的身份向法院起诉张某,要求张某在取得公章后交还给东方公司。

【律师评析】

即使张某依据董事会决议担任东方公司法定代表人的主张能够成立,法定代表人作为公司设置的机构之一,仍应当在公司章程、股东会决议、董事会决议,以及公司管理制度规定的范围内对外行使职权。

东方公司已制定了明确的《印章管理制度》,其中规定公司公章由总裁办公室专人负责保管,公司领导或法定代表人授权委托人签字批准登记后使用。可见,负责保管之人并非由法定代表人任意指定,且使用公章需经过特定程序。如张某的主张成立,则东方公司制定的《印章管理制度》将形同虚设,显然与其制定初衷相悖。

水产公司以股东身份依据公司管理制度代表东方公司主张返还公章并无不当。

2. 公司变更公章管理权，需要按照章程的约定处理

天某房地产公司是由纺织公司、台某投资公司以及信某国际公司共同成立的。2004年11月，三股东签订《合作经营合同》，约定三方同意本着财务收支两条线，分开银行账户管理的原则，开设银行专款账户。明确印章由三方共管，纺织公司、台某投资公司各执一枚印章，信某国际公司执行政章及财务章。资金拨付票据使用和向其他账户拨付资金必须由三方委派的管理人员一致同意。

2010年7月9日，天某房地产公司召开董事会提出了公司存在印章违法使用的问题并要求作出纠正，董事会最终提出了《关于纠正公司印章违法管理的问题》的决议，立即变更原公章的使用和管理方式，不再执行三方共管；坚持依法变更公司银行账户的预留个人名章（印鉴）为董事长指定的人员。纺织公司不同意对公章管理使用进行变更，认为董事会决议应予撤销，遂向法院提起诉讼。

【律师评析】

就本案诉争董事会决议的表决内容看，《关于纠正公司印章违法管理的问题》的董事会决议，涉及印章管理使用问题，是以过半数的方式予以表决通过的，明显与《合作经营合同》"关于印章管理使用问题需要三方一致同意"的约定相悖。故该决议应当予以撤销。

律师支招

虽然现实生活中由法定代表人持有公章的情况十分常见，但是，公章是公司对外意思表示的象征，属于公司的财物，原则上应归公司管理，即使是法定代表人，也应当根据相关的公司管理制度使用公章。若公章管理不当，则很有可能会导致法定代表人或公司实际控制人持有公章对外私自使用，损害公司及其他股东的利益。因此，公司应当制定严格完善的公章

使用管理规定，做好公章使用的审批和备案手续，对于文件盖章由谁审批、谁同意，需要有明确的记载，以便公章的使用出现问题时追责。

法条索引

《中华人民共和国民法典》

第二百三十五条　无权占有不动产或者动产的，权利人可以请求返还原物。

第二百六十九条　营利法人对其不动产和动产依照法律、行政法规以及章程享有占有、使用、收益和处分的权利。

《第二次全国涉外商事海事审判工作会议纪要》

91. 外商投资企业以持有该外商投资企业公章的自然人、法人或者其他组织为被告向人民法院提起诉讼，请求返还公章的，人民法院应予受理。

第七章
公司的解散和退出

导语

　　本章重点探讨了公司在特定情境下的解散和退出机制，旨在帮助股东、管理者以及法律从业者了解公司在面临困境或无法持续经营时，如何通过法律途径实现有序解散和清算，保障各方权益。公司解散与退出不仅是公司生命周期中的重要环节，也是维护市场经济秩序、保护债权人利益、促进资源合理配置的必要手段。

　　通过理解和掌握本章内容，读者可以更好地应对公司解散和清算过程中的各种挑战与问题，确保公司能够有序、合法地退出市场，维护各方权益。

第一节　公司解散的情形与要求

一、对公司陷入僵局有过错的股东能否诉请解散公司

股东必知

公司的设立是股东协商一致后作出的决定，但在公司经营过程中，各方的想法却不总是一致的，股东出于各自立场和利益的考量，难免会出现纠纷与争吵。矛盾一旦激化又无法化解时，就会出现股东会、董事会等不能按照法定程序作出决策，从而使公司陷入无法正常运转，甚至瘫痪的状况，也就是我们常说的"公司僵局"。

《公司法》规定当公司经营管理发生严重困难，继续存续会使股东利益受到重大损失，通过其他途径不能解决时，持有表决权10%以上的股东（如章程无特殊约定，持股比例等同于表决权比例）可以向法院起诉要求解散公司。

实践中，公司经营管理发生严重困难，基本上是公司股东之间的矛盾导致公司决策和运作机制失灵造成的，各方股东各持己见，互相都认为对方才是造成僵局的始作俑者。在长期积累的矛盾下，一旦有股东提起公司解散之诉，其余股东就可能会认为，公司本就是因为这个股东造成僵局的，他（她）没有资格提起解散之诉。根据现有案例显示，股东起诉解散公司，并不受有过错的限制，若公司和其他股东以起诉的股东对公司陷入僵局有过错为理由提出抗辩，并不能得到法院的支持。

> **以案说法**

股东对公司僵局的产生具有过错，不影响其申请解散的权利

富某公司是在中国境内设立的外资企业，股东为仕某公司及永某公司，两股东分别持股60%和40%。根据富某公司章程规定，董事会由三名董事组成，仕某公司委派两名，永某公司委派一名。富某公司的登记信息显示，永某公司委派的黄某担任董事长，仕某公司委派的郑某、张某担任董事，张某同时兼任经理。

后双方股东因为对富某公司治理结构、专利技术归属、关联交易等方面发生争议，仕某公司委派的董事张某离开富某公司并到具有竞争关系的公司担任执行董事、法定代表人职务。

因为张某的离开，仕某公司和永某公司两股东的关系进一步恶化，富某公司无法召开股东会，同时经营出现了严重困难。持有公司股份60%的仕某公司向法院起诉提出解散富某公司的请求，富某公司和永某公司反对，认为公司陷入僵局是仕某公司导致的，仕某公司提起解散公司之诉目的是恶意的，不应得到支持。

【律师评析】

公司能否解散取决于公司是否存在僵局以及是否符合《公司法》第231条规定的实质条件，而不取决于公司僵局产生的原因和责任。《公司法》第231条没有限制过错方股东解散公司，因此即使一方股东对公司僵局的产生具有过错，其仍然有权依据该条规定，请求解散公司。

富某公司经营管理发生严重困难，继续存续会使股东利益受到重大损失，通过其他途径不能解决，仕某公司作为持有60%股份的股东，提出解散富某公司的请求，符合《公司法》第231条的规定。

至于仕某公司委派的董事张某是否存在违反董事竞业禁止义务的过错行为、应否承担赔偿富某公司损失的民事责任，富某公司可以通过另案解决，与本案无涉。

律师支招

1. 处理公司解散纠纷是法院对公司主体是否能够依法存续作出判断，而非对造成僵局的原因中何人具有过错进行评价，也就是说，在案件审理过程中，法院只对《公司法解释（二）》第1条中公司解散事由是否成就进行认定。

因此，如果满足《公司法》第231条规定的表决权条件，对造成公司僵局有过错的股东同样有权依据该规定提起公司解散纠纷诉讼，这并不属于滥用权利、恶意诉讼的情形，公司仍然可以因此被解散。

2. 当对公司僵局有过错的股东请求解散公司时，无过错方股东在诉讼中以对方有过错作为不同意解散公司的抗辩理由难以得到法官采信。但是，这并不意味着无过错股东的权利就无法得到保障，其完全可以根据其他相关的法律规定对有过错的股东另行提起诉讼，要求有过错的股东承担因过错行为而给无过错股东造成的损失。

如果股东作为员工违反竞业限制侵害公司利益，公司可以通过劳动争议仲裁解决纠纷；如果过错股东对其他股东造成损害，其他股东可以以损害股东利益责任为案由提起诉讼。

法条索引

《中华人民共和国公司法》

第二百三十一条 公司经营管理发生严重困难，继续存续会使股东利益受到重大损失，通过其他途径不能解决的，持有公司百分之十以上表决权的股东，可以请求人民法院解散公司。

《最高人民法院关于适用〈中华人民共和国公司法〉若干问题的规定（二）》

第一条第一款 单独或者合计持有公司全部股东表决权百分之十以上

的股东，以下列事由之一提起解散公司诉讼，并符合公司法第一百八十二条①规定的，人民法院应予受理：

（一）公司持续两年以上无法召开股东会或者股东大会，公司经营管理发生严重困难的；

（二）股东表决时无法达到法定或者公司章程规定的比例，持续两年以上不能做出有效的股东会或者股东大会决议，公司经营管理发生严重困难的；

（三）公司董事长期冲突，且无法通过股东会或者股东大会解决，公司经营管理发生严重困难的；

（四）经营管理发生其他严重困难，公司继续存续会使股东利益受到重大损失的情形。

二、公司解散纠纷中，法院如何认定公司是否陷入僵局

股东必知

公司解散有自行解散、行政解散、司法解散三种方式。在司法解散方式中，由于股东之间立场对立，矛盾冲突也最为激烈。考虑到公司解散对员工、其他股东以及社会的影响，《公司法》第231条规定，只有通过其他途径不能解决时，才赋予股东请求解散公司的权利。实践中，法院对通过司法程序解散公司向来都是持谨慎的态度。

在审查公司是否应当予以解散时，法院对《公司法》第231条"公司经营管理发生严重困难，继续存续会使股东利益受到重大损失"规定的前置性条件进行的是实体审查。该条规定较为概括，虽然《公司法解释（二）》第1条对这个前置性条件给出了进一步的解释，但对于公司经营管理发生严重困难的界定仍不够明确，各地法院在司法实践中还存在

---

① 现为《公司法》第231条。

分歧。

从目前的司法实践来看，经营管理发生严重困难并非简单地指公司资金缺乏、经营亏损等商业经营能力发生困难，而是着重于判断公司管理方面的决策机构、治理状态是否已经失灵及陷入僵局。

以案说法

公司无法正常运行，经营管理已陷入困境，符合司法解散的条件[①]

信某公司于 2013 年成立，股东仅有王某一人。2015 年王某与妻子黄某离婚，因为信某公司是王某于婚后设立的，所以公司股份被认定为夫妻共同财产，王某与黄某作为股东各享有 50% 的股权。

黄某因判决成为公司股东后，公司经营管理仍由王某一人决定。黄某多次要求召开股东会，了解信某公司的经营状况及查阅公司财务账册，王某均拒绝。

黄某以无法召开股东会、作为股东无法对公司进行管理为由要求解散信某公司。

【判词摘录】

◆信某公司的经营管理已发生严重困难。公司的正常经营管理通常建立在权力机构（股东会）、执行机构（董事或执行董事）及监督机构（监事会或监事）有效运行的基础上，信某公司的股权结构为王某与黄某各持50%，一旦两名股东之间发生意见分歧，必将导致两股东无法对涉及公司资本变动、经营方针、利润分配方案等重大经营管理事务形成有效决策。在黄某因法院判决成为公司股东后，公司至今无法正常召开股东会，可见内部机制已无法正常运行，该公司的经营管理已陷入困境。

◆信某公司的存续会使股东黄某的利益受到重大损失。信某公司的内部运作机制早已失灵，黄某虽为股东，却连登记机关存档的股东会决议和

[①] 参见广州市中级人民法院（2018）粤 01 民终 15499 号民事判决书。

章程等文件的签名都被王某代签，说明其股东权利处于被剥夺状态。如果这样的局面继续存续，其合法权益将进一步遭受重大损失。

◆信某公司的僵局长期无法解决，法院应当及时判决。庭审中，黄某和王某无法达成一致意见，公司不同意收购黄某的股份。据此，信某公司的股东已穷尽了其他救济途径，仍无法打破公司僵局，符合通过司法程序解散的条件。黄某持有信某公司50%的股权，符合法律规定的关于提起公司解散诉讼的股东须持有公司10%以上股份的条件。

◆信某公司经营管理发生严重困难后，通过其他途径无法解决，继续存续将会使股东利益受损，已符合公司解散条件，故判决解散信某公司。

律师支招

1. 从事前预防和事后补救的效果来看，股东在公司创立阶段事先通过股权结构及公司章程的设置对预防僵局起到的作用更大，更有利于避免公司僵局的出现，从而维护股东的权益。

2. 公司陷入僵局的常见原因之一就是股权分配不合理，根据公司法规定，股东大会对一般事项作出决议须经出席会议的股东所持表决权过半数通过，而实践中最常见的不合理股权比例就是50：50。由于股东会决议的形成需要多数决，一旦股东间出现50：50的表决权对峙，就会导致决策机制失灵，影响公司的经营管理，从而引发僵局。因此公司应尽量避免采取50：50的股权比例，如果实在无法避免，可以同时在公司章程中特别约定表决权比例。

3. 公司继续存续是否会使股东利益受到重大损失是司法解散过程中审查的重点之一，因此，面对未来可能产生的僵局，公司应在章程中预先设置保护中小股东权益的机制。一方面，章程可对大股东的决策和表决的权利进行一定的限制，使得大股东不会滥用表决权使公司陷入僵局；另一方面，为保护小股东的权利，章程应规定董事会成员与股东会成员不得完全重合。由于有限责任公司兼有资合性和人合性，可以在章程中事先规定在股东死亡、离婚情况下的股权处理方式，避免因新股东的加入影响公司的经营管理。

4. 公司出现僵局后解散并非其必然出路，法院只有在穷尽了救济途径仍无法打破公司僵局的情况下才会判决公司解散。因此在面临公司僵局时，可通过由股东一方受让另一方的股权转让、公司回购一方股东的股权并进行减资的方式化解僵局。但是，由于陷入僵局后股东之间矛盾激化，往往无法就股权价格达成一致，因此公司章程应预先设置股东的退出条款，确定好各方认可的强制收购股权的价格计算方法，避免公司无法打破僵局被解散。

法条索引

《中华人民共和国公司法》

第二百三十一条 公司经营管理发生严重困难，继续存续会使股东利益受到重大损失，通过其他途径不能解决的，持有公司百分之十以上表决权的股东，可以请求人民法院解散公司。

《最高人民法院关于适用〈中华人民共和国公司法〉若干问题的规定（二）》

第一条第一款 单独或者合计持有公司全部股东表决权百分之十以上的股东，以下列事由之一提起解散公司诉讼，并符合公司法第一百八十二条[①]规定的，人民法院应予受理：

（一）公司持续两年以上无法召开股东会或者股东大会，公司经营管理发生严重困难的；

（二）股东表决时无法达到法定或者公司章程规定的比例，持续两年以上不能做出有效的股东会或者股东大会决议，公司经营管理发生严重困难的；

---

① 现为《公司法》第231条。

（三）公司董事长期冲突，且无法通过股东会或者股东大会解决，公司经营管理发生严重困难的；

（四）经营管理发生其他严重困难，公司继续存续会使股东利益受到重大损失的情形。

第二节　公司清算

一、公司宣告破产，股东是否还需要承担出资义务

> 股东必知

公司不能清偿到期债务，并且资产不足以清偿全部债务或者明显缺乏清偿能力，或者有明显丧失清偿能力可能的，可以依照法律的相关规定向人民法院提出重整、和解或者破产清算申请。

依法被宣告破产的公司，将由法院依照有关法律规定，组织股东、有关机关及有关专业人员成立清算组，对公司进行破产清算。而股东尚未缴纳的出资均应作为清算财产。也就是说，公司宣告破产，并不意味着股东的出资义务就可以当然免除。公司进入破产程序后，若股东尚未完全履行出资义务，仍需向公司履行出资义务，而不受到出资期限的限制。

有限责任公司的股东以其认缴的出资额为限对公司承担责任；股份有限公司的股东以其认购的股份为限对公司承担责任。公司破产后，若公司资产不足以清偿债务，且股东仍未完全履行出资义务，债权人可要求公司设立时的其他股东或者发起人在未缴出资范围内对公司债务承担连带清偿责任。

以案说法

公司破产，股东尚未缴纳的出资应作为清算财产[①]

臧某为T公司的债权人，经法院生效判决确认的债权为14万余元。

T公司于2015年8月7日登记设立，注册资本为1亿元。朱某、严某、罗某是T公司注册时的登记股东。其中，朱某认缴注册资本5100万元，持股51%；严某认缴注册资本3000万元，持股30%；罗某认缴注册资本1900万元，持股19%，并担任公司的法定代表人。2017年4月26日，股东变更为朱某认缴5100万元，持股51%；孙某认缴4900万元，持股49%，公司法定代表人变更为孙某。

后T公司被法院依法宣告破产，破产管理人确认在该公司的登记信息中没有查询到股东出资记录及验资证明，管理人也未接管到相关账册材料。破产程序已经终结，管理人确认在破产清算过程中没有向臧某支付过确认的债务。

臧某起诉要求朱某、严某、罗某和孙某四人对债务承担连带清偿责任。

【判词摘录】

◆本案中，朱某、严某、罗某作为T公司创立时的股东，在公司存续过程中，孙某受让严某和罗某的股权而成为股东，现有证据证实朱某、严某、罗某和孙某均未履行股东出资义务，由于T公司已经破产，且在破产清算中未对臧某的债务进行清偿，朱某、严某、罗某和孙某作为T公司的股东，认购公司股份后未履行出资义务，应当在各自认购股份范围内对T公司的债务承担赔偿责任。

◆T公司存续期间的注册资本额为1亿元，朱某、严某、罗某和孙某作为股东，其认购的股份按照股价分别为5100万元、3000万元、1900万

[①] 参见深圳市中级人民法院（2019）粤03民终21410号二审民事判决书。

元和 4900 万元，朱某、严某、罗某和孙某应当在上述金额内对债务承担连带清偿责任。

律师支招

现行注册资本认缴制度下，股东应当量力而行决定认缴金额。公司破产后，需对公司财产进行清算，以清偿公司的对外债务，股东尚未缴纳的出资均应作为清算财产，股东应当及时补足认缴出资额，以免诉累。

法条索引

《中华人民共和国公司法》

第三条　公司是企业法人，有独立的法人财产，享有法人财产权。公司以其全部财产对公司的债务承担责任。

公司的合法权益受法律保护，不受侵犯。

《最高人民法院关于适用〈中华人民共和国公司法〉若干问题的规定（二）》

第二十二条　公司解散时，股东尚未缴纳的出资均应作为清算财产。股东尚未缴纳的出资，包括到期应缴未缴的出资，以及依照公司法第二十六条和第八十条①的规定分期缴纳尚未届满缴纳期限的出资。

公司财产不足以清偿债务时，债权人主张未缴出资股东，以及公司设立时的其他股东或者发起人在未缴出资范围内对公司债务承担连带清偿责任的，人民法院应依法予以支持。

---

① 现为《公司法》第 47 条和第 96 条。

二、清算主体未履行通知义务应对债权人承担赔偿责任

> 股东必知

公司的注销代表法人主体资格的灭失，也意味着正常注销的公司原有的债务也随之归于消灭，但公司注销的前提是完成清算。清算组由董事组成，除非公司章程另有规定或者股东会决议另选他人。在实践中，有的股东作为清算组成员希望"低调"注销公司，采取偷偷隐瞒债权、在小报纸上随意发个简单公告等方式以求躲过债权人的债权申报。

为了有效保护公司债权人的合法利益，强化清算义务人依法清算的法律责任，避免债权人在清算中被遗漏，2023年修订的《公司法》第235条第1款规定了清算组应当自成立之日起10日内通知债权人，并于60日内在报纸上或者国家企业信息公示系统公告。对比原来的规定可知，为适应信息化时代，本次新规增加了信息公示系统的公告方式。《公司法解释（二）》第11条对不同对象的通知方式提出了不同的要求，对于已知的债权人，清算组应当在法定期限内将公司解散清算事宜进行书面通知。未书面通知的，即使清算组已经在报纸上公告，也不能免除其对已知债权人的书面通知义务，导致债权人未及时申报债权而未获清偿的，清算主体应对造成的损失承担赔偿责任。

> 以案说法

公司清算未尽告知债权人义务，股东承担连带责任

廖某、黄某、陈某及刘某是某投资公司的股东。2013年，投资公司与某中介公司签订了商铺独家代理合同，约定由投资公司委托中介公司独家代理销售某楼盘商铺项目。后中介公司促成了三笔商铺交易，但投资公司没有支付佣金。2013年9月，投资公司股东会通过决议，决定停止公司经营并成立清算组，成员为四位股东。清算期间，清算组并没有通知中介公

司申报债权，2013年12月，投资公司注销。2014年，中介公司向法院起诉要求清算组成员赔偿佣金40余万元及违约金。

【律师评析】

四被告作为公司的股东，通过股东会决议决定停止经营并组成清算组进行清算，清算组的组成形式不违反法律规定。依照《公司法》规定，清算组应当自成立之日起10日内通知债权人，并于60日内在报纸上或国家企业信用信息公示系统进行公告。

本案不存在中介公司下落不明无法通知的情形，公司清算组成立后没有履行通知中介公司申报债权的义务，故四股东应向中介公司连带清偿佣金及违约金。

律师支招

1. 公司进行清算时，清算组应严格履行书面通知已知债权人和公告未知债权人的义务。

根据《公司法司解释（二）》第11条的规定，通知债权人的方式分为两种情形：对于已知的债权人，由于公司确切知悉债权的种类、性质、金额、掌握债权人的基本信息，基于诚实信用原则，公司应当尽到更高的注意义务。清算组需将公司解散清算事宜以书面通知形式进行通知，在这个过程中，清算组需保留好证明履行通知义务的相关证据，包括通知文件、快递底单、电子邮件等。对于未知的债权人，由于信息的未知性和不确定性，公司只需尽到一般的注意义务，根据公司规模和营业地域范围在全国或者公司注册登记地省级有影响的报纸上或国家企业信用信息公示系统将公司解散清算事宜进行公告通知即可。

两种通知方式所适用的对象不同，清算组在进行清算时必须严格区分，不可相互替代，如果公司存在已知债权人而清算组未向其发出书面通知，仅仅是在报纸上发布公告，属于并未履行通知债权人的法定义务，清算主体将面临被公司债权人追究赔偿责任的风险。

2. 债权申报通知及公告内容应当详尽，否则易被视为未完全履行通知义务。

现行法律规定并未明确通知和公告中应载明的具体内容，但从司法实践的情况来看，为督促债权人及时有效申报债权，通知和公告中应包含清算状态的申明、债权债务申报登记的时间与地点、申报所需要提交的相关材料、申报登记联系人这些信息的详细说明。如因缺乏重要信息导致债权人未及时申报债权而未获清偿的，清算主体仍有可能被债权人追究赔偿责任。

3. 公司债权人应当在接到通知书后在规定期限内及时申报债权，避免逾期申报债权时权利受限，甚至丧失债权受偿的权利。

法律对债权人申报债权规定了相应的时间限制，债权人应当自接到通知书之日起 30 日内，未接到通知书的自公告之日起 45 日内，向清算组申报其债权。债权人在规定的期限内未申报债权的，其权利会受到限制。在公司清算报告经股东会、股东大会或者人民法院确认完毕前，债权人虽可以补充申报债权，但补充申报的债权仅可以在公司尚未分配财产中依法清偿。

法条索引

《中华人民共和国公司法》

第二百三十五条 清算组应当自成立之日起十日内通知债权人，并于六十日内在报纸上或者国家企业信用信息公示系统公告。债权人应当自接到通知之日起三十日内，未接到通知的自公告之日起四十五日内，向清算组申报其债权。

债权人申报债权，应当说明债权的有关事项，并提供证明材料。清算组应当对债权进行登记。

在申报债权期间，清算组不得对债权人进行清偿。

《最高人民法院关于适用〈中华人民共和国公司法〉若干问题的规定（二）》

第十一条 公司清算时，清算组应当按照公司法第一百八十五条[①]的规定，将公司解散清算事宜书面通知全体已知债权人，并根据公司规模和营业地域范围在全国或者公司注册登记地省级有影响的报纸上进行公告。

清算组未按照前款规定履行通知和公告义务，导致债权人未及时申报债权而未获清偿，债权人主张清算组成员对因此造成的损失承担赔偿责任的，人民法院应依法予以支持。

第十三条 债权人在规定的期限内未申报债权，在公司清算程序终结前补充申报的，清算组应予登记。

公司清算程序终结，是指清算报告经股东会、股东大会或者人民法院确认完毕。

第十四条第一款 债权人补充申报的债权，可以在公司尚未分配财产中依法清偿。公司尚未分配财产不能全额清偿，债权人主张股东以其在剩余财产分配中已经取得的财产予以清偿的，人民法院应予支持；但债权人因重大过错未在规定期限内申报债权的除外。

三、公司破产股东拒不交出印章、账簿的法律责任

> 股东必知

公司进入破产程序后，将由管理人接管公司的财产、印章和账簿、文书等资料，管理人将调查公司的财产状况、制作财产状况报告等，厘清公司的债权债务关系、资产等。公司股东应配合移交财产、印章、财务清册及账簿等资料。

若股东拒不交出印章、账簿，将导致公司无法清算，管理人无法对公

[①] 现为《公司法》第 235 条。

司既有债权债务关系、财产状况进行全面清理。破产程序终结后,债权人可向公司股东提起诉讼,要求股东对公司债务承担连带责任。

> 以案说法

公司破产,股东不提供真实完整的财务账册导致无法清算,股东应承担连带责任[①]

林某、陈某为设备公司的股东。孙某为设备公司的债权人,经法院生效判决确认其对设备公司享有债权 20000 元。因设备公司无法履行判决所确认的债务,孙某作为债权人向法院起诉申请设备公司破产。

法院在受理孙某的破产申请后,由破产管理人通过登报、邮寄、亲自上门等多种方式向公司的股东林某、陈某告知应移交设备公司印章、账簿、财产,但两股东均未向管理人移交,导致无法清算,法院最终裁定设备公司破产,并终结破产程序。

孙某将股东林某、陈某诉至法院,要求他们对设备公司欠款承担连带责任。

【判词摘录】

◆林某、陈某作为设备公司的股东,在破产程序中经通知不提供真实完整的财务账册,致使破产管理人无法追查该公司的财产,孙某作为设备公司的债权人,请求两位股东对设备公司尚欠其 20000 元无争议债权承担连带清偿责任,法院予以支持。

> 律师支招

有限责任公司解散事由出现后,公司股东未履行清算义务,在公司进入破产清算程序后,拒不移交财产、印章、财务清册及账簿等资料的,人民法院可以对责任人处以罚款,并在终结裁定中告知债权人依法追究清算

[①] 参见温州市龙湾区人民法院(2017)浙 0303 民初 4242 号民事判决书。

义务人相关责任。因此，公司股东应当妥善保管公司财产、账簿、印章等，若公司经营不善破产，应当依法提供相关财务账簿资料，配合履行清算义务，以免诉累。

法条索引

《最高人民法院关于适用〈中华人民共和国公司法〉若干问题的规定（二）》

第十八条 有限责任公司的股东、股份有限公司的董事和控股股东未在法定期限内成立清算组开始清算，导致公司财产贬值、流失、毁损或者灭失，债权人主张其在造成损失范围内对公司债务承担赔偿责任的，人民法院应依法予以支持。

有限责任公司的股东、股份有限公司的董事和控股股东因怠于履行义务，导致公司主要财产、账册、重要文件等灭失，无法进行清算，债权人主张其对公司债务承担连带清偿责任的，人民法院应依法予以支持。

上述情形系实际控制人原因造成，债权人主张实际控制人对公司债务承担相应民事责任的，人民法院应依法予以支持。

《最高人民法院关于债权人对人员下落不明或者财产状况不清的债务人申请破产清算案件如何处理的批复》

债务人的有关人员不履行法定义务，人民法院可依据有关法律规定追究其相应法律责任；其行为导致无法清算或者造成损失，有关权利人起诉请求其承担相应民事责任的，人民法院应依法予以支持。

《关于审理公司强制清算案件工作座谈会纪要》

28. 对于被申请人主要财产、帐册、重要文件等灭失，或者被申请人人员下落不明的强制清算案件，经向被申请人的股东、董事等直接责任人员释明或采取罚款等民事制裁措施后，仍然无法清算或者无法全面清算，对于尚有部分财产，且依据现有帐册、重要文件等，可以进行部分清偿的，应当参照企业破产法的规定，对现有财产进行公平清偿后，以无法全面清算为由终结强制清算程序；对于没有任何财产、帐册、重要文件，被申请人人员下落不明的，应当以无法清算为由终结强制清算程序。

29. 债权人申请强制清算，人民法院以无法清算或者无法全面清算为由裁定终结强制清算程序的，应当在终结裁定中载明，债权人可以另行依据公司法司法解释二第十八条的规定，要求被申请人的股东、董事、实际控制人等清算义务人对其债务承担偿还责任。股东申请强制清算，人民法院以无法清算或者无法全面清算为由作出终结强制清算程序的，应当在终结裁定中载明，股东可以向控股股东等实际控制公司的主体主张有关权利。

图书在版编目（CIP）数据

给股东讲公司法 / 张扬，汤嘉丽著. -- 北京 ：中国法治出版社，2024.11. -- ISBN 978-7-5216-4343-5

Ⅰ.D922.291.914

中国国家版本馆 CIP 数据核字第 2024FA2724 号

责任编辑：王佩琳（wangpeilin@zgfzs.com） 封面设计：李 宁

给股东讲公司法
GEI GUDONG JIANG GONGSIFA

著者/张扬，汤嘉丽
经销/新华书店
印刷/三河市紫恒印装有限公司
开本/710 毫米×1000 毫米　16 开　　　　　　　　印张/ 19.25　字数/ 214 千
版次/2024 年 11 月第 1 版　　　　　　　　　　　2024 年 11 月第 1 次印刷

中国法治出版社出版
书号 ISBN 978-7-5216-4343-5　　　　　　　　　　　　定价：78.00 元

北京市西城区西便门西里甲 16 号西便门办公区
邮政编码：100053　　　　　　　　　　　　　　　传真：010-63141600
网址：http：//www.zgfzs.com　　　　　　　　　编辑部电话：010-63141836
市场营销部电话：010-63141612　　　　　　　　印务部电话：010-63141606

（如有印装质量问题，请与本社印务部联系。）